KB123835

인생의 가장 결정적 시기에서

인생의 가장 결정적 시기에서

—

2022년 10월 19일 초판 1쇄 발행

—

지은이 메 제이
옮긴이 김아영
펴낸이 김정수, 강준규
책임편집 유형일
마케팅 추영대
마케팅지원 배진경, 임혜솔, 송지유

—

펴낸곳 (주)로크미디어
출판등록 2003년 3월 24일
주소 서울시 마포구 성암로 330 DMC첨단산업센터 318호
전화 02-3273-5135
팩스 02-3273-5134
편집 070-7863-0333
홈페이지 https://blog.naver.com/rokmediabooks
이메일 rokmedia@empas.com

—

ISBN 979-11-408-0164-0 (03180)
책값은 표지 뒷면에 적혀 있습니다.

—

잘못 만들어진 책은 구입하신 서점에서 교환해 드립니다.

20대가 중요한 이유와 그 시기를
지금 최대한 활용하는 법

멕 제이 지음 · 김아영 옮김

인생의 가장

결정적 시기에서

The Defining Decade

ROK
MEDIA

── ★★★ ──

추천사

멕 제이는 날카로운 지성, 생애주기에 대한 전문 지식, 그리고 풍부
한 임상 경험으로 놀랍고 강력한 책을 써냈다. 멕 제이는 우리가 점
점 더 오래 살고 우리가 모든 일을 할 수 있다는 문화적 믿음에도 불
구하고 나이와 시간은 그렇지 않다고 주장한다. 이 책은 심리적 문제
를 다루는 임상 심리학자, 문화를 연구하는 사회 평론가, 그리고 격
동의 시기를 보내는 20대에게 큰 도움이 될 것이다.

낸시 초도로우, 캘리포니아 대학교 버클리 사회학과 명예교수, 《모성의 재생산》 저자

매혹적이고 매력 넘치는 이 책은 20대가 인생에서 가장 변화무쌍한 시기라는 사실을 근거를 통해 설득력 있게 제시한다. 더 나아가 독자에게 무기력에서 벗어나 20대 시기를 제대로 사는 법을 알려준다. 이 책은 모든 20대와 그들의 부모, 형제, 친척 등 온 가족들 그리고 그들의 직장 상사까지 모두가 읽어야 하는 필독서다. 정말로 모든 사람이 읽어야 하는 책이라 할 수 있다.

티모시 윌슨, 버지니아 대학교 심리학과 명예교수, 《스토리》 저자

내 말을 잘 들어라. 만약 당신이 20대 시기를 보내고 있거나 혹은 주변에 이제 막 20대가 된 사람 그리고 20대 자녀를 둔 부모나 20대 내담자를 맡은 심리치료사 등 20대 주변에 있는 사람을 안다면 이 책을 꼭 선물하라. 멕 제이는 20대에 대한 잘못된 편견과 문화를 마구 때려 부순다. 명심하라. 20대는 미래의 모든 토대가 마련되는 인생의 가장 결정적 시기다. 그 누구도 이 책을 읽지 않고는 30대가 되어서는 안 될 것이다.

J. 앤더슨 톰슨 주니어, MD, 버지니아 대학교 학생 건강 부서 정신과 의사

멕 제이는 최신 사회과학 연구와 그녀가 만난 20대 내담자들의 현실을 통해 20대가 왜 중요한지 그 이유를 설명한다. 20대와 그들의 부모, 그리고 20대를 앞둔 자녀가 있는 가정에 가치 있고 설득력 넘치는 통찰과 방향을 제시한다.

레슬리 C. 벨, 심리 치료사, 《어려운 사랑(Hard to Get)》 저자

삶의 의미와 성취감이 넘치는 풍요로운 인생을 살고자 노력하는 20대가 꼭 읽어야 할 책이다. 멕 제이는 우리가 20대에 저지를 수 있는 많은 실수를 정확하게 설명한다. 이 책에서 매우 중요한 점은 멕 제이가 우리가 30대 혹은 그 이후에도 직장에서 성공하고 연인이나 부부관계를 잘 형성하기 위해 20대 때 어떤 결정을 내려야 할지 훌륭한 조언을 해준다는 것이다.

C. J. 파스코, 오레곤 대학교 사회학과 교수

이 책은 20대의 관계에 대한 최신 사회과학 자료를 소개하고 왜 관계 형성이 혼란스럽지만 도전해볼 만한 일이라는 걸 이해하게 도와주는 훌륭한 책이다. 사랑과 인생, 그리고 결혼에 대한 통찰력을 찾아 헤매는 청춘에게 멕 제이는 의지할 수 있는 조언자다. 매력적이고 통찰력 넘치는 이 책을 읽어라.

W. 브래드퍼드 윌콕스, 버지니아 대학교 국가 결혼 프로젝트 책임자

멕 제이는 최신 연구와 내담자의 인생 이야기를 능숙하게 결합하여 20대가 일과 사랑을 시작하고 결정하는 데 있어 가장 중요한 시기라는 사실을 설득력 있는 실제 사례로 보여준다. 이 책은 분명 당신에게 많은 것을 가르쳐 줄 것이다. 그리고 당신이 더 좋은 미래를 향해 나아갈 수 있도록 격려할 것이다.

애브릴 손, 캘리포니아 대학교 산타크루스 심리학과 명예교수

이 책은 20대들이 기다려온 책이다. 이 책은 당신이 인생에서 무슨 일을 해야 하는지를 알려주지 않아도 당신이 무엇을 하고 싶은지 탐색하는 방법을 알려주면서 깊은 영감을 불어넣고 강력하게 동기 부여할 것이다.

레이첼 시몬스, 《소녀들의 심리학》 저자

매우 귀중한 보석과 같은 책이다. 신선하고 독창적인 관점으로 청년기에 관한 연구를 발전시키는 데 이바지했다. 재미있고 쉽게 읽을 수 있는 책이다.

다프네 드 마르네프, 심리 치료사, 《모성 욕구(Maternal Desire)》 저자

"이 책은 20대를 주제로 한 나의 연구 결과다. 이 연구는 내가 버클리 대학 임상 심리학자이자 상담가였을 때 시작되어 버지니아 대학교 발달심리학 부교수이자 임상 심리학자가 된 이후에도 이어졌다. 이 책에는 개인적이고 때로는 가슴 아픈 이야기들이 담겨 있는데 이는 바로 나에게 20대에 대해 가르쳐준 내담자와 학생들의 이야기다. 이들의 사생활 보호를 위해 이름과 세부 사항들은 조금 바꾸었고, 경험이나 상담 내용이 비슷한 여러 사람들의 이야기를 하나로 섞기도 했다. 모든 20대가 이 책에서 자신의 모습을 발견하길 바라지만, 실제 상황과 겹치는 부분이 있다면 이는 우연임을 밝힌다."

저자 | 멕 제이 Meg Jay

멕 제이는 임상 심리학자이자 버지니아 대학교 교수이다. 캘리포니아 대학교 버클리 캠퍼스에서 임상 심리학과 여성학으로 박사학위를 취득했다. 미국을 대표하는 심리 전문가 중 한 명으로, 심리 상담을 통해 내담자가 내면의 이야기를 표출해내도록 유도하는 한편, 주체적이고 능동적으로 문제에 맞설 수 있도록 이끌어주는 것으로 유명하다. 특히 성인 발달과 20대 문제를 전문적으로 다루어 '청춘 심리학자'로 불린다. 그녀의 연구 성과는 〈뉴욕 타임스New York Times〉, 〈로스앤젤레스 타임스Los Angeles Times〉, 〈유에스에이 투데이USA Today〉, 〈사이콜로지 투데이Psychology Today〉, 미국 공영 라디오NPR, 영국 공영 방송BBC, 테드TED 등에 소개되었다. 테드 강연 "왜 30대는 20

대의 새로운 버전이 아닌가Why 30 Is Not the New 20"는 최다 조회수를 기록한 강연 중 하나다. '회복 탄력성'의 중요성을 강조한 그녀의 저서 《슈퍼노멀》도 10여 개 국어로 번역 및 출판되었다.

《인생의 가장 결정적 시기에서》는 20년 넘게 수천 명의 20대 내담자를 상담해온 작가가 심리학, 뇌과학, 신경학, 행동경제학, 사회학 등 20대에 관한 최신 연구를 바탕으로 '일', '사랑', '몸과 마음' 측면에서 제시한 '20대 안내서'이다. 20대에 대한 잘못된 인식과 고정관념에 사로잡혀 인생을 낭비하거나 그로 인해 고통받는 청춘들의 이야기와 멕 제이의 합리적이면서도 중립적인 방법 제시가 많은 공감을 불러일으켜 오래도록 사랑받았다. 10년이 지나 다시 출간된 이번 개정증보판에서는 시대에 발맞춰 최신 연구 내용을 보강했으며 디지털 원주민 세대인 현재 20대들이 공감할 수 있는 내용을 실었다. 이 책을 읽으면 20대가 왜 인간의 일생에서 가장 결정적인 시기인지 알 수 있으며 소중한 20대 시기를 어떻게 살아야 하는지에 대한 현명한 조언을 얻을 수 있을 것이다.

역자 | 김아영

연세대학교 심리학과를 졸업하고 글밥 아카데미 수료 후 바른번역 소속으로 기획 및 번역 활동을 하고 있다. 디자인 전문잡지 지콜론에 디자인과 심리를 접목한 칼럼을 연재했다. 직접 기획하고 옮긴 책으로는 《문학 속에서 고양이를 만나다》가 있고, 옮긴 책으로는 《원 디시전》, 《사회심리학》, 《모두가 인기를 원한다》, 《엄마의 자존감》, 《확신의 힘》, 《단어의 사생활》 등이 있다.

21세기의 모든 20대에게

이 책은 20대를 위한 것이다. 하지만 부모들은 이 책이 육아서인 줄 알고, 내 동료들은 상담사와 학자들을 위한 책인 줄 안다. '20대가 중요한 이유와 그 시기를 지금 최대한 활용하는 법Why Your Twenties Matter and How to Make the Most of Them Now'이라는 부제에도 불구하고 굳이 서문에서 다시 타깃층을 밝히는 이유가 여기에 있다. 정작 20대는 나에게 "이건 누가 읽는 책이에요?"라고 묻고 "바로 당신이요!"라는 나의 대답에 놀라면서도 흡족해한다.

나는 20대에 '대해서'가 아니라 20대'와' 이야기하는 것이 더 좋다. 많은 사람이 이 점을 이상하게 여기는 듯하다. 20대가 이러니저러니 하고 이야기하는 어른들은 질리도록 많다. 하지만 20대 역시 성인이고, 자기 삶에 대해 이야기를 나눌 자격이 충분하다. 우리는 대중문화를 접하면서 20대가 이런 대화를 나누기엔 너무 무관심하거나 무지하거나 게으르거나, 이런 대화를 지겨워한다고 생각하기 쉽지만 그렇지 않다. 내가 상담실과 학부, 대학원 과정에서 만나는 대부분의 20대는 충분한 정보를 바탕으로 진실하게 인생을 논하고 싶어 한다.

이 책에서는 경험적 연구와 임상 경험을 통해 20대에 대한 잘못된 믿음을 바로잡고자 한다. 예를 들면 요즘 30대는 새로운 20대라거나 가족은 선택의 영역이 아니라거나 나이가 들면 뭐든 더 잘한다는 등의 믿음 말이다. 무엇보다 가장 잘못된 믿음은 20대가 스스로 인생을 바꿀 수 있는 정보에 접근할 역량이 부족하다는 인식일 것이다.

2012년 발간 이후, 이 책은 20대에 대한 책 중 세계에서 가장 널리 읽혔다. 최대의 독자이자 최고의 독자 역시 20대였다. 물론 감동적인 메시지를 보내온 부모도 많았다. "올해 어머니날 소원은 20대인 우리 아이가 이 책을 읽는 것뿐이에요." 그런가 하면 한탄하는 30대도 있었다. "20대에 이 책을 읽을 수 있었다면 얼마나 좋았을까요." (참고로 원하는 삶을 만들기에 늦은 시기란 없다.) 가장 폭발적인 반응은 20대에게서 나왔다. 그들은 20대에게 직접 말을 걸어온 책이 얼마나 큰 의미였는지 이메일이나 SNS를 통해 이야기해주었다.

문제는 이것이다. 그동안 이들은 왜 누군가 말을 걸어주지 않는다고 느꼈을까?

어쩌면 이 시대의 대중문화가 20대를 비중 있게 다루지 않기 때문인지도 모른다. 대중문화에서 20대의 모습은 20대가 올리는 게시

물 혹은 베이비붐 세대와 X세대(1950년대에서 1980년 사이쯤에 출생한 세대
-옮긴이) 기자가 묘사하는 것 정도이니 말이다. 많은 이가 간과하는
20대의 일면을 내가 발견했기 때문에 그들이 이 책을 의미 있게 받아
들이는지도 모른다. 나는 1999년부터 20년이 넘도록 20대와 만나 그
들의 진솔한 이야기를 들었다. 요즘 20대는 사생활을 지나치게 떠벌
린다는 평을 듣는데, 인스타그램과 스냅챗 게시물들은 상담실에서
나오는 이야기들보다 훨씬 귀중하다. 그 덕분에 나는 대부분의 사람
들과 20대 자신들조차 모르는 사실들을 알게 되었다.

무슨 말인가 싶겠지만, 대부분의 20대는 언급하기 두려운 현실
과 자신에 대한 이야기를 누군가 용감하게 꺼낼 때 마음이 편해지고
자신감마저 솟는다. 상담실에 오는 내담자들이나 독자들은 곤란한
질문을 받을까 봐 두려워하지 않는다. 오히려 곤란한 질문을 받지 않
는 상황을 두려워한다. 내 질문을 들은 20대의 가장 흔한 반응은 "어
떻게 그런 말을 하세요?"가 아니라 "왜 지금껏 아무도 이런 말을 안
해줬을까요?"이다.

개정판 독자들이여, 잘 들어보라.

20대는 중요하다. 인생에서 가장 중요한 일들의 80퍼센트가 35
세 이전에 일어난다. 당신의 경제력은 취업 후 10년 안에 결정된다.
두 명 중 한 명은 30세 이전에 결혼이나 연애를 하고 결혼을 전제로
동거한다. 당신의 뇌와 성격은 그 어느 때보다도 20대에 가장 많이
변하고 사회적 관계망도 한껏 넓어진다. 인생을 결정짓는 10년은 임
신 및 출산 적령기와 일치한다. 그러나 한편으로는 이때가 인생에서
가장 불확실한 시기이기도 하다.

이 책의 초판은 금융위기 시대에 나왔고, 개정판은 코로나19의 전 세계적 유행 속에 만들어졌다. 순조로울 수만은 없는 20대 시절에 많은 청년이 앞으로 나아가는 데 유용한 정보를 원한다. 내가 이 책의 초판과 개정판을 써낸 이유는 이런 정보가 대학교나 상담소에서만 전달되기를 원치 않아서다. 나는 책을 사거나 빌려볼 수 있는 모든 20대가 이 대화에 참여할 수 있기를 바라면서 이 책을 썼다. 그 정보와 대화가 발전함에 따라 이 책 역시 발맞춰갈 것이다.

결정적인 10년이란 무엇인가?

사람의 일생을 따라가며 발달 상황을 조사한 연구는 흔치 않은데, 그중 하나가 보스턴 대학교와 미시건 대학교의 연구이다.[1] 이 연구원들은 성공한 유명인 수십 명이 생의 마지막 순간을 향해가며 쓴 인생 이야기를 분석했고, '중대한 자전적 경험' 즉 인생에 큰 영향을 미친 일이나 만남, 선택 등의 경험에 초점을 맞추었다. 중요한 일들은 평생에 걸쳐 계속 일어났지만 미래를 좌우하는 사건들은 대부분 20대 시절에 집중되어 있었다. 말하자면 인생에서 가장 중요한 일의 80퍼센트는 35세 이전에 일어났다.

이는 20대에 대학생이 되거나 독립하면서 자기 창조, 즉 어떤 사람이 될지 스스로 결정하는 일이 급격히 늘어나기 때문이라고 볼 수 있다. 그렇다면 중대한 자전적 경험은 성인기 내내 일어날까? 나이가 들수록 삶을 스스로 만들어내는 비중은 계속 커질까? 그렇지는 않다.

30대가 되면 중대한 경험이 줄어들기 시작한다. 학교생활은 대개 끝났고, 직장에 다니거나 다른 길을 선택하며, 연인을 만나거나 가정을 꾸린다. 가정을 비롯하여 책임질 일이 많아지면 방향을 바꾸기 어려워진다. 그래서 30대 이후로는 가던 길을 계속 가거나 조금씩 고치면서 살게 된다.

그런데 아이러니하게도 20대는 그렇게 중요해 보이지 않는다. 앞서 언급한 연구에 따르면 중대한 자전적 경험은 그리 대단하고 흥미로운 사건이 아니다. 그저 사람들과의 만남, 직업 선택, 통화, 대화 등 당장 큰 변화를 일으키지 않고 돌이켜봐야만 그 가치를 알 수 있는 일들이다.

물론 결정적인 시기가 반드시 스무 살에 시작되어 서른 살에 끝나지는 않는다. 중대한 자전적 경험을 스물두 살에서 서른두 살 사이에 겪는 사람도 있고, 스물다섯 살에서 서른다섯 살 사이에 겪는 사람도 있다. 스물한 살이든 스물아홉 살이든 확실한 점은 당신이 결정적인 시기를 지나고 있다는 사실이다. 의식하지 못하는 사이에 인생이 결정되고 있다는 말이다. 이 책은 그 결정적인 20대의 순간들을 알아차리는 것에 대한 내용이다. 20대가 왜 중요하며 그 시기를 어떻게 만들어갈지 함께 알아보자.

— ★★★ —

차례

012 **개정판 서문**: 21세기의 모든 20대에게

016 **머리말**: 결정적인 10년이란 무엇인가?

020 **도입부**: 인생은 현실이다

1부 · ───── **일**

036 정체성 자본

051 약한 유대

067 알지만 생각하지 않는 것

077 멋진 모습밖에 없는 인스타그램의 삶

086 영광의 추구

096 맞춤 인생

2부 · ───── **사랑**

110 결혼에 대한 진지한 대화

123 가족 선택하기

133 하향 연애

151 동거 효과

165 공통점과 사랑

177 20대 후반의 대화

3부 ·────── **몸과 마음**

190   한 발 앞서 생각하기

201   사회실험

214   자신을 다스리기

228   밖에서 안으로

237   잘 지내기와 앞서가기

248   몸과 인생

265   삶을 계산하기

277   **맺음말**: 내 인생은 잘 풀릴까?

280   독자를 위한 안내서

281   감사의 말

294   주석

도입부: 인생은 현실이다
Introduction: Real Time

___

너는 젊고 인생은 길어, 오늘도 시간은 남아돌아.
어느 날 깨닫지, 10년이 지났다는 걸.
핑크 플로이드(Pink Floyd)의 'Time'

거의 예외 없이, 성장과 발달에는 결정적 시기가 있다.
이 시기에 외부에서 적절한 자극을 받으면 역량이 급격히 발전하고 성숙한다.
그 전후로는 성장과 발달이 더 어렵거나 불가능하다.
언어학자 놈 촘스키(Noam Chomsky)

케이트는 상담실에 처음 왔을 무렵 웨이트리스로 일하고 있었다. 1년 넘게 부모님과 함께 살고 있었는데 싸움이 잦았다고 했다. 전화로 상담을 예약한 것도 케이트의 아버지였다. 두 사람 모두 상담에서 부녀간의 갈등을 다루리라 생각했다. 하지만 나는 케이트가 20대를 헛되이 보내고 있다는 점이 가장 신경 쓰였다. 뉴욕에서 자라 버지니아로 온 케이트는 26세인데도 운전면허가 없었다. 운전을 못하니 취업 기회도 적었고, 인생에서도 운전대를 쥐고 있다고 느끼지 못했다. 상담에 자주 늦는 것도 이 때문이었다.

케이트는 대학 졸업 후 자유롭고 무한한 20대를 경험하길 바랐다. 부모님도 이를 강력히 권했다. 케이트의 부모님은 1970년대에 대학을 졸업하자마자 결혼했다. 함께 유럽에 가고 싶어서였다. 가족 중 누구도 반대하지 않았다. 이들은 이탈리아로 신혼여행을 떠났다가 임신한 채 돌아왔다. 케이트의 아버지가 회계학 전공을 살려 일하는 사이, 어머니는 막내 케이트를 포함한 네 아이를 키우느라 바빴다. 그래서 케이트는 부모님이 누리지 못한 20대를 만끽하려고 노력했다. 20대가 되면 인생의 황금기가 오리라고 생각했지만 정작 돌아온 것은 스트레스와 불안이었다. "제 20대는 차갑게 식어가고 있어요. 이렇게 힘들 거라고 말해 준 사람이 없었어요."

케이트는 20대에 대한 환상에 빠져 현실을 돌아보지 않았다. 상담시간에도 그런 이야기만 하려고 했다. 상담실에 들어오면 편한 신발을 대충 벗어던지고 청바지를 추켜올린 다음, 주말에 있었던 이야기를 늘어놓았다. 문자 메시지나 사진, 상담 중에 날아온 따끈따끈한 트윗을 나에게 보여주기도 했다. 케이트의 주말 이야기를 들으며 내가 알게 된 점은 이러했다. 케이트는 자신이 모금활동에 관심이 있다고 생각했고 서른 전까지는 하고 싶은 일을 찾게 되길 바랐다. 케이트는 이렇게 말했다. "요즘 30대는 20대나 마찬가지잖아요."

이 말이 내게 힌트를 주었다.

나는 케이트 같은 20대가 인생을 낭비하는 것을 그냥 두고 볼 수가 없다. 주로 성인기 발달을 연구하는 임상 심리학자로서 나는 생각 없이 허송세월하는 20대를 수없이 보았다. 심지어 그렇게 20대를 보내고 30대와 40대에 일, 연애, 경제, 자녀 문제로 혹독한 대가를 치르는 모습도 보았다. 나는 케이트에게 애정이 있었고 그녀를 돕고 싶었다. 그래서 상담시간에 맞춰서 오라고 하거나 최근에 만난 남자 이야기를 자르고 운전면허나 취업 상황을 묻기도 했다. 그리고 더 중요한 이야기로 들어가 상담을 어떤 방향으로 진행할지 그녀의 20대가 어떠해야 할지 논의했다.

케이트는 앞으로 몇 년간 상담을 받으면서 성장 과정을 하나하나 돌이켜볼지 그 돈으로 유럽에 가서 자아를 찾을지 고민했다. 나는 둘 다 좋은 선택이 아닌 것 같다고 말했다. 대부분의 상담사가 "반성하지 않는 삶은 살 가치가 없다"라는 소크라테스Socrates의 말에 동의하겠지만, 지금은 이보다는 덜 유명한 미국 심리학자 셸던 코프Sheldon Kopp의 "제대로 살지 않은 삶은 반성할 가치가 없다"라는 말이 더 알맞다고 말했다.

내가 케이트에게 설명한 내용은 이러했다. 그녀의 인생에서 가장 중요한 시기가 흘러가는데 내가 무책임하게 손 놓고 볼 수만은 없었다. 그리고 미래가 위태한데도 과거에만 주목한다면 어리석은 일이었다. 불행의 원인이 평일에 있는데 주말 이야기만 할 수는 없었다. 그리고 솔직히 내가 보기에 변화가 없는 한 케이트와 아버지의 관계도 제자리걸음일 수밖에 없었다.

얼마 후 케이트는 상담실에 다시 왔다. 평소답지 않게 심란한 얼굴로 눈물을 글썽이며 들어오더니 멍하니 창문을 보며 신경질적으로 다리를 떨면서 일요일 낮에 있었던 대학 친구 모임에 대해 이야기했다. 친구 두 명은 회의 참석차 시내에 나왔고, 한 명은 논문 때문에 그리스에 머물다 막 귀국한 참이었고, 한 명은 결혼할 사람을 데리고 왔다. 친구들과 함께 있는 동안 케이트는 혼자 뒤처진 기분이 들었다. 직업, 인생의 목적, 남자친구 등 친구들이 가진 것을 갖고 싶어진 그녀는 오후 내내 인터넷을 뒤적였다. 하지만 일자리든 남자든 영 마음에 들지 않았고 좀 괜찮다 싶으면 엄두가 나지 않았다. 케이트는 어렴풋이 배신감을 느끼며 잠자리에 들었다.

케이트는 이렇게 말했다. "벌써 20대의 반이 지나갔어요. 저는 그 모임에서 내세울 게 없다는 걸 깨달았죠. 경력도 없고, 만나는 사람도 없잖아요. 여기서 도대체 뭘 하고 있는지 모르겠어요." 케이트는 휴지를 찾더니 눈물을 쏟았다. "한 대 얻어맞은 것 같았어요. 확실한 길을 찾는 걸 너무 어렵게 여겼나 봐요. 좀 더 …뭐랄까… 목적이 있었으면 좋았을 텐데 말이에요."

너무 늦은 건 아니었지만 분명 뭐라도 시작해야 할 때였다. 훗날 상담이 끝날 무렵 케이트는 자기 소유의 아파트, 운전면허, 나름대로 장래성 있는 남자친구, 비영리 기금을 조성하는 직업을 가지게 되었다. 아버지와의 관계도 개선되었다. 상담 마지막 날에 케이트는 지난 시간을 만회하도록 도와주어 고맙다고 했다. 이제야 현실에서 살고 있다는 느낌이 든다고 말이다.

20대의 삶은 그야말로 엄연한 현실로 취급받아야 한다. 프로이트Freud는 이렇게 말했다. "사랑과 일, 일과 사랑. 그게 전부다." 정말 그렇다. 과거보다 오늘날 더욱 와닿을 말이다. 케이트의 부모님이 20대였던 시대에는 21세면 결혼해서 아이 하나쯤 키우는 상황이 보통이었다.[1] 고등학교나 간혹 대학교를 졸업한 젊은 부모들은 돈을 벌고 가정을 돌보는 데 주력했다. 대개 외벌이로 한 가족이 먹고살 만했으므로 남자는 일을 했고 여자 세 명 중 두 명은 가정을 돌봤다. 직장인은 평생 한 분야에 종사하리라고 기대할 수 있었다. 당시 미국의 평균 집값은 2만 달러 정도였고,[2] 이때 이혼과 피임약도 퍼지기 시작했다.

한 세대가 지나자 어마어마한 문화적 변화가 일어났다.[3] 손쉽게 피임할 수 있게 되었고, 여성들이 일터로 쏟아져 나왔다. 2000년이 되자 20대 중 기혼자는 전체의 절반에 불과했다. 아이가 있는 사람은 그보다 더 적었다. 그리하여 20대는 새로운 자유를 누리는 시기가 되었다. 대학이 필수가 아니고 등록금도 너무 비싸다는 이야기가 나오기 시작했지만, 한편으로는 대학원이 더 필요해졌다는 인식도 있었다. 그리고 둘 다 일종의 '쉬어가는' 시기로 간주되었다.

수백 년 동안 20대는 누군가의 자녀로서 살다가 곧바로 남편과 아내가 되는 시기였다. 하지만 수십 년 만에 그 사이에 새로운 발달 단계가 등장했다. 그 사이에 있는 20대는 부모님 집에서 살다가 직접 대출받아 집을 마련하기까지 어떻게 시간을 보내야 할지 확실히 알지 못한다.

21세기로 접어들면서 20대는 그야말로 '중간에 낀' 어중간한 시기가 되었다. 2001년 〈이코노미스트Economist〉에 '브리짓 존스 경제Bridget Jones Economy'라는 말이 등장했고,[4] 2005년 〈타임Time〉 표지에는 '트윅스터twixter(성인이지만 자립하지 못하여 어린이도 어른도 아닌 상태가 된 어중간한 세대−옮긴이)와의 만남'이라는 제목이 실렸다.[5] 이런 기사들은 20대가 여유 자금으로 무언가를 할 수 있는 시기임을 의미했다. 2007년 〈뉴욕타임스New York Times〉에서는 20대에 방황하는 시기라는 뜻으로 '오디세이기the odyssey years'라는 별칭을 붙였다.[6] 전 세계의 기자와 연구자들은 20대를 키덜트kidult니, 성인기 이전pre-adult이니, 어른청소년

adultescent이니 하는 희한한 별칭으로 부르기 시작했다. 20대는 청소년기의 연장이나 새로운 성인기로 간주되기도 한다.[7] 성인에 대한 규정이 뒤죽박죽이다 보니 성인으로 인정받고 한창 활동해야 할 20대가 성인 취급을 못 받게 되었다.[8]

심지어 20대는 무시의 대상임과 동시에 집착의 대상이기도 하다. 대중문화는 보너스와 같은 20대만 세상에 존재한다는 듯 강박적일 정도로 20대에 집착한다. 2019년경 인스타그램 인플루언서의 85퍼센트는 18세에서 35세 사이였다.[9] 즉 대부분의 20대가 하루 종일 핸드폰으로 보는 다른 20대는 수영복을 입고 최고의 인생을 즐기며 돈도 많이 버는 모습뿐이다. 아역 스타뿐만 아니라 평범한 아이들도 20대처럼 보이려고 애쓰고, 중년의 TV 출연자 역시 20대처럼 치장한다. 어린아이들이 나이 들어 보이고 나이 든 사람들이 젊어 보임으로써 성인기의 삶은 기나긴 20대로만 이루어진 듯하다. 심지어 10대 이후 죽을 때까지 젊게 산다는 뜻의 어모털리티amortality(죽음을 피할 수 없다는 뜻의 'mortality'에 부정의 의미로 'a-'를 붙여 만든 단어―옮긴이)라는 신조어까지 생겼다.[10]

이는 모순적이고 위험한 메시지다. 30대가 또 다른 20대라는 문화는 20대가 중요하지 않다고 말하면서도 20대에 집착하게 하고 환상을 덧씌워 그게 전부인 것처럼 보이게 한다. 이 때문에 많은 사람이 성인기에서 가장 큰 변화의 기회를 낭비하고 수십 년간 그 대가를 치른다. 케이트처럼 많은 젊은이가 20대를 경시하게 하는 잘못된 정보와 과장의 함정에 빠지지만, 20대는 인생에서 가장 결정적이면서도 어려운 시기다.

21세기의 20대는 답보다 더 많은 의문 속에 살고 있다. 이들은 문화적 심리적으로 급격한 변화를 겪는다. 20대가 되기 전에는 늘 학기 단위로 쪼개진 삶을 살았고, 어떻게 해야 좋은 점수를 받을지 명확히 알려주는 강의계획서와 시간표가 있었다. 그러다 스무 살 전후로 갑자기 무한한 삶이 펼쳐지고 강의계획서가 사라진다. 매일 해야할 일이 적힌 종이도, 잘하고 있는지 확인해볼 성적표도 없다.

한편 직업의 세계는 사실상 붕괴됐다. 선택지는 많아졌지만 그와 동시에 혼란도 커졌다. 단기직이 장기적 일자리를 대신하고, 평범한 20대는 흔히 네댓 개의 일자리를 전전한다.[11] 요즘 젊은이들은 그어느 때보다 교육 수준이 높고 적극적이지만,[12] 안타깝게도 대학 졸업장이 필요 없는 일부터 해야 할 때도 있다. 신입 일자리가 해외로 많이 빠져나가는 바람에, 국내에서는 발 디딜 곳을 찾기가 어렵고,[13] 자리를 찾더라도 무급 수습사원으로 시작해야 한다.[14] 그리하여 20대의 절반은 무직이거나 능력 이하의 일을 하는 불완전 고용 상태(취업 의사와 능력이 있지만 원하는 수준의 업무나 임금을 제공받지 못하는 상태-옮긴이)에 있다.[15]

일자리가 생기고 없어짐에 따라 20대도 이리저리 휩쓸린다. 20대 중 3분의 1 정도는 해마다 여기저기 뿌린 이력서와 친구들을 남겨두고 이사를 다녀야 한다.[16] 40퍼센트 정도는 학자금 부채 등의 이유로 출신지로 돌아가 부모님과 살게 된다.[17] 현재 대졸자의 학자금 부채는 평균 3만 달러 정도다.[18] SNS상의 20대는 놀라울 정도로 사교적이지만, 불안정한 고용 상태와 연구 결과에 따르면 20대는 인생에서 가장 외로운 시기다.[19]

세상을 돌아다니며 정답 없는 문제들을 마주하는 젊은이들에게 이 세상은 매우 광활한 곳이다. 어디서 살지, 어떤 일을 할지, 언제 어떻게 어떤 사람과 함께할지 혹은 애초에 누군가와 함께할 필요가 있는지 등의 의문에 확실한 답을 찾을 수가 없다. 설상가상으로 "내가 성공할 수 있을까? 나는 계속 혼자일까? 누군가에게 사랑받게 될까? 행복해질까? 내 인생에 의미가 생길까? 모든 일이 잘 풀릴까?"와 같은 실존적 질문에 대한 답은 10년이 지나도 찾지 못할 수 있다.

넓은 세상을 만나면서 떠오르는 의문들뿐만 아니라 '더 넓은 세상에서 일어나는 사건들'[20] 역시 20대에게는 버거울 수 있다. 이제는 9.11 테러 이전의 삶, 즉 테러 위협이 없는 세계를 상상할 수 없다. 마찬가지로 콜럼바인 고등학교 총기난사 사건과 책상 뒤로 숨는 법을 배우기 전의 학교생활은 이제 옛날 얘기가 되었다. 20대는 다른 사람들이 스카이다이빙하면서 찍은 셀카나 세계 경제, 정치, 기후 위기에 대해 넘쳐나는 기사를 핸드폰으로 보면서 자랐다. 이들은 세계로 나아가 최고의 인생을 살아야 한다는 압박을 느끼는 동시에 정부나 이 지구가 이대로 유지될지조차 확신할 수 없는 삶을 살고 있다.

또한 지금의 20대는 친구들의 자살이나 약물 과용을 그 어느 세대보다도 많이 경험하며 자랐다. 그래서 이런 세상에서 아이를 낳아 길러도 될지 고민하는 경우도 많다. 이들은 아메리칸 드림이 환상이라는 이야기를 들으며 과연 자기 인생이 중요하기는 한지 혹은 어딘가 빠져나갈 길이 있는지 알고 싶어 한다. 유복하게 살아온 청년들은 부모님만큼 돈을 벌 수 있을 거라 확신하지 못한다. 하지만 여전히 일터로 향하는 젊은 직장인들이 존재하고, 자기도 곧 그 무리에 낄 수 있을지 자문하는 젊은이도 그만큼 많다.

이들에게 인생은 쉽지 않다. 2018년 미국 심리학회 발표에 따르면, 청년들은 중년 이후의 성인에 비해 덜 행복하고 스트레스도 더 받는다.[21] 몇 년마다 이런 연구 결과가 발표되면 20대가 그렇게 엉망인 이유에 대해 기사나 책이 쏟아져 나오기 마련이다. 하지만 한 세대의 20대 시절과 다른 세대의 20대 시절을 비교한다면 모를까, 횡단연구(한 시점에서 다양한 집단을 비교하는 연구 방식—옮긴이)로는 특정 세대에 대해 아무것도 알 수 없다. 이런 연구들은 대중의 믿음과 달리 20대가 그리 즐겁지만은 않은 시기임을 보여줄 뿐이다.

나는 '20대가 황금기'라는 말에 속았다고 느끼는 젊은이들을 매일 만난다. 사람들은 20대와 상담한다고 하면 태평한 젊은이들이 사고 친 이야기나 흥미진진한 모험담을 떠올린다. 그럴 때도 있지만 상담실에서는 불안한 이야기를 더 많이 듣는다.

- 바다 한가운데에 떠 있는 것 같아요. 아무 데로나 헤엄쳐 갈 수 있지만, 땅이 보이지 않아서 어디로 가야 할지 모르겠어요.
- 누군가 걸려들 때까지 계속 남자를 유혹해야 한다고 느껴요.
- 매일 회사 화장실에서 울게 될 줄은 몰랐어요.
- 저보다 훨씬 잘사는 사람들과 자꾸 비교하게 돼요.
- 20대에는 시간 개념이 완전히 바뀌어요. 학기도, 학년도 없이 갑자기 긴 시간을 마주하게 되고 해야 할 일들이 산더미처럼 생기니까요.
- 내가 매력적이라는 걸 확인받기 위해 인터넷상에서 관심을 받

아야 한다고 느껴요.

- 우리 언니는 서른다섯 살이고 아직 혼자예요. 저도 그렇게 될까 무서워요.
- 20대가 빨리 지나가 버렸으면 좋겠어요.
- 어젯밤엔 제 인생에서 뭐 하나라도 확실한 게 있으면 좋겠다고 기도했어요.

온 세상이 20대가 되고 싶어 하지만, 정작 20대는 그렇지 않다. 상담실에 오는 20대들은 "요즘 30대는 20대 같다"는 말에 이렇게 반응하기 시작했다. "제발, 안 돼요."

미국에 살고 있는 5천만 명의 20대 중 대부분은 역대 최고의 불확실성 속에서 살고 있다. 20대는 전체 인구의 15퍼센트 정도지만 누구나 겪어야 하는 시기임을 감안하면 우리 모두의 이야기라고도 할 수 있다.

이들은 대부분 앞으로 뭘 할지, 어디에 살지, 몇 년 안에 누군가와 함께 지내게 될지 전혀 모른다. 앞으로 행복해질지, 언제쯤 자기 힘으로 먹고살 수 있을지도 모른다. 사진작가가 되어야 할지, 법조인, 디자이너, 은행원이 되어야 할지 고민한다. 누군가와 깊은 관계가 되기까지 짧은 연애로 충분할지, 1년이 걸릴지 10년이 걸릴지 알 수 없다. 가정을 이룰 수 있을지, 결혼생활을 지속할 수 있을지 걱정한다. 요컨대 20대는 인생이 잘 풀릴지, 뭘 해야 할지 모른다.

불확실한 상황에서 사람은 불안해지기 마련이다. 그런데 21세기는 즐길 거리가 홍수처럼 쏟아지는 시대다. 그래서 케이트와 같은 20

대들은 잘될 거라고 위안하며 현실에서 눈을 돌려 트윅스터가 되라는 유혹에 넘어간다. 2011년 〈뉴욕 매거진New York magazine〉의 한 기사는 '사실 청년들은 잘 지낸다'면서 20대가 어려운 경제적 여건 속에서도 낙관적으로 산다고 전했다.[22] 그리고 음악 스트리밍 서비스 덕분에 방대한 음반 모음집을 사지 않아도 되며, SNS 덕분에 적은 돈으로 인생을 더 즐길 수 있게 되었다고도 했다.

"희망은 아침식사로는 좋지만 저녁식사로는 별로다"라는 말이 있다.[23] 희망찬 마음은 만신창이인 20대가 아침에 힘겹게 몸을 일으키는 데는 도움이 되겠지만, 하루 종일 버티기엔 역부족이다. 마찬가지로 20대가 끝나갈 즈음에는 가벼운 재미와 수집용 음반 이상의 무언가가 필요하다.

내가 이 사실을 아는 건 상담실에서 고충을 토로하는 20대 때문이 아니라 1세대 트윅스터였던 30~40대의 후회를 지켜보기 때문이다. 이들은 인생을 뚝딱 만들어낼 수 없다는 사실을 깨달으며 속이 썩어간다. 요즘 30대는 20대와 다르지 않다지만 일과 사랑, 몸과 마음의 문제에 관해 40대는 30대와 전혀 다르다.

20대들은 서른만 넘으면 삶이 금방 안정될 줄 안다. 물론 그럴 수도 있지만 그때는 또 다른 문제가 생긴다. 20대에 아무것도 안 했다면 30대에 해치우면 되고, 당장 결정하지 않고 놔두었다가 나중에 충분히 선택할 수 있다고 생각하지만, 선택하지 않는 것은 아무것이나 선택하는 것과 같다.

할 일이 많이 남은 30대의 압박감은 엄청나다. 자기계발을 하고, 결혼하고, 거주지를 선택하고, 돈을 벌고, 집을 사고, 인생을 즐기고,

대학원에 가고, 사업을 시작하고, 승진하고, 자녀의 대학 등록금과 노후를 위해 저축하고, 두세 명의 아이를 낳고 키우는 등 산더미 같은 삶의 과제를 더 짧은 시간 안에 해내야 하는 것이다. 이 중 양립할 수 없는 과제도 많다. 최근 연구에서 드러나듯 30대가 되어 모든 일을 한꺼번에 해내기는 더 힘들다.[24]

인생이 서른에 끝나지는 않지만 30대는 20대와 확실히 다르다. 20대 때의 자유가 묻어나는 휑한 이력서는 어느 순간 못미덥고 부끄러운 것이 된다. 첫 데이트가 잘 끝나면 운명의 짝을 만났다는 낭만적인 감정보다는 얼마나 빨리 결혼하고 아이를 낳을 수 있을까 하는 계산이 앞선다.

당연한 이야기지만 많은 사람이 이런 일을 겪는다. 30대에 첫 아이를 낳은 부부는 새로운 인생의 목적과 의미에 대해 이야기를 나누면서도 한편으로는 진한 후회를 맛본다. 이들은 깨닫는다. 이제 원하는 대로 경력을 쌓을 수 없고, 아이를 마냥 풍족하게 키우기 어려우며, 체력이나 불임 문제로 마음속에 그리던 가정을 이루기 힘들고, 아이들을 대학에 보낼 때쯤이면 예순 혹은 일흔 살에 가까울 것이고, 손주를 보지 못할 수도 있다.

흔히 중년의 위기는 못해본 일을 불쑥 저지르는 것이었지만, 2000년 이후 중년의 위기는 뭐 놓치는 게 없나 둘러만 보다가 정작 중요한 일들을 놓쳤음을 깨닫는 것에 가깝다. 이때 사람들은 나이가 든다고 자연히 뭔가를 더 잘하게 되지 않음을 깨닫는다. 똑똑하고 선량하게 살아온 많은 사람이 30~40대가 되어 지난날을 만회해야 하는 현실 앞에서 약간의 서글픔마저 느낀다. 이들은 상담실에서 과거의 자신과 마주하고서 이렇게 말한다. "제가 뭘 하고 있었던 거죠? 무슨 생각을 하고 있었을까요?"

지금부터 나는 여러분에게 30대는 20대와 같지 않다고 설득하려 한다. 요즘 20대도 부모 세대만큼 일찍 자리를 잡는다거나 그래야 한다는 말이 아니다. 요즘은 주로 경제적인 이유로 일과 사랑을 늦은 나이에 시작한다는 데는 대부분 동의할 것이다. 내가 '30대는 20대와 다르다'고 주장하려는 이유도 여기에 있다. 사람들이 예전보다 늦게 자리를 잡는다. 따라서 20대는 현실과 동떨어진 휴식기가 아니라 발달 단계상 한 번뿐인 절호의 기회이다.

흔히 생후 5년까지가 아동 발달의 결정적 시기라고 알려져 있다.[25] 즉, 언어, 애착, 시력, 청력, 뇌 발달에 중요한 시기다. 민감한 시기이기도 한 이 기간은 학습이 빠르게 일어나는 기회의 창이다. 그런데 성인 발달에도 20대라는 결정적 시기가 있다는 이야기는 좀처럼 듣기 어렵다. 20대 역시 성장하고 변화할 준비가 되어 있는 시기이다. 이때는 약간의 경험만으로도 놀라운 변화를 이끌어낼 수 있다. 이 시기의 평범한 일상은 앞날에 엄청난 영향을 미칠 수 있다.

앞으로 우리는 '일', '사랑', '몸과 마음'에 대해 알아보려 한다. 일, 사랑, 몸, 마음은 구분되면서도 뒤섞이는 영역들로 20대 전체에 걸쳐 삶을 구성한다. '일'에서는 20대에 하는 일들이 그리 멋져 보이지는 않더라도 인생 전반에서 직업적 경제적으로 가장 중요한 이유에 대해 알아본다. '사랑'에서는 20대의 연인과 관련된 선택이 일 관련 선택보다도 훨씬 중요할 수 있는 이유를 알아본다. '몸과 마음'에서는 20대에도 계속 발달하는 뇌가 가임기 절정에 접어들면서 어떻게 변화하며 성인기의 삶에 적응하는지 알아본다.

얼마 전만 해도 케이트의 부모님을 비롯해 20대는 자기 자신에 대해 생각해보기도 전에 결혼했다. 그리고 뇌가 중요한 결정을 내리는 법을 배우기도 전에 인생에서 가장 중요한 결정들을 내렸다. 하지만 21세기의 20대들은 원하는 삶, 즉 일과 사랑, 몸과 마음이 조화를 이루는 삶을 실현할 기회가 있다. 물론 마냥 낙관하거나 나이가 든다고 저절로 그런 삶이 찾아오지는 않는다. 케이트가 말했듯 목적과 좋은 정보가 없으면 어긋난 길로 빠지기 쉽다. 지금까지는 그 좋은 정보를 찾기가 쉽지 않았다.

가끔 "20대가 대체 뭔데?",[26] "철 좀 들면 안 되겠니?"[27] 같은 기사가 올라오기도 하지만 20대는 그렇게 별난 존재가 아니다. 우리는 20대가 어떤 시기인지 알고, 모든 20대 역시 그럴 권리가 있다. 지금부터는 성인기 발달에 관한 최신 연구와 함께 내가 만난 학생과 내담자들의 새로운 이야기를 살펴보려 한다. 그리고 20대만의 특별한 힘과 이 시기가 삶에 미치는 영향에 대한 심리학자, 사회학자, 신경학자, 경제학자, 기업의 인사 관리자, 난임 및 불임치료 전문가의 지식도 살펴볼 것이다. 이와 더불어 대중매체에서 빚어낸 20대에 대한 오해를 파헤치고 잘못된 통념이 얼마나 많은지도 알아볼 것이다.

또한 우리 삶을 가장 크게 바꾸는 것이 왜 친한 친구들이 아니라 잘 모르는 사람들인지, 직업세계에 뛰어들었을 때 왜 힘들지 않고 기분이 좋아지는지, 연인과의 관계를 확인할 때 왜 동거가 최선의 방법이 아닌지에 대해서도 알아볼 것이다. 다른 시기와 비교해 20대에 성격이 어떻게 변하는지, 친구뿐만 아니라 가족이 될 사람을 어떻게 선택해야 하는지도 알아볼 것이다. 자신감이 안에서 밖으로 뿜어져 나가는 대신 밖에서 안으로 미치는 영향에 대해서도 알아볼 것이다. "나는 어떤 사람인가?"라는 질문에 가장 좋은 답은 정체성에 대한 오랜 고민 끝에 나오는 것이 아니라, 정체성 자본이라는 한두 가지 강점을 토대로 나온다. 이 책은 그 이유를 생각해보는 데서 출발한다.

내 동료 중 한 명은 20대가 막 이륙한 비행기와 같다고 종종 말한다. 뉴욕에서 출발해 서쪽으로 날아가는 비행기라는 것이다. 이륙한 직후에는 조금만 방향을 바꾸면 알래스카로 갈 수도 있고 피지 섬으로 갈 수도 있다. 마찬가지로 20대에 조금만 방향을 바꿔도 30대 이후의 삶이 완전히 달라질 수 있다.

20대는 약간의 바람에도 격렬하게 흔들리는 격변의 시기다. 하지만 조금씩이라도 길을 찾을 수 있다면 그 어떤 시기보다도 더 빠르게 멀리 날아갈 수 있다. 이때 어떤 일을 하는지 혹은 하지 않는지가 당신의 앞날과 후손에게까지 어마어마한 영향을 미칠 수 있다.

이제 출발해보자. 바로 지금!

일

정체성 자본

Identity Capital

———————

어느 날 갑자기 어른이 되지는 않는다. 어른은 만들어지는 것이다.
사회 평론가 케이 하이모위츠(Kay Hymowitz)

우리는 한순간에 태어나는 것이 아니라 조금씩 태어난다.
작가 메리 앤틴(Mary Antin)

헬렌은 정체성 위기를 겪고 있다며 상담을 요청했다. 헬렌은 베이비시터 일을 하다가 한동안 쉬면서 요가를 배우고 다시 일하는 생활을 반복하며 '번뜩이는 직감'을 기다렸다. 늘 편한 운동복 차림인 그녀의 태평한 삶은 '현실세계'로 곧장 뛰어든 친구들이나 비슷한 처지인 대학원생 친구들에게 한때 부러움의 대상이었다. 헬렌은 한동안 마음 가는 대로 삶을 즐겼다.

하지만 곧 헬렌의 자아 찾기는 고통스러운 일이 되었다. 스물일곱 살이 되자, 자유로운 삶을 부러워하던 친구들이 이제 자기를 동정한다는 느낌이 들었다. 헬렌이 남의 집 유모차를 밀고 다니는 동안 친구들은 앞으로 나아가고 있었다.

헬렌의 부모님에게 대학 생활이란 의학 공부와 여학생 사교클럽이었다. 그러나 정작 헬렌은 사교클럽과 거리가 멀었고 사진에 재능이 있어 미술을 전공하고 싶다는 뜻을 내비쳤다. 하지만 소용없었고, 첫 학기부터 의대 수업에 몸서리를 쳐야 했다. 당연히 성적도 엉망이었다. 그래서 친구들의 독서 활동을 부러워하며 시간만 나면 어설픈 예술 활동에 모조리 참여했다. 2년 동안 머리를 쥐어뜯으며 생물학 필수과목을 듣고 남는 시간에 좋아하는 활동을 하던 헬렌은 결국 미술로 전공을 바꿨다. 부모님은 이렇게 말했다. "그런 걸 배워서 어쩌려고?"

헬렌은 졸업 후 프리랜서 사진가로 나섰다. 하지만 일이 들쭉날쭉해 기본적인 생활비조차 벌기 힘들었고, 결국 예술가로서의 삶은 시들해졌다. 의대 졸업장도, 사진가로서의 밝은 미래도, 심지어 번듯한 학점도 없는 헬렌은 더 이상 나아갈 길이 보이지 않았다. 사진 일을 계속하고 싶었지만 어떻게 해야 할지 몰랐다. 그래서 베이비시터를 시작했지만 돈은 계속 빠져나갔고 시간만 흘러갔다. 부모님은 이렇게 말했다. "거 봐, 우리가 뭐랬니."

이쯤 되자 헬렌은 아예 틀어박혀 깊이 생각해보거나 친구들과 대화를 나눠 자신이 어떤 사람인지 확실히 알고 싶어졌다고 했다. 그러면 이번에야말로 인생을 제대로 시작할 수 있을 것 같다고 했다. 하지만 나는 그렇지 않을 것 같다고 말했다. 20대에는 오랫동안 자기에 대한 생각에 빠져 있으면 대개 역효과가 난다고도 말해주었다. 그러자 헬렌은 이렇게 반박했다.

"하지만 이게 제가 할 일이잖아요."

"뭐가요?"

"정체성 위기를 겪는 것 말이에요."

"누가 그래요?"

"모르겠어요. 다들 그러잖아요. 책에도 나오고요."

"뭔가 잘못 알고 있는 것 같아요. 정체성 위기에서 빠져나오는 법에 대해서도 오해하고 있고요. 혹시 에릭 에릭슨Erik Erikson이라고 들어봤나요?"[1]

에릭 살로몬센은 얼굴 한 번 본 적 없는 아버지와 흑발의 어머니 사이에서 태어난 금발의 독일 소년이었다. 어머니는 에릭의 세 번째 생일에 동네 소아과 의사와 재혼했다. 새아버지에게 입양된 에릭은 에릭 홈부르거가 되어 유대교 전통에 따라 자랐다. 유대교 회당에서는 피부가 하얗다고, 학교에서는 유대인이라고 놀림을 받았다. 에릭은 자신이 누구인지 혼란스러울 때가 많았다.

고등학교를 졸업한 에릭은 예술가가 되기로 했다. 그래서 유럽을 두루 돌아다니며 미술 수업을 듣고 가끔 다리 밑에서 노숙도 했다. 스물다섯 살이 되어 독일로 돌아온 에릭은 미술 교사가 되었고, 몬테소리 교육법을 공부했으며, 결혼하여 가정을 이루었다. 그러다 저명한 정신 분석학자들의 자녀를 가르친 후, 지그문트 프로이트의 딸 안나 프로이트에게서 정신 분석을 받고 정신 분석학 공부를 시작했다.

30대에 접어든 에릭은 가족과 함께 미국으로 떠났다. 그곳에서 유명한 정신 분석학자이자 발달 이론가가 되어 하버드, 예일, 버클리 대학교에서 강의했고, 책을 몇 권 쓴 후 퓰리처상을 받았다. 에릭은 아버지의 부재에 대한 감정과 자수성가한 자신의 상황을 반영하는 이름인 에릭 에릭슨으로 개명했다. '에릭 자신의 아들Erik+son 에릭Erik'이라는 뜻이었다. 오늘날 에릭 에릭슨은 1950년에 '정체성 위기identity crisis'라는 말을 만들어낸 학자로 알려져 있다.

　에릭슨은 20세기 사람이지만 21세기에 어울리는 삶을 살았다. 혼합 가족blended family(이전 가정의 자녀를 포함하여 재혼 이상의 결혼으로 이루어진 가정−옮긴이)에서 자랐고, 자신의 문화적 정체성에 대한 의문에 직면했으며, 20대까지 자아를 찾으려는 노력을 계속했다. 어른의 역할이 정해진 시대였지만, 에릭슨은 자신의 경험을 바탕으로 정체성 위기가 일반적인 현상이고 적어도 일반적이라고 인식되어야 한다고 생각했다. 그는 진정한 정체성을 형성하기 위해서는 서두르지 말아야 한다고 생각했다. 그래서 젊은이들이 현실의 위험요소나 의무에 짓눌리지 않고 안전하게 탐색할 수 있도록 유예기간이 있어야 한다고 보았다. 대학 시절이 유예기간이었던 사람도 있었고, 에릭슨처럼 방랑Wanderschaft(방랑, 수행 여행이라는 뜻의 독일어−옮긴이)길에 오른 사람도 있었다. 에릭슨은 어떻게든 각자 능력을 키우는 것이 중요하다고 강조했다. 그는 모든 사람이 스스로 인생을 만들어가야 한다고 생각했다.

　나는 에릭슨이 정체성 위기를 겪고서 어떻게 퓰리처상까지 받게 되었는지 헬렌에게 이야기했다. 그가 떠돌아다니며 다리 밑에서 노숙한 것은 사실이지만, 그건 이야기의 일부에 불과했다. 에릭슨은 또 어떤 일을 했을까? 25세에는 미술을 가르쳤고 교육학을 배웠다. 26세에는 정신 분석학 공부를 시작했고, 영향력 있는 사람들도 만났다.

30세에는 정신 분석학 학위가 있었고, 교사, 분석가, 작가, 이론가로서 경력을 쌓고 있었다. 에릭슨은 한때 정체성 위기를 겪었지만, 그와 동시에 사회학자들이 '정체성 자본identity capital'[2]이라고 부르는 자산을 쌓고 있었다.

정체성 자본은 개인의 자산으로 볼 수 있는 강점들이다. 우리는 정체성 자본을 쌓아 스스로 가치를 높이고, 이를 통해 그동안 시간을 어떻게 보냈는지 보여줄 수 있다. 정체성 자본은 자기 자신에게 하는 투자다. 어떤 일을 잘하거나 오래하여 자신의 일부로 만드는 것이다. 정체성 자본은 헬렌이 기다리던 '번뜩이는 직감'과 달리 오랫동안 조금씩 자신을 만들어나가는 것에 가깝다.

정체성 자본 중에는 학위, 성적, 직업, 대외활동처럼 이력서에 쓸 수 있는 것이 있다. 한편 자신을 표현하는 방식, 출신지, 문제 해결 방식, 취미, 경험 등 더 개인적인 정체성 자본도 있다. 사람들은 각자 자기만의 정체성 자본을 가지고 성인 사회라는 시장으로 나간다. 비유하자면 정체성 자본은 원하는 직장이나 기회를 사는 데 필요한 돈인 셈이다.

헬렌과 같은 20대는 위기는 당장 닥친 일이고 자본은 나중에 필요하다고 여긴다. 하지만 에릭슨의 경우처럼 위기와 자본은 동시에 올 수 있고, 그래야 한다. 사람들의 정체성 위기 해결 방식을 살펴본 연구자들은 위기 없이 자본만 쌓는 삶, 즉 일만 하고 탐색하지 않는 삶이 딱딱하고 틀에 박혀 있다는 사실을 발견했다.[3] 이와 반대로 삶이 자본보다 위기에 치우친 경우 역시 문제다. 미국에서 정체성 위기라는 개념이 알려질 무렵, 에릭슨은 '너무 자유로워 혼란스러운 상태'

에 시간을 뺏기지 말아야 한다고 경고했다.[4] 그는 많은 젊은이가 현실에서 동떨어질 위험이 있다고 우려했다.

탐색하며 시간을 보내다가 무언가에 용감하게 뛰어드는 20대는 더 강력한 자본을 쌓는다. 이들은 자존감이 높고 성실하며 현실적이다. 정체성을 찾는 여정은 많은 긍정적 결과물과 관련이 있다. 긍정적 결과물이란 명확한 자아감각, 높은 삶의 만족도, 스트레스 감소, 합리적 사고, 맹목적 동조에 저항하는 힘 등 바로 헬렌이 원했던 것들이다.

나는 헬렌에게 정체성 자본을 쌓아보라고 권했다. 우선 이력서에 넣을 수 있는 일부터 찾아보라고 말이다. 그러자 헬렌은 내 말에 반발했다.

"지금은 인생을 즐길 기회예요. 현실이 시작되기 전에 자유를 만끽하는 거죠."

"이게 뭐가 즐거워요? 힘들어서 상담실에 왔잖아요."

"그래도 자유로우니까요!"

"그게 어떻게 자유예요? 그렇게 자유롭게 지내는 동안 주변 사람들은 다 일하고 있어요. 헬렌은 입에 풀칠만 하는 수준이죠. 시간이 아무리 많으면 뭐 해요? 쓸 데도 없는데."

헬렌은 마치 내가 요가매트를 치우고 손에 서류가방을 쥐어 주기라도 한 듯, 의심에 찬 표정으로 말했다.

"뭐, 선생님은 졸업하고 바로 대학원에 가셨겠죠."

"아니에요. 사실 난 그사이에 한 일 덕분에 생각보다 훨씬 좋은 대학원에 들어갔어요."

헬렌은 눈살을 찌푸렸다. 나는 잠깐 생각한 다음 물었다.

"내가 20대에 뭘 했는지 알고 싶어요?"

"네, 궁금해요."

나는 대학을 졸업한 다음날부터 아웃워드 바운드Outward Bound(야외에서의 도전적 모험을 통해 청소년에게 사회성·리더십·강인한 정신력을 가르치는 국제기구─옮긴이)에서 일했다. 내가 처음 맡은 일은 현장에서 몸으로 부딪히는 일이었다. 나는 블루리지 산맥에 있는 베이스캠프에서 1년 내내 승합차로 오지를 구석구석 누비며, 배낭여행을 온 꾀죄죄한 학생들에게 식량이나 연료를 채워주었다. 라디오 음악을 쩌렁쩌렁 울리며 15인승 승합차로 울퉁불퉁한 흙길을 내달린 일은 더없이 즐거웠다. 이 학생들에게 나는 몇 주 만에 만나는 외부인일 때가 많았다. 학생들은 하나같이 나를 반겼다. 나에게 식량을 받을 수 있을뿐더러, 나를 보면 바깥세상이 여전히 잘 돌아가고 있다는 안도감도 느낄 수 있었기 때문이다.

그러다 나는 현장 강사 자리가 나자마자 그 자리를 낚아챘다. 그 후 3년 동안 1년 중 220일을 야외에서 보냈다. 노스캐롤라이나, 메인, 뉴햄프셔, 콜로라도에서 안 가본 산이 없었다. 때로는 참전용사나 월스트리트의 CEO들과 함께 다녔다. 보스턴 항에서 10대 여자아이들 몇 명과 함께 10미터 정도 되는 요트에서 긴 여름을 보낸 적도 있다.

가장 좋았던 기억은 28일 동안 스와니강을 따라 내려가는 카누 여행이었다. 스와니강은 블랙워터(퇴적물이 많이 포함된 탁한 강물─옮긴이)와 사이프러스 뿌리로 뒤덮인 조지아의 오키페노키 늪지에서 플로리다 북부를 거쳐 멕시코만까지 560킬로미터에 걸쳐 흐른다. 이 카누 여행에 함께했던 이들은 유죄 판결을 받고 '시설'로 보내진 아이들이었다. 언뜻 섞이지 않을 것 같은 도심 빈민가와 시골 벽지 출신 10대들의 조합이었다. 중重절도, 공갈 폭행, 마약 거래 등 성범죄와 살인을 제외한 온갖 범죄를 저지르고 복역 중인 이 아이들은 나와 함께 강을 타고 내려가며 형기를 채웠다.

이 체험은 의미도 있었지만 무엇보다 너무 재미있었다. 강물 위에서 보내는 길고 긴 낮 시간에는 소년원에 밥 먹듯 드나들던 아이들이 나에게 기막힌 카드놀이 실력을 전수해주었다. 밤이 되어 아이들이 침낭으로 들어가면 나는 텐트 밖에 앉아 보물섬 같은 모험 소설을 읽어주었다. 강둑에서 물로 뛰어드는 아이들에게서는 문제를 일으키던 어두운 모습 대신 나이에 맞는 천진함이 느껴질 때가 많았다.

하지만 현실은 결코 멀리 있지 않았다. 고작 스물네 살이었던 나는 두 아이의 엄마인 열다섯 살 소녀가 쉼 없이 노를 젓는 동안, 그 아이의 어머니가 에이즈로 세상을 떠났다는 소식을 전해야 했다.

나는 아웃워드 바운드에서 1, 2년 정도만 활동할 줄 알았다. 그러다 문득 4년 가까이 지났음을 깨달았다. 어느 날 휴식기에 모교 근처에 갔다가 내가 가장 좋아하는 교수님을 만났다. 아직도 그 교수님의 말이 기억난다. "대학원 가는 게 어때?" 이 말이 내 현실감각을 깨웠다. 마침 나도 대학원에 갈 생각이 있었고, 아웃워드 바운드 생활에도 지친 참이었다. 교수님은 이렇게 말했다. "뭘 망설이는 거야?" 아마 나는 누군가 등을 떠밀어주길 바랐던 것 같다. 그래서 바로 일을 추진했다.

임상 심리학과 대학원 면접 자리에는 대개 새 서류가방과 어색한 정장 차림을 한 보송한 졸업생들이 우글거린다. 나 역시 어색한 정장을 입고 서류가방을 든 채 그 틈에 끼었다. 지난 몇 년간 숲에서만 지낸 탓에 왠지 어울리지 않는 곳에 와 있다는 기분을 느끼며, 나는 면접관이 될 교수의 논문들을 가방에 잔뜩 채워 넣었다. 면접관의 임상 시험에 대해 명석하게 대답하고 앞으로 하지도 않을 연구에 열정을 쏟을 것처럼 말할 준비가 되어 있었다.

하지만 그런 이야기를 원하는 사람은 아무도 없었다. 면접관들은 하나같이 내 지원서는 보는 둥 마는 둥 하더니 들뜬 목소리로 말했다. "아웃워드 바운드 활동에 대해 말해봐요!" 나를 보자마자 이렇게 말하는 교수도 있었다. "아웃워드 바운드에서 일했다는 학생이 자네군!" 이후 몇 년 동안, 레지던트 면접을 볼 때까지도 나는 아이들이 숲속으로 도망가서 어떻게 됐느냐, 악어가 있는 강에서 헤엄쳐도 되느냐는 질문에 대답하느라 시간을 다 보냈다. 버클리에서 박사학위를 받고 나서야 겨우 다른 성과로 알려지기 시작했다.

나는 헬렌에게 내 이야기를 들려주었다. 20대는 대학시절이 전부가 아니라고도 말했다. 물론 대외활동이나 명문대 졸업장에 힘입어 번듯한 삶을 착착 만들어가는 사람도 있다. 하지만 정체성과 경력은 전공과 학점이 아니라 한두 가지의 정체성 자본을 발판으로 하는 경우가 더 많다. 나는 헬렌이 이 중 어느 것도 하고 있지 않다는 점이 걱정되었다. 헬렌이 면접을 보러 갔을 때 "보모 일에 대해 말해볼래요?"라는 질문을 받을 가능성은 없다. 나는 더 말을 잇지 못했다.

내가 제대로 된 직업을 구하라고 설득한 후, 헬렌이 다시 상담실에 와 커피숍에서 일하기로 했다고 말했다. 그리고 계획에는 없었지만 디지털 애니메이션 회사에서 수습직원을 뽑는 면접도 볼까 망설이는 중이라고 했다. 커피숍 일은 '멋지지만 회사 일이 아닌' 것 같고, 애니메이션 회사에서는 '그저 그런 일'을 해야 하는 데다 일단 우편물실에서 일해야 해서 고민이 된다고 말했다.

커피숍에서 일할 계획을 이야기하는 헬렌을 보면서 나는 표정관리를 하려고 애썼다. 이런 경우를 여러 번 보았기 때문이다. 어떤 내담자는 헬렌과 같은 선택 이후 펼쳐질 상황을 스타벅스 시기라고 부른다. 20대의 불완전 고용과 정체성 자본에 대해 내가 알고 있는 모든 지식으로 미루어볼 때, 헬렌은 엄청난 실수를 저지르려 하고 있었다.

승합차를 몰던 시절의 나를 비롯해 대부분의 20대는 한두 번쯤 불완전 고용 상태를 경험한다. 능력에 비해 수준이 낮은 일을 하거나 나름의 사정으로 시간제 일을 구하기도 한다. 경영대학원 시험GMAT을 준비하거나 대학원 생활을 하는 동안 생활비를 벌 수 있는 일도 있고, 불경기나 전염병의 세계적 유행 속에서 버티기 위한 일도 있다. 그런가 하면 아웃워드 바운드 활동처럼 압도적인 정체성 자본을 쌓게 해주는 일도 있다. 아웃워드 바운드 시절 내 급여가 1년에 2만 달러였던가? 돈을 많이 벌지는 못했다. 하지만 그 일은 내 지도력과 협동심, 계획성, 생존 기술 등을 증명하므로, 나는 많은 돈을 벌고도 남은 셈이다.

하지만 능력 이하의 일이 별다른 도움이 되지 않는 경우가 있다. 스키장에서 리프트를 운행하는 것처럼 일이 아니라 놀이나 취미라고 위안할 수 있는 일이 여기에 해당한다. 내가 아는 한 기업 임원은 이런 일을 '영원한 굴레'라고 표현했다. 일하는 동안 재미는 있겠지만 그 기간은 나중에 취업할 때 공백기로 간주될 수 있다. 대학 졸업 후 별 이유 없이 작은 상점이나 커피숍만 전전하며 일했다면 발전이 없는 사람으로 보인다. 물론 판매나 서비스직 쪽에도 충분히 훌륭한 사람들이 많이 종사하고 있지만, 그쪽으로 경력을 쌓고 싶은 게 아니라면 이런 일들은 이력서와 삶에 오점을 남길 수 있다.

한 기자가 적었듯, 어떤 분야에서든 일을 늦게 시작할수록 '남들과 다르고 하자가 있는'[5] 사람이 되기 쉽다. 20대의 불완전 고용에 대한 연구에 따르면, 단지 9개월 정도 불완전 고용 상태를 경험한 사람은 또래에 비해 심지어 무직자보다도 더 우울하고 의욕이 저하되는 경향이 있다.[6] 하지만 무직이 불완전 고용보다 낫다고 판단하기 전에 알아두어야 할 점이 있다. 20대의 실직 혹은 무직 경험은 중년의 과음과 우울증으로 이어진다.[7] 이런 현상은 심지어 정규직으로 취업한 후에도 나타난다.

나는 어떻게 이런 일이 일어나는지 오랫동안 지켜봤다. 똑똑하고 유쾌한 청년들이 현실세계의 진짜 직업을 피해 수준 이하의 일로 세월을 보내면서 진정으로 행복해질 수 있는 일에서 멀어지고 지치는 걸 많이 보았다. 시간이 갈수록 좋아하는 일을 찾기는 더 힘들어진다. 경제학자와 사회학자들은 20대의 직장생활이 인생 전반의 직업적 성공에 지대한 영향을 미친다는 데 동의한다.[8] 2015년 〈워싱턴 포스트The Washington Post〉에 실린 한 기사의 제목에 이런 현상이 잘 요약되어 있다. "평생의 소득 수준은 대개 20대에 결정된다."[9] 이 기사는 약 5천만 명의 근로자를 거의 40년에 걸쳐 추적 조사한 연구에 대한 내용이었다. 당연한 이야기지만 20대에 가장 많은 돈을 벌지는 못한다. 하지만 돈을 버는 능력은 취업 후 10년 안에 결정되는 경우가 많다. 왜일까? 20대에 급격히 높아지는 학습 능력이 곧 급격한 소득 증가로 연결되기 때문이다.

말하자면 20대는 해외 근무나 대학원, 신생 기업(스타트업)에 도전할 만한 시기다. 수습이나 신입사원에게 돈을 많이 주지는 않지만, 고용주나 상사들은 그들에게 일종의 투자를 하는 셈이다. 그것을 발판으로 쌓은 정체성 자본은 나중에 큰 보상으로 돌아온다. 가정과 주택 융자에 묶이기 시작하는 30대부터는 새로 학위를 따거나 대담하게 도전하기 힘들어지고 임금 인상폭도 줄어든다. 20대에는 앞으로 수십 년 동안 소득이 쭉쭉 늘어날 것 같겠지만, 평균적으로 40대에 임금이 가장 높고 그 수준으로 유지되는 경향이 있다.[10]

나중에 불완전 고용이나 무직 상태를 벗어나야겠다고 생각하는 20대는 무거운 책임감 없이 방랑하는 동안 앞으로 나아갈 기회를 놓치고 있는 셈이다. 아무리 일이 잘 풀려도 늦게 시작한 사람은 일찍 시작한 사람을 좀처럼 따라잡을 수 없다. 그래서 많은 30~40대는 20대에 되는 대로 일하며 살아온 대가가 놀라울 정도로 가혹하다고 느낀다. 중년기는 20대 시절의 선택을 돌이킬 수 없음을 깨닫는 시기다. 이 무렵 음주와 우울증이 시작되기도 한다.

오늘날의 경제 상황에서는 20대에 불완전 고용을 경험하지 않는 사람이 드물다. 그러면 어떻게 해야 할까? 다행히도 불완전 고용 상태가 다 똑같지는 않다. 내가 20대에게 늘 하는 조언은 정체성 자본을 가장 많이 얻을 수 있는 일자리를 선택하라는 것이다.

헬렌의 이야기를 끝까지 들은 후, 나는 커피숍 일도 장점이 있을 수 있다고 말했다. 느긋한 동료 직원들도 있고 음료 할인도 받을 수 있으니 말이다. 어쩌면 수습직원으로 일할 때보다 돈을 더 벌지도 몰랐다. 하지만 그 일에는 정체성 자본이 없었다. 헬렌에게 필요한 정체성 자본을 기준으로 보면, 단연 애니메이션 회사가 나왔다. 나는 헬렌에게 면접을 보러 가라고 권하고, 그저 그런 일이 아니라 꿈에 대한 투자로 생각하라고 격려했다. 디지털 아트 업계에 대해 배우고 그 안에서 인맥을 쌓으면 여러모로 정체성 자본을 얻을 수 있을 터였다.

헬렌은 미적거렸다. "더 좋은 일이 생길 때까지 기다려야 할까 봐요."

"더 좋은 일이 생기지 않잖아요. 하나라도 제대로 된 정체성 자본을 얻는 게 더 나은 일이에요."

다음 상담 시간에 우리는 함께 면접을 준비했다. 헬렌은 형편없는 의대 성적과 미술 전공에 대한 부모님의 부정적 반응 때문에 선택하려는 직업에 자신이 없고 불안해했다. 하지만 헬렌에게는 내가 여기에 미처 적지 못한 장점이 많았다. 그녀는 내가 만난 내담자 중 가장 인간적인 매력이 있는 사람이었다. 대학생활은 썩 훌륭하지 않았지만, 이력서에 들어가지 않는 정체성 자본이 잔뜩 있었다. 사람 대하는 일에 능숙했고 재치 있게 대화할 줄 알았으며 일도 열심히 했다. 나는 헬렌이 면접장에 가기만 하면 그 성격 덕에 곧바로 채용되리라고 확신했다.

헬렌과 채용 담당자는 의대 공부와 프리랜서 사진 일에 대해 편하게 대화하다가 채용 담당자의 아내가 헬렌과 같은 학교에서 미술을 전공했다는 것을 알게 되었다. 2주 후 헬렌은 애니메이션 회사에서 일하기 시작했다. 5개월 후에는 제대로 된 업무를 맡았다. 그 무렵 몇 주 동안 회사에 드나들던 한 영화감독이 헬렌을 촬영 보조로 점찍었다. 헬렌은 로스앤젤레스로 가게 되었고 지금도 그곳에서 영화 일을 하고 있다. 자신의 20대와 지금 자신을 도와주는 정체성 자본에 대한 헬렌의 이야기는 다음과 같다.

아직 학생인 분들에게 말하기 좀 그렇고 저라도 못 믿었을 이야기지만, 대학 졸업 후에 제 학점을 물어본 사람은 한 명도 없었어요. 대학원에 갈 게 아니라면 학점 따위엔 아무도 관심 없어요. 사람들 말이 다 옳았죠. 전공을 잘못 선택했대도 마찬가지예요. 아무도 신경 안 써요. 제 부모님 말씀에 대해 생각해볼까요? "미술을 전공해서 어디다 쓸래?" 지금은 이 말이 아무 의미가 없다는 걸 알아요. 제가 아는 사람 중에 하고 싶은 일을 확실히 알고 졸업한 사람은 한 명도 없어요. 다들 학생 시절에는 들어보지도 못한 일들을 하고 있지요. 한 친구는 해양생물학자가 되어서 수족관에서 일하고 또 다른 친구는 대학원에서 전염병 연구를 해요. 저는 촬영 일을 하고요. 셋 다 졸업할 무렵엔 이런 직업이 있는지도 몰랐어요.

그래서 전 대학 졸업 직후 더 많은 일을 해봤더라면 좋았을 텐데 하고 생각해요. 스스로 밀어붙이면서 대담하게 도전하거나 다양한 직업을 경험해봤더라면 더 실험적인 시도를 했더라면 좋았을 거예요. 서른이다 된 지금은 그럴 수 없다고 생각하거든요. 어떤 일을 할지 찾아야 한다는 압박을 많이 느꼈지만, 실제로는 비생산적이고 제 자신을 갉아먹는 생각만 하고 있었어요. 하나 배운 점은 인생에서 어떤 길로 가게 될지 생각만 해서는 모른다는 거예요. 뭘 해야 할지 알아내는 유일한 방법은 뭐라도 해보는 거예요.

나는 헬렌 소식을 들을 때마다 그녀가 커피숍 일을 했더라면 지금 얼마나 다른 삶을 살고 있을까 생각한다. 잠깐은 맘 편하고 재미있게 일했을지 몰라도 금세 우울해지고 고립된 느낌을 받았을 것이다. 그랬으면 아마도 디지털 애니메이션 업계에서 일하려는 다른 20대에 비해 그런 경험을 더 오래했을 것이다.

물론 헬렌이 평생 커피숍에서만 일하지는 않았을 것이다. 하지만 커피숍 일을 했다면 영화감독의 눈에 띄지 못했을 수 있다. 영화감독이 커피숍에 왔더라도 헬렌을 영화 관계자가 아니라 커피숍 직원으로만 보았을 테니 말이다. 여기서 차이가 나기 시작한다. 5년, 10년 후면 커피숍에서 일하는 헬렌과 디지털 애니메이션 회사 일을 하는 헬렌의 격차는 서글플 정도로 벌어질 수 있다. 헬렌이 약간의 정체성 자본을 이용해서 자신이 원하던 또 다른 정체성 자본을 얻게 되자 삶이 움직이기 시작했다. 채용 담당자의 아내와 같은 학교에 다녔다는 사실도 큰 도움이 되었다. 앞으로 알게 되겠지만 세상일이란 대개 이런 식으로 진행되는 법이다.

— ★ ★ ★ —

약한 유대

Weak Ties

———

끈끈하게 뭉친 집단에 깊이 얽힌 사람들은
인생을 좌우하는 것이 그 집단 내부의 일이 아니라
인식을 훨씬 넘어선 힘이라는 사실을 전혀 모를 수도 있다.

사회학자 로즈 코저(Rose Coser)

"예스"는 첫 직장, 그다음 직장, 배우자, 심지어 자녀마저 얻을 수 있는 길이다.
조금 불안하고 낯설더라도 "예스"라고 한다면 당신은 새로운 일을 하고,
새로운 사람을 만나고, 차이를 만들어낼 것이다.

구글 전 대표이사 에릭 슈미트(Eric Schmidt)

몇 해 전 여름, 우리 집 앞에 커다란 택배상자가 놓여 있었다. 발송 주소는 뉴욕시에 있는 대형 출판사였다. 받는 사람은 나로 되어 있었다.

이때는 내가 UC버클리에서 강의하던 시기였다. 가을 학기에 심리학 두 과목 강의를 준비하느라 교재를 몇 권 주문하고 기다리던 참이었다. 그런데 상자를 여니 교재가 아니라 소설, 비소설, 학술서적, 대중서 등 백 권은 되는 책이 들어 있었다. 주문서에는 한 편집자의 이름이 적혀 있었다. 상자를 식탁에 올려놨더니 놀러온 친구들이 "이 많은 책을 언제 다 읽으려고?"라며 궁금해했다. 이게 왜 나에게 배달되었는지 모르겠다고 설명해도 친구들은 고개를 갸웃했다.

며칠 뒤 나는 이게 어찌된 일인지 알아보았다. 주문서에 적힌 편집자에게 이메일을 보내, 그쪽으로 갈 택배가 잘못 도착한 것 같다고 전했다. 편집자는 착오가 있었던 모양이라면서 그냥 재미있게 읽으라고 했고, 나는 고맙다고 했다. 우리는 이메일을 몇 번 더 주고받으며 내 교재 선정에 대해 의견을 나누었다. 그 후 우리 집에서 바비큐 파티가 열렸을 때까지도 택배상자는 그대로 있었다. 나는 친구들에게 재미있어 보이는 책이 있으면 가져가라고 했다. 이 일은 한동안 재미난 이야깃거리가 되었다.

1년 후 나는 책을 한 권 쓰고 싶어졌다. 바로 이 책(초판본)이었다. 내 상담실과 강의실에는 한 발 더 나아가기 위해 도움을 절실히 원하고 필요로 하는 20대가 너무 많았다. 그래서 나는 강의, 연구, 임상 경험을 통해 얻은 지식을 모두 담은 책, 20대라면 누구나 읽을 수 있는 책을 구상했다.

나는 그리 친하지는 않지만 책을 낸 적이 있는 동료에게 기획서 견본을 얻어 짬짬이 기획서를 작성했다. 얼마 후 기획서는 완성했지만 그걸로 뭘 어떻게 해야 할지는 잘 몰랐다. 출판업계와 접점이 없었기 때문에 그냥 혼자서만 생각했다.

그때 택배상자가 떠올랐다. 나는 이메일을 주고받았던 편집자에게 연락했다. "이렇게 연락드려 죄송합니다만"이라고 말문을 튼 뒤, 기획서를 한번 봐줄 수 있을지, 아니면 다른 사람에게 보여줄 수 있을지 물었다. 편집자는 기획서를 읽어본 후 관심을 보이는 관계자들에게 나를 소개해 주었다. 금세 발행인이 정해졌다.

초판 발행 후 10년이 지난 지금까지 나는 택배를 잘못 보낸 그 편집자를 한 번도 만난 적이 없다. 기획서 견본을 준 동료와는 딱 한 번 만난 사이였다. 일이 걸린 상황이었으므로 둘 다 나에게 특별한 호의를 베풀 이유도 없었고 그렇게 하지도 않았다. 이 책은 성인기에 일어나는 많은 일과 마찬가지로 '약한 유대의 힘' 덕분에 세상에 나올 수 있었다.

2001년 작가 이선 워터스Ethan Watters는 〈뉴욕 매거진〉에서 '도시 부족the urban tribe'이라는 말을 처음으로 언급했다.[1] 이 말은 젊은이들이 독립해서 혼자 사는 기간이 늘어남에 따라 등장한 임시 가족이라는 뜻으로 쓰였다. 일단 20대 시절에는 주로 대학 친구들이 같이 다녀주고 생일 파티에 와주고 문자 메시지에 답장해준다. 음악 축제나 공항까지 차를 태워주는 호의를 베푸는 것도 이런 친구들이고, 주말에 맥주 한잔하면서 망한 데이트 이야기를 하거나 간단히 차를 마시며 못된 상사 흉을 볼 수 있는 것도 이런 친구들이다.

2001년 전에도 도시 부족을 다루는 시트콤과 영화가 있었다. 20대 때 "항상 곁에 있는 건" 친구들임을 보여주는 내용이었다. 제작진과 출연진 모두 X세대였던 시트콤 '프렌즈Friends'는 1994년에서 2004년까지 방송되었지만, 다음 세대, 그다음 세대에게도 계속 인기가 있었다. 프렌즈는 첫 방송 이후 25년 동안 가장 많이 시청된 프로그램 중 하나였고, 지금도 인기가 높다. 〈이코노미스트〉에 따르면 이 상징적인 프로그램은 "세계에서 가장 사랑받는 시트콤"이다.[2] 2018년에는 넷플릭스 최다 시청작 중 2위를 차지하기도 했다. 이때 1위는 2005년에서 2013년까지 방송되었고 주로 20대 직장인의 이야기를 다룬 시트콤 '오피스The Office'였다. 두 프로그램 다 지금까지 사랑받는 이유는 21세기에 일어난 20대의 일과 사랑과 삶의 변화가 지금도 영향을 미치고 있어서다.

도시 부족의 이점은 TV에서만이 아니라 실제로도 존재한다. 대부분의 20대는 힘든 하루를 보내고 퇴근 후 부모님이나 연인이 아니라 친구를 찾는다. 명절에 고향에 갈 수 없거나 가고 싶지 않은 20대는 친구들과 모여 놀면서 위안을 얻는다. 이 힘들고 중요한 시기에 함께 어울릴 무리가 있다는 사실은 사람을 살리는 큰 힘이 되기도 한다.

20대에 친구가 중요하고 친구들과의 시간이 즐거운 것은 분명하다. 그래서 도시 부족이 관심의 대상이기는 하지만, 많은 20대가 계속 같은 사람들하고만 어울리며 스스로 좁은 틀에 갇히는 것은 문제다. 도시 부족은 20대 때 가장 든든한 사람들일지는 몰라도 큰 변화를 경험하는 데는 도움이 되지 않는다. 아플 때 챙겨 줄 사람들은 도시 부족이겠지만, 우리 삶에 빠르고 확실한 변화를 일으킬 사람은 결코 같은 무리에 속할 일 없는 사람들, 잘 모르는 사람들이다.

스탠퍼드 대학교 교수이자 사회학자인 마크 그래노베터Mark Granovetter는 페이스북 창립보다 25년 이상 앞선 시점에 사회적 연결망에 대한 유명한 선도적 연구를 수행했다. 그래노베터는 사회적 연결망이 어떻게 사회이동social mobility을 촉진하는지, 즉 주변인들이 개인의 사회 계층 변화나 상승에 어떻게 영향을 미치는지 알고자 했다. 그래서 보스턴 교외 거주민 중 최근에 직업을 바꾼 직장인들에 대해 조사했다. 요컨대 이들은 어떻게 새 직업을 얻게 되었을까? 그래노베터의 발견에 따르면 이직 과정에서 가장 큰 역할을 한 사람은 친한 친구와 가족이 아니었다. 아마 가장 많은 시간과 에너지를 할애하여 도와준 것은 친구와 가족이었을 것이다. 하지만 전체 이직자 중 4분의 3 이상이 가끔 만나거나 거의 만나지 않는 사람들의 도움으로 이직에 성공했다. 그래노베터 교수는 이 결과를 바탕으로 〈약한 유대의 힘The Strength of Weak Ties〉이라는 획기적인 논문을 발표하여 친하지 않은 사람들의 특별한 가치를 알렸다.[3]

그래노베터 교수에 따르면 모든 인간관계나 유대는 똑같지 않다. 끈끈한 관계도 있고 느슨한 관계도 있다. 시간과 경험이 쌓이면 유대는 강해진다. 어린 시절에 강한 유대를 맺는 대상은 친구와 가족이다. 20대가 되면 여기에 도시 부족이 더해진다.

한편 약한 유대에는 만난 적 있는 사람, 혹은 어떻게든 얼굴은 알지만 잘 모르는 사람들이 포함된다. 이를테면 말 섞을 일이 거의 없는 동료, 인사만 주고받는 이웃, 언제 한 번 만나자는 지인, 오랫동안 연락이 끊긴 친구, 전 직장 상사, 학생 시절 교수 등이다. 출판 기획서를 보내준 직장 동료라든가, 실수로 책 한 상자를 보내준 편집자도 마찬가지다. 약한 유대는 한 번이라도 연락한 적 있는 사람, 그리고 그들과 연락한 적 있는 사람들까지 포함한다. 즉, 지금 당신과 강한 유대가 아닌 모든 사람이 여기에 해당되는 것이다.

그런데 왜 강한 유대로 묶이는 사람이 있고 아닌 사람이 있을까? 수천 년에 걸쳐 발전한 서양 사상과 한 세기 동안의 사회학 연구에 따르면 "유사성은 연결을 낳는다."[4] 동종 선호homophily, 즉 우리는 비슷한 것을 좋아하는 성향 때문에 비슷한 사람끼리 모이게 된다. 학생 시절은 물론이고 직장인이 되어서도 비슷한 사람들끼리 가까운 관계를 형성하기 쉽다. 그리하여 도시 부족처럼 강한 유대로 묶인 사람들은 대개 배타적이고 동질적인 집단을 이룬다.[5]

사회학자 로즈 코저는 배타적이고 동질적인 집단이 오히려 개인에게 방해되는 현상을 '강한 유대의 약점'이라고 불렀다.[6] 강한 유대는 편하고 익숙하지만 그것 말고는 별로 도움이 안 될 수 있다. 그들은 너무 비슷하고, 비슷한 상황에 갇혀 있어서 공감 말고는 우리에게 해줄 것이 없다. 일이나 인간관계에 대해서도 우리보다 잘 알지 못하는 경우가 많다. 혹시 아는 것이 있더라도 이미 들어본 이야기일 가능성이 높다.

반면 우리와 약한 유대를 가진 사람들은 낯설고 멀게 느껴져서 가까워지기 어려워 보인다. 하지만 바로 그것이 핵심이자 장점이다. 이미 형성된 내부 집단 사람이 아니기 때문에 우리에게 새로운 기회를 줄 수 있다. 새 일자리, 정보, 집, 기회, 아이디어, 심지어 새 연인마저 대부분 내가 속한 집단 밖에서 온다. 집단 외부의 사람들은 우리가 모르는 사람과 지식을 알고, 우리가 생각해본 적 없는 관점으로 생각한다. 약한 유대는 우리가 볼 수 없는 곳으로 통하는 연결 다리와 같다. 이들과의 대화가 우리를 어디로 이끌지는 아무도 모른다.

콜은 마치 막 방학하고 여름을 만끽하려는 중학생처럼 대학교를 벗어나 20대로 뛰어들었다. 공대 출신인 콜은 학생 시절 내내 방정식 풀이만 죽어라 했는데, 다른 사람들은 다들 재미있게 사는 것처럼 보였다. 그는 20대야말로 머리를 식히고 즐겁게 지낼 기회라고 생각했다. 그래서 측량 회사에 들어가서 중요하지 않은 업무를 맡아 설렁설

렁 일했다. 아파트로 이사를 한 뒤에는 술집이나 지역 정보지를 통해 만난 사람들과 어울렸다. 그중에는 대학에 가지 않은 사람도 있었다. 몇 년이 지나자 이 사람들은 콜의 도시 부족이 되었다. 다음 이야기는 콜이 지난 시간을 되돌아보며 자신의 도시 부족에 대해 나에게 말해준 것이다.

우린 술을 마시면서 얼마나 일하기 싫은지, 취업난이 얼마나 지독한지 이야기했어요. 뭐든 거부하고 반대하기만 했죠. 별것 아닌 이야기를 아는 척하며 떠들어댔어요. 현실적으로 일할 생각을 하는 사람은 하나도 없었고, 저도 그랬어요. 전 쿨하고 멋진 패거리의 일원이었던 거예요. 다음에 보러 갈 농구 경기라든가, 그런 것 말고는 아무 생각도 없었어요. 다들 그렇게 사는 줄 알았어요. 제 주변은 전부 그렇게 살고 있었으니까요.

그러다 가끔 대학 동창들 소식을 들었어요. 누가 큰돈을 벌어서 사업을 시작했다든가, 구글 같은 곳에서 멋진 일을 맡았다든가 하는 소식이요. 그러면 전 이렇게 생각했죠. '걔가? 말도 안 돼. 내가 이 악물고 고생할 때 걔는 인류학 공부나 하고 있었잖아.' 마치 제가 빈둥거리는 동안 그 친구가 뭔가 하고 있었다는 사실이 아무 의미도 없다는 것처럼 말이에요. 인정하고 싶지 않았지만 좀 지나자 저도 그 친구들처럼 뭔가 해내고 싶어졌어요. 하지만 어떻게 해야 할지는 몰랐지요.

콜의 누나는 룸메이트의 서른 번째 생일 파티에 콜을 끌고 갔다. 잘나가는 사람들에게 둘러싸여 불편한 시간을 보내던 콜은 젊은 조각가와 잠깐 이야기를 나누게 되었다. 벳시라는 이 조각가 역시 나에게 상담 받으러 왔던 내담자였다.

벳시는 계속 비슷한 남자들만 사귀다 질려버린 상태였다. 제 앞가림도 못하는 남자친구와 헤어질 때쯤이면 또 비슷한 사람과 만나기 시작하는 식이었다. 결국 벳시는 왜 이런 남자들에게만 끌리는지 알기 위해 상담을 받으러 왔다. 그녀는 암담한 말투로 말했다. "전 남자를 만나는 게 아니에요. 키우는 거죠." 하지만 이 패턴을 분석하더라도 벳시가 계속 비슷한 남자들에게 관심을 갖고 만난다는 사실이 바뀌지는 않았다. 벳시는 이렇게 말했다. "괜찮은 남자를 통 만날 수가 없어요."

벳시도 콜과 마찬가지로 더 이상 파티에 남아 있고 싶지 않았다. 생일 주인공과는 몇 년 전 스피닝 수업에서 만난 사이로, 벳시는 그동안 이 사람의 초대에 응한 적이 없었다. 하지만 이번에는 새로운 사람들을 만나보자는 생각으로 승낙한 것이었다. 벳시는 택시를 타고 가면서도 왜 이 파티에 가고 있는지 모르겠다고 생각했다.

벳시와 콜은 만난 순간 마음이 통했지만 벳시는 확신이 없었다. 콜은 분명 똑똑하고 교육 수준도 높았지만 딱히 뭔가를 하고 있는 것 같지 않았다. 두 사람은 몇 번 만나 즐거운 시간을 보냈고 앞으로도 잘될 듯했다. 그런데 함께 밤을 보낸 후 콜이 아침 11시에 일어나 스케이트보드를 집어 드는 모습을 보자 벳시는 마음이 좀 식었다. 더는 어린애 같은 남자를 돌봐주며 만나고 싶지 않았다.

이때 벳시가 모르는 점이 하나 있었다. 콜은 벳시를 만난 후 예전의 의욕을 조금 되찾았다. 벳시가 주말에도 조각에 열중하고 친구들과 만나 작업이나 계획에 대해 이야기하는 모습을 보았기 때문이다. 그래서 콜은 좀 더 진취적으로 생각하기 시작했다. 최근 두각을 나타내기 시작한 신생 기업의 기술직 채용 공고를 눈여겨보고 있었지만 지원하기에는 자기 경력이 너무 초라하다는 생각이 들었다.

운 좋게도 콜은 2년 동안 한두 번 마주친 고등학교 동창이 그 회사에서 일한다는 사실을 기억해냈다. 연락을 받은 친구는 회사에 콜을 추천해주었고, 콜은 몇 번 면접을 본 후 그 자리를 얻었다. 채용 담당자는 콜이 채용된 세 가지 이유를 말해주었다. 우선 공대 출신이라 기술 관련 프로젝트를 열심히 추진할 수 있을 터였고, 성격이 팀에 잘 맞을 것 같았으며, 추천해준 친구가 회사에서 좋은 평가를 받기 때문이었다. 나머지는 일하면서 배우면 된다고 했다.

이 일로 콜의 앞날은 완전히 바뀌었다. 콜은 최첨단 기술의 현장인 인터넷 기반 회사에서 소프트웨어 개발을 배웠다. 몇 년 후에는 다른 신생 기업으로 이직하면서 한 단계 승진하여 개발 책임자가 되었다. 그때쯤 콜이 얻은 정체성 자본이 빛을 발했기 때문이다. 10년쯤 지난 지금, 콜과 벳시는 결혼해서 살고 있다. 벳시는 미술관 조합을 운영하고, 콜은 CIO(정보 담당 최고 책임자)로 일하고 있다. 이들은 지금의 행복한 삶이 콜의 고등학교 동창과 생일파티에 초대해 준 지인 덕이라고 기쁘게 말한다. 약한 유대가 이들의 삶을 바꾸어 놓았다.

20대에게 약한 유대의 힘을 이용해 보라고 권하면 상당한 저항에 부딪힌다. "인맥 쌓는 건 질색이에요", "제 힘으로 일자리를 구하고 싶어요", "저랑 안 맞아요" 같은 반응이 돌아온다. 이해는 하지만 확실히 알아야 할 점이 있다. 약한 유대의 힘은 흔히 말하는 낙하산

인사의 배경인 족벌주의가 아니다. 족벌주의는 자격이나 능력 없는 사람이 인맥과 연고의 힘으로 자리를 차지하는 것을 말한다. 약한 유대의 힘은 정보가 퍼지는 방식에 가깝다. 즉, 자격과 능력을 갖춘 사람이 다른 사람의 도움으로 기회를 얻는 과정이다.

약한 유대의 힘은 대중의 지식을 이용하는 일종의 크라우드소싱 crowdsourcing으로도 볼 수 있다. 말하자면 "새 직업이 필요해", "도심에 집을 얻어야겠어", "몬태나까지 태워줄 사람이 필요해" 같은 일들을 도시 부족을 벗어나 해결하는 것이다. 소수의 친한 친구 대신 다른 사람들을 통해서도 알아본다면 새 일자리나 집을 구할 가능성은 금방 높아질 것이다.

아직도 의심스러운가? 실수하지 않기 바란다. 약한 유대를 이용하지 않으려는, 즉 대중의 지식을 이용하지 않으려는 20대는 적극적으로 이용하려는 사람들보다 뒤처진다. 이쯤에서 사람들의 이야기를 들어보자.

- 인맥을 쌓든 연줄을 이용하든 나쁜 게 아니에요. 저는 업계에서 3위 안에 드는 회사에 다니는데 아무 연줄 없이 채용된 직원은 말 그대로 딱 한 명 봤어요. 전부 다 건너 건너 아는 사람을 통해 들어왔죠.
- 전 모르는 사람에게 전화하는 게 정말 싫어요. 정말 너무 싫어요. 그런데 저희 아빠가 파티에서 어떤 사람을 만났는데 그 사람이 다니던 회사에서 지금 제가 일하고 있어요. 어쩔 수 없이 정보를 얻으려고 그 사람에게 전화했더니 제 이력서를 회사에

전해주더라고요. 그래서 면접을 보게 된 거죠.

- 제가 일하고 싶은 병원이 있었는데 채용 공고를 계속 기다렸지만 올라오질 않는 거예요. 결국 전 거기서 일하는 친구에게 전화했어요. 처음엔 떳떳하지 못한 것 같고 친구가 곤란해질까 봐 망설였죠. 하지만 친구는 바로 어디어디로 전화해보라고 하더군요. 전화해보니 채용 공고를 막 올리려던 참이라고 했고요. 전 공고가 올라오기도 전에 일자리를 얻었지요. 모든 일이 하루아침에 바뀔 수 있답니다. 바깥세상으로 뛰어든다면 말이에요.

- 사람들은 이렇게 생각하죠. "난 아는 사람이 없어. 다들 그렇지 뭐." 하지만 손대지 않은 자원이 자기에게 고스란히 있다는 걸 알면 깜짝 놀랄 거예요. 고등학교나 대학교 동창 인맥은 정말 큰 도움이 될 수 있어요. 공식 인맥이 없으면 페이스북이나 링크드인(주로 구인구직을 목적으로 하는 SNS 사이트―옮긴이)에서 출신 학교 모임을 찾아보면 돼요. 둘러보다가 내가 원하는 곳에서 일하는 사람을 발견하면 이메일이나 전화로 연락해서 정보를 얻기 위한 면담을 잡죠. 결국 다들 이렇게 해요.

20대는 대부분 소속감을 갈망하고 유대감을 위해 강한 유대 관계에 집착한다. 하지만 공교롭게도 집단에 얽매여 있을 때 오히려 소외감이 더 커질 수 있다. 도시 부족과 똘똘 뭉쳐 바깥세상에서 분리되고 고립되기 때문이다. 하지만 시간이 지날수록 소속감은 약해지고 더 넓은 세상과 단절된 느낌은 강해진다.

확장된 유대감은 새벽 한 시에 친구와 문자를 주고받는 데서 오지 않는다. 그보다는 꼭 그럴 필요가 없는데도 우리 삶을 변화시켜주는 사람들에게 다가가는 데서 온다. 약한 유대의 도움을 받을 때 우리 주변의 공동체는 더 인간적이고 호의적인 곳이 된다. 20대가 조심스럽게 진입하기 시작하는 성인 공동체도 마찬가지다. 우리와 약한 유대 관계인 사람들이 나를 도와줄 이유가 없는 생판 남이 아니라는 사실을 깨달을 때 세상은 변한다. 그들은 어떤 식으로든 도와주려고 할 가능성이 있다. 그들에게 다가가는 법만 알면 된다. '벤저민 프랭클린 효과Ben Franklin effect'는 이 과정을 이해하는 데 도움이 될 수 있다.

1700년대 후반에 펜실베이니아의 정치인이었던 벤저민 프랭클린Benjamin Franklin은 자서전에서 이 시기를 회상하며 일화를 하나 소개했다. 당시 프랭클린은 자기와 반대 입장인 의원 한 명을 끌어들여 자기편으로 만들고 싶어 했다.

나는 그에게 굽실거리면서 환심을 사려고 하지 않았다. 그 대신 얼마 후에 다른 방법을 썼다. 나는 그가 아주 희귀하고 흥미로운 책을 소장하고 있다는 소식을 듣고 쪽지를 썼다. 그 책을 자세히 읽고 싶은데 호의를 베풀어 며칠간 빌려줄 수 있겠느냐는 부탁이었다. 그는 바로 책을 보내주었고 나는 일주일 후 열렬한 감사 인사를 담은 쪽지와 함께 책을 돌려주었다. 이후 의회에서 마주치자 그는 나에게 처음으로 아주 정중하게 말을 걸었고, 그 뒤로도 어떤 일이든 기꺼이 도와줄 태세로 나를 대했다. 이 일로 우리는 아주 좋은 친구가 되어 그가 세상을 떠

날 때까지 가깝게 지냈다. 이런 일을 보면 역시 옛말이 옳음을 알 수 있다. "당신이 도와준 사람보다 당신을 도와준 사람이 다음에 또 호의를 베풀 가능성이 높다."[7]

수세기 후 사회심리학자들은 프랭클린이 설명한 내용을 우연히 발견했다. 즉, 우리는 누군가에게 호의를 베풀고 나면 그 사람을 더 좋아하게 되고, 이후로도 계속 도와주는 경향이 있다. 이런 현상을 '벤저민 프랭클린 효과'라고 한다.[8]

그런데 이와 관련하여 별로 언급되지 않는 점이 있다. 20대들은 이것에 대해 나에게 자주 묻는다. 프랭클린은 처음에 어떻게 도움을 받았을까? 잘 모르는 사람, 약한 유대인 사람들은 애초에 왜 우리를 돕는 것일까?

답은 간단하다. 좋은 일을 하면 기분이 좋기 때문이다.[9] 친절하게 행동하면 '헬퍼스 하이helper's high(장거리 달리기의 고통 끝에 느끼는 도취감인 러너스 하이와 비슷한 맥락에서, 호의를 베풀면서 느끼는 행복감을 일컫는 말—옮긴이)'라는 기분을 느끼게 된다.[10] 수많은 연구에 따르면 이타적 행동은 건강, 행복, 장수 등 성인들이 원하는 모든 속성과 관련이 있다. 대부분은 무언가를 시작할 때 먼저 시작한 사람들에게서 도움받은 기억이 있기 마련이다. 20대 역시 도움을 받을 곳이 충분하다. 곱게 나이 든다는 것에는 타인을 도와준다는 의미도 있다.[11] 약한 유대에서 도움을 구하는 20대는 누군가에게 좋은 일을 하고 좋은 기분을 느낄 기회를 제공하는 셈이다. 지나친 요구만 하지 않는다면 말이다.

이번엔 이 '지나친 요구'에 대해 이야기해보자. 20대는 약한 유대

관계인 사람들에게 일과 관련된 막연한 질문을 던지는 경우가 종종 있다. 앞으로 뭘 해야 할지 결정하는 데 전문가의 도움을 바라는 것이다. 성공한 사람이라면 이런 질문에 답하기가 버겁지 않겠지만 시간이 걸리고 역할의 제약을 받기도 한다. 일단 어떤 대학원에 가야 할지 묻는 이메일에 길게 답장을 써주려면 시간이 많이 걸린다. 게다가 사회복지사가 될지 가수가 될지 결정해주는 건 그들의 일이 아니다.

한 인사 담당자에게 이런 이야기를 들은 적이 있다. "입사 후에 어떤 일들을 하게 될지 알아보러 와서는 글쎄 이러고 있다니까요." 그녀는 손을 맞잡아 무릎 위에 둔 채 멀뚱히 앉아 있는 흉내를 내었다. "전 이렇게 생각하죠. '당신이 요청해서 약속을 잡았잖아. 괜찮은 질문거리라도 들고 와야지. 뭘 하라고 말해줄 때까지 여기서 얼마나 오래 일하셨나요? 따위의 시답잖은 질문이나 하지 말고.'"

이번엔 프랭클린이 어떻게 부탁을 했는지 더 자세히 알아보자. 그는 "선술집에서 땅콩 수프나 한 그릇 하실까요?"라고 적힌 두루마리를 보내거나 하지는 않았다. (아마 18세기에는 "커피 한잔하실래요?", "잠깐 얘기 좀 하실까요?"를 이렇게 표현했을 것이다.) 프랭클린은 바쁜 직장인에게 이런 제안은 너무 막연해 보인다는 것을 알았기 때문에 더 의도적이고 전략적으로 접근했다.

프랭클린은 그 의원에 대해 조사한 후 그의 전문 분야를 알아냈다. 그리고 그 의원에게 꼭 도움을 받아야 할 진지한 사람으로 보이도록 행동했다. 스스로 흥미를 끄는 사람이 되었고 상대와의 관련성을 만들어냈다. 그리고 책을 빌려 달라는 간단하고 쉬운 요청을 했다.

나 역시 이 책을 쓰면서 비슷한 일을 했다. 나는 동료에게 출판 기획서 쓰는 법을 묻지 않고 그 사람의 것을 보여 달라고 부탁했다. 뉴욕의 편집자에게 책을 어떻게 출판하느냐고 묻지 않고 내가 쓴 기획서를 봐 달라고 부탁했다. 말했듯이 난 이 사람들과 잘 아는 사이가 아니었다. 하지만 약한 유대의 힘과 벤저민 프랭클린 효과, 이타심에 대해 떠올린 다음 용기를 짜내 부탁했다.

이제 나는 당신 역시 약한 유대에 있는 사람들에게 추천서, 제안, 소개, 면담 등을 부탁할 때 이렇게 접근해보라고 권하고 싶다. 스스로 관련성을 만들어내라. 우선 당신이 원하는 것, 필요한 것을 정확히 알고 나서 용기를 내 정중하게 부탁하라. 거절당할 수도 있다. 하지만 생각보다 많은 사람이 부탁을 들어줄 것이다. 새로운 시도를 하는 가장 빠른 길은 전화 한 통, 이메일 한 통, 책 한 상자, 부탁 한 번, 서른 번째 생일 파티, 우연한 만남, 하나의 약한 유대일지 모른다.

한번은 포춘 쿠키fortune cookie(운세가 적힌 쪽지가 들어있는 과자—옮긴이)에서 '현명한 사람은 스스로 운을 만든다'라는 쪽지가 나왔다. 어쩌면 20대에 스스로 운을 만들기 위한 최선의 조치는 약한 유대 관계인 사람들의 요구에 기꺼이 응하거나 그들이 우리의 요구를 흔쾌히 들어줄 일을 만드는 것일지도 모른다. 17만 5천 명 이상이 참여한 250개 이상의 연구를 2013년에 메타분석(여러 연구 결과를 비교·종합하여 분석하는 기법—옮긴이)한 결과, 성인기에 가정과 직장생활이 더 바빠지고 범위가 명확해지면서 사회적 연결망은 좁아지는 것으로 드러났다.[12] 20대는 직장, 거주지, 주변 사람이 계속 바뀌고 번화가에서 주말을 보내는 생활을 할 텐데 그런 만큼 더욱 사람들과 연결망을 형성해야 한다. 매일 똑같은 사람들과 모여 직장생활이 지루하다는 둥, 괜찮은 이성이 씨가 말랐다는 둥 똑같은 이야기만 할 때가 아니라 세상을 조금이라도 다르게 보는 사람들과 함께할 때다.

20대와 그 이후에는 가장 먼 사람들이야말로 가장 많이 도와줄 사람들일 수 있다. 좋은 일을 하면 기분이 좋다는 사실을 기억하자. 약한 유대 관계인 사람들은 지금도, 앞으로도 우리 삶을 더 낫게 만들어줄 수 있는 사람들이다. 스스로 뭘 원하는지 알고자 하는 용기만 있다면 말이다.

알지만 생각하지 않는 것

The Unthought Known

————

책임을 맡으면 항상 불확실성이 따르기 마련이다.

사업가 해럴드 제닌(Harold Geneen)

젊은이의 탐색이란 무엇이든 허용되는 상태가 아니라
정말로 중요한 것을 똑바로 마주하는 새로운 방식에 가깝다.

심리 분석학자 에릭 에릭슨(Erik Erikson)

이안은 아무런 표시도 없는 망망대해 한가운데 떠 있는 것 같은 상태라고 했다. 어디에도 땅이 보이지 않아서 어느 쪽으로 헤엄쳐야 할지 몰랐다. 어디로든 갈 수 있고 뭐든 할 수 있다는 가능성에 짓눌리는 느낌이었다. 이안은 어디로 가고 뭘 해야 좋을지 모른다는 생각에 이러지도 저러지도 못하고 있었다. 희망을 잃고 지친 스물다섯 살의 이안은 빠져 죽지 않을 정도로만 휘적거리는 느낌이라고 말했다.

이안의 이야기를 들으니 나 역시 지치고 무기력해지기 시작했다. 심리학자들이 종종 그러듯 내담자의 입장에서 생각하려고 해봤지만, 망망대해 비유가 큰 걸림돌이었다. 사방이 다 똑같아 보이는 물속에서 이안과 함께 둥둥 떠 있는 상상을 하니 나도 좋은 해결책이 떠오르지 않았다.

나는 이안이 뭔가 대책을 생각해봤는지 궁금했다. "물속에서 나오는 방법은 없나요?"

이안은 창밖을 바라보며 말했다. "모르겠어요. 한쪽 방향으로 헤엄치기 시작하면 되겠죠. 그런데 어느 쪽이나 똑같아 보여서 못 고르겠어요. 그리고 틀린 방향으로 가면서 힘을 다 써버리면 어떡하죠? 그때는 누가 배를 타고 와주길 바라는 수밖에 없어요." 이렇게 결론지은 이안은 편해 보이기까지 했다.

"인생은 내 손에 달려 있다"라는 말을 인정하는 데는 두려움이 따른다. 구해줄 사람이 없으니 내가 손 놓고 있으면 안 되고, 오직 나만이 뭐라도 해야 한다는 사실을 깨닫기는 참 무섭다.

뭘 하고 싶은지, 뭘 해야 할지 전혀 모르는 것은 이런 두려움에 대한 방어책이다. 가능성이 무한하지 않음을 인정하지 않으려는 저항이고, 상황을 개선하기 위해 아무것도 할 수 없는 척하는 것이다. 그리고 인생에 정답이란 없고 오직 자신의 결정만 존재한다는 사실을 받아들이지 않으려는 태도다. 선택하지 못하고 갈팡질팡하는 것은 책임지지 않고 인생을 헤쳐 나가기를 바라는 것에 지나지 않는다.

이안은 스스로 인생을 책임지는 대신 누군가 정해진 방향으로 떠밀어주기를 바랐다. 이런 일은 흔히 일어난다. 아마도 이안은 친구들이나 연인의 삶에 묻어왔을 것이고, 한동안 그렇게 살면서 자기 인생에서 더 멀어졌을 것이다. 나는 이런 행동이 어떤 결과를 낳을지 알고 있었다. 언젠가 이안은 자기와 전혀 상관없는 곳에서 자기답지 않은 일을 하는 자신을 발견할 것이다. 원하는 삶을 문득 깨달았을 때는 그와 거리가 먼 삶을 살고 있을 것이다.

이안은 자신의 상태를 망망대해에 비유하면서 특별히 원하는 삶이 없다는 듯 행동했다. 자신에겐 과거도 미래도 없고 어디로 가든 똑같다는 식이었다. 살아온 삶을 돌아보지도 않았고 다가올 날들을 그려보지도 않았다. 그도 말했듯 어떤 조치도 취할 수 없는 것은 이 때문이었다. 같은 20대라도 물속에 둥둥 떠 있는 사람보다 뭐라도 선택하는 사람이 더 행복하다는 사실을 모르는 이안은 계속 혼란 속에 머물렀다. 이러는 편이 쉬우니까.

이안과 어울리는 사람들은 막연하게 이야기했다. 일터인 자전거 가게에서 만나는 친구들은 아직 결정내릴 필요가 없다며 격려했다. "아직 괜찮아!" 이안과 친구들은 현실에 안주하지 않고 신념을 저버리지 않아도 되는 직업에 대해 긴 대화를 나눴지만, 정작 그들이야말로 불완전 고용 상태에 안주하여 미래를 저버리고 있었다. 이안이 상담을 받으러 온 이유도 그 대화가 악의 없는 거짓말이었음을 어렴풋이 알고 있어서였는지 모른다.

부모님에게 망망대해처럼 방향성 없는 삶에 대해 털어놓자 이번에도 악의 없는 거짓말이 돌아왔다. 부모님은 "넌 최고야! 뭐든 할 수 있단다"라고 말했다. 물론 선의의 격려였지만 부모님은 그런 말이 도움이 되지 않는다는 사실을 이해하지 못했다. 부모님의 격려는 용기보다 오히려 혼란만 가중했다.

이안과 같은 20대는 "네 꿈을 따르렴", "큰 꿈을 가지렴" 같이 추상적인 지도와 선의 속에서 자랐다. 하지만 이들은 도대체 어떻게 하면 되는지 알지 못하는 경우가 많다. 원하는 것을 어떻게 얻는지, 심지어 뭘 원하는지도 모른다. 이안은 절망적인 말투로 이렇게 말했다. "저희 엄마는 제가 얼마나 대단하고 자랑스러운지 모든 사람에게 계속 말씀하세요. 그러면 저는 이렇게 묻고 싶어요. '뭐가요? 제 어디가 그렇게 대단해요?'라고요."

이안은 어머니의 칭찬에 우쭐해지는 대신, 너무 뻔한 말이라 의미가 없다고 오랫동안 생각해왔다. 이안이 뭔가 속았다고 느끼는 데는 이유가 있었다. 삶은 무한하지 않았고, 이안도 마찬가지였다. 20대는 선택의 폭이 더 좁았으면 좋겠다고 말하는 경우가 많다. 하지만 당시 이안에게는 듣던 만큼 선택지가 많지 않았다. 때를 오래 기다릴수록 선택지는 더 줄어들었다.

나는 이안에게 말했다. "다음 주에도 왔으면 좋겠어요. 그땐 망망대해에서 빠져나와볼 거예요. 망망대해 비유는 적당하지 않아요. 그 대신 다음엔 잼을 사러 가보죠."

유명한 심리학 연구 중에 사회심리학자 시나 아이엔거Sheena Iyengar의 잼 연구라는 것이 있다.[1] 스탠퍼드 대학 재직 시절 아이엔거 교수는 동네 식품점이 인간의 선택 과정을 이해하기에 매우 훌륭한 장소라고 생각했다. 그래서 보조 연구자들은 잼 판매원 역할을 맡아 한 식품점 안에 시식대를 차렸다. 첫 번째 조건에서는 복숭아, 블랙체리, 레드커런트, 마멀레이드, 키위, 레몬커드까지 여섯 가지 맛의 잼을 시식하게 했다. 두 번째 조건에서는 이 여섯 가지에 열여덟 가지를 더하여 스물네 가지 맛의 잼을 시식하게 했다. 두 조건 모두 시식한 구매자는 잼을 살 때 쿠폰 할인을 받을 수 있었다.

잼 연구의 핵심은 선택지가 적을수록 선택이 쉽다는 것이다. 선택의 폭이 적으면 하나를 쉽게 선택할 수 있다. 잼 연구는 이런 식으로 진행되었다. 소비자들은 스물네 가지나 맛볼 수 있는 시식대로 몰려들었지만 대부분 쉽게 선택하지 못했다. 잼을 사간 사람은 전체의 3퍼센트뿐이었다. 반면에 여섯 가지 잼을 맛볼 수 있는 시식대에서는 그보다 쉽게 잼을 골라갔다. 이곳에서는 전체의 30퍼센트 정도가 잼을 사갔다. 즉, 선택의 폭이 적은 시식대에서 하나를 선택할 가능성이 열 배나 높았다는 의미다.

나는 다음 주에 다시 온 이안에게 잼 연구 이야기를 한 다음, 무한하다는 가능성 중 하나를 고르기가 버거운지 물었다. 이안은 이렇게 대답했다.

"뭐든지 할 수 있다는 말이 부담스럽긴 해요."

"그럼 좀 더 구체적으로 생각해 볼까요? 잼을 하나 고른다고 해보죠."

"제 앞에 여섯 가지 잼이 있나요, 아니면 스물네 가지 잼이 있나요?"

"훌륭한 질문이에요. 이안이 20대에 어떤 결정을 할 때, 잼이 스물네 개나 있는 시식대가 없다는 사실을 깨달아야 해요. 그건 터무니없는 속설이에요."

"왜요?"

"20대들은 무한한 선택지가 펼쳐져 있다는 말을 들어요. 뭐든 할 수 있고 어디든 갈 수 있다는 말을 들으면 그야말로 망망대해가 펼쳐진 느낌이 들죠. 스물네 가지 잼 시식대에 서 있는 것과 마찬가지에요. 하지만 실제로 선택지가 스물네 개나 있는 20대는 본 적이 없어요. 기껏해야 여섯 가지 중에서 하나 고를 수 있는 정도죠."

이안은 멍하니 나를 바라보았다.

"이안, 당신은 20년 넘게 자기 자신을 만들어왔어요. 자기만의 경험, 관심사, 장단점, 졸업장, 취향, 우선순위가 있어요. 하루아침에 여기 뚝 떨어진 게 아니에요. 당신 말처럼 갑자기 망망대해에 던져진 게 아니라고요. 과거는 현재로 이어져요. 이안은 여섯 가지 잼 시식대 앞에 있고, 키위가 좋은지 블랙체리가 좋은지 정도는 안다고요."

이안은 다른 이야기를 했다.

"전 상황이 잘 풀리길 바랄 뿐이에요. 그냥 잘됐으면 좋겠어요."

나는 바로 지적했다. "이것 봐요. 막연한 이야기만 하잖아요. 알면서도 피하고 있네요."

"제가 뭘 해야 할지 이미 안다고요?"

"뭔가 알고 있다고 생각해요. 거기에 현실이 있어요. 거기서 시작해 보죠."

"그럼 이건 복권 질문 같은 거네요."

"복권 질문이 뭔가요?"

"그런 거 있잖아요. 복권에 당첨되면 뭘 할지 생각해보는 것 말이에요. 그러면 정말로 뭘 하고 싶은지 알게 되는 거죠."

나는 이안의 말에 반대했다. "그건 적당한 질문이 아니에요. 현실적인 이야기가 아니잖아요. 복권 질문은 돈과 재능이 문제되지 않을 때를 가정한 질문이죠. 하지만 돈과 재능은 중요해요. 20대에게 필요한 질문은 '복권에 당첨되지 않았을 때 뭘 할 것인가'예요. 이안, 원하는 삶을 유지할 만큼 잘할 수 있는 일이 뭘까요? 앞으로 오랫동안 일 해도 괜찮을 만큼 좋아하는 분야는요?"

"전혀 모르겠어요."

"그럴 리 없어요."

이후 몇 달에 걸쳐 이안은 학창시절과 직장생활 경험을 말해주 었다. 나는 한참 듣기만 했다. 그러고 나서 그를 통해 알게 된 몇 가 지 구체적인 정보를 정리했다. 이안은 어릴 때부터 그림에 관심이 있 었고, 블록 쌓기와 건물 만들기를 아주 좋아했다. 건축을 전공했지만 중간에 그만뒀고, 과학 기술과 인지에 관심이 많아서 인지과학과 관 련된 학위를 땄다. 이안은 창의력을 발휘하고 싶다는 소망에 대해 술 술 이야기했다.

마침내 이안은 실제로 할 수 있을 것 같은 일들에 대해 생각해보 기로 했다. 앞으로 할 수 있는 일 여섯 가지를 추려 자기만의 잼 시식 대를 만든 것이다.

"자전거 가게에서 계속 일할 수도 있어요. 하지만 그건 절 갉아먹 는 일이겠죠. 이게 잘못된 선택인 건 알아요. 점장이 40대인데, 진짜 짜증나는 점이요…."

"로스쿨에 갈 수도 있어요. 부모님은 항상 로스쿨에 가라고 하시 거든요. 그런데 입학시험LSAT을 보기도 싫고, 제가 읽고 쓰기를 정말 싫어하는데 로스쿨에 가면 그런 일이 많겠죠…."

"요즘 인터넷상에서 디자인이 정말 많이 쓰이잖아요? 전 여기 관 심이 있어요. 디자인과 기술이 만나는 지점이 재미있어요. 몇 년 전 에 워싱턴 D.C.에서 디지털 디자인 견습 과정에 지원한 적이 있어요.

어떤 회사에서 대학원생들을 모아서 연수하고 교육하는 프로그램이었어요. 저도 하고 싶었는데 못 들어갔죠."

"아랍어를 배우고 그것과 관련된 일을 할 수도 있어요. 국제관계 관련 업무라든가 해외로 나가는 일이요. 그런데 이건 그냥 생각뿐이에요. 예전에 학원에 등록해놓고 한 번도 안 나갔거든요."

"캄보디아에 사는 친구네 놀러가서 시간을 벌 수도 있어요. 하지만 부모님은 제가 이러는 걸 지긋지긋하게 생각하시죠."

"세인트루이스에 가서 전 여자친구랑 놀 수도 있어요. 그 친구는 늘 의학드라마를 챙겨 보고 우리도 의대 진학 과정을 밟자고 해요. 하지만 전 대학에서 자연과학 두 과목을 수강한 게 전부고 그것도 잘못했어요. 어쨌든 좀 이상한 얘기지만 직장 문제가 어느 정도 해결될 때까지는 그 친구와 만날 엄두도 안 나요."

이상하지 않은 얘기였다. 사랑보다 일이 먼저라는 말은 20대, 특히 남자들에게 여러 번 들어보았기 때문이다.

이안은 현실적인 선택지를 하나하나 살펴본 끝에 나름대로 결론에 도달했다. 심리 분석가 크리스토퍼 볼라스Christopher Bollas는 이것을 '알지만 생각하지 않는 것the unthought known'이라고 부른다.[2] 알고는 있지만 어떤 이유로든 잊어버린 자신에 대한 앎을 가리키는 말이다. 잊고 사는 과거의 꿈, 말은 안 하지만 느끼고 있는 진실 등이 여기에 해당한다. 사람들은 주변 시선 때문에 '알지만 생각하지 않는 것'을 선뜻 인정하지 못하기도 한다. 게다가 이것이 자기 자신과 인생에 어떤 의미일지 두려워하는 경우는 더 많다. 이것을 인정하면 앞길이 정해질 것 같아 두려운 것이다.

이안은 뭘 할지 모르는 것이 가장 힘든 점이라는 듯 행동했다. 하지만 아마 속으로는 뭐든 결정을 내리면 그야말로 확실치 않은 상황이 시작된다는 사실을 알았을 것이다. 소망이 있지만 어떻게 이룰지 모르는 불확실한 상태는 더욱 무섭게 느껴진다. 확실한 보장 없이 뭔가를 열심히 하는 것도 마찬가지다. 우리는 선택할 때, 열심히 해도 실패하고 상처받을 위험을 무릅쓴다. 그래서 가끔은 선택하지 않고, 알지 못하고 하지 않는 편이 쉽다고 느끼기도 한다. 하지만 그것은 사실이 아니다. 나는 이안에게 이렇게 말했다.

"처음 만난 날 망망대해 한가운데 있는 것 같다고 말했죠? 원하는 게 없고 어디로 갈지 전혀 모르는 것처럼 말이에요. 그건 자신의 생각을 알려고 하지 않았기 때문이에요. 당신은 하고 싶은 게 있어요. 디지털 디자인과 관련된 일을 해보고 싶어 하잖아요."

이안은 불안한 듯 얼버무렸다. "모르겠어요…."

잘 모른다는 말로 막아둔 질문들이 이때부터 전부 튀어나오기 시작했다.

"이미 시도해봤어요. 분명한 건 제가 디지털 디자인 분야에서 어떻게 일자리를 구할지 모른다는 거예요."

"내가 알아요."

"일을 시작했는데 마음이 바뀌면 어떡해요?"

"그땐 다른 일을 하게 되겠죠. 앞으로 그 잼 말고도 또 다른 잼을 사게 될 거예요."

"해보지 않으면 언제든 가능성이 있어요. 일어날 수 있는 일이라고요. 그런데 시작했다가 실패하면 기회를 써버리잖아요. 그 선택은 날아가 버리겠죠.”

“날아가지 않아요. 더 잘 알게 되죠. 중요한 질문이 남았어요. 그 일로 먹고살 수 있을까? 그 일을 좋아하게 될까? 알아야 할 건 이 두 가지예요.”

“시도한 일이 잘될지 알아야 한다는 생각이 떠나질 않아요.”

“잘되면 좋겠지만 장담할 순 없죠.” 나는 어깨를 으쓱했다.

“그러니까 선택하지 않는 쪽이 안전하다고 느껴져요.”

나는 이안의 말에 반박했다.

“선택하지 않는 건 안전한 게 아니에요. 30대나 40대로 결과가 늦춰질 뿐이죠.”

“부모님이 법률 쪽 일처럼 더 권위 있는 일을 하라고 하실 게 계속 생각나요. 아랍어처럼 재미있는 일을 해야 한다는 생각도 들고요. 지금은 늦었고 더 일찍 시작했어야 했다는 생각도 들어요. 남들 보기에 더 좋은 일을 해야 한다는 생각도 들고요.”

이안은 말을 흐리더니 잠깐 앉아 있다가 한숨을 내쉬었다.

“모르겠어요. 제 인생이 흔한 잼처럼 되지 않길 바란다면 어떡하죠?”

“왜 그런가요?”

이안은 풀죽은 목소리로 말했다.

“지루하잖아요. 다른 사람들이 하는 일에 비하면.”

이안에 대해서는 나중에 더 들어보자.

— ★★★ —

멋진 모습밖에 없는 인스타그램의 삶
My Life Should Look Better on Instagram

————

행복만을 바란다면 쉽게 이룰 수 있다.
하지만 우리는 남들보다 행복하기를 바라는데, 그건 늘 어렵다.
남들이 실제보다 더 행복하다고 생각하기 때문이다.
작가이자 철학자 샤를 드 몽테스키외(Charles de Montesquieu)

자신을 타인과 비교하지 말고 과거의 자신과 비교하라.
심리학자 조던 피터슨(Jordan Peterson)

"신경쇠약에 걸린 것 같아요."

탈리아는 첫 만남부터 눈물을 왈칵 쏟으며 말했다.

"신경쇠약이라고요? 그게 어떤 건지 말해줄 수 있나요?"

내 질문에 탈리아는 흐느끼며 폭풍같이 말을 쏟아냈다.

"석사학위를 받은 지 1년이 다 돼가요. 5년 동안 학부와 대학원 생활을 했고, 왜 그랬는지 모르겠지만 이제 인생의 전성기가 올 거라고 생각하면서 학교를 떠났어요. 거의 15년 동안 완벽주의로 저 자신을 달달 볶았어요. 졸업하고 틀을 벗어나 살면 이 지옥에서 탈출할 수 있을 거라고 생각했죠. 그런데 슬프게도 밤새 파티하고 뭐든 맘대로 할 수 있는 생활은 생각만큼 환상적이지 않더라고요."

탈리아는 휴지를 찾아 가방 속을 더듬거렸다.

"전 여기 샌프란시스코에서 외롭고 우울하게 살고 있어요. 친구들은 다들 흩어져 살고 같이 살던 친구는 갑자기 태도가 싹 달라져서 저를 버리고 떠났거든요. 요즘 저는 일자리 구하고 운동하면서 지내요. 망가지고 있는 것 같아요. 잠도 안 오고 항상 울어요. 엄마는 명상을 해보라고 해요."

탈리아는 조금 더 이야기하다가 애원하듯 말했다.

"지금은 제 인생의 황금기여야 하잖아요."

"그래요?"

"그럼요." 이번에는 조금 자신 없는 목소리였다.

"내 경험상 20대는 인생에서 제일 불확실하고 힘든 시기예요."

"그런 얘길 왜 아무도 안 해주는 거예요?"

"지금 말해주잖아요."

탈리아는 이야기를 이어갔다. "전 실패한 것 같아요. 학생 시절에는 공식이 있었어요. 뭘 해야 할지, 그걸 내가 잘하고 있는지 금방 알 수 있었죠. 잠재력을 펼치면서 살고 있다는 것도 알 수 있었고요. 다시 대학원에 가서 박사학위를 따야겠다는 생각도 가끔 해요. 그게 지금보다 훨씬 나아 보이고 다시 A학점을 받을 수 있으니까요. 20대에는 어떻게 해야 A를 받을 수 있는 건지 모르겠어요. 처음으로 실패자가 된 기분이에요."

내가 물었다. "20대에 A학점을 받는다니, 도대체 무슨 말인가요?"

"모르겠어요. 그게 문제예요. 부족하면 안 될 것 같아요."

"뭐가 부족하다는 건가요?"

"어떤 식으로든 대단한 인생을 살아야 한다고 생각했거든요. 학생 때 대단하다는 건 A를 받는 거였어요. 20대의 A학점은 엄청 멋진 직업이나 남자친구일 거라고 생각했고요. 누가 봐도 멋진 인생을 살고, 다들 깜짝 놀랄 정도로 대단한 일을 하는 거죠! 그런데 전 아니잖아요. 이 중에 하나도 가진 게 없어요."

"그게 당연한 거예요."

"하지만 페이스북 좀 보세요. 거기에 잘나가는 제 모습이 있어야 한다고요!"

초판에서 이 장의 제목은 '페이스북에 보여주기 위한 삶'이었다. 페이스북이 대학생을 넘어 일반 대중에게 퍼진 직후인 2010년에 초판이 쓰였기 때문이다. 전 세계의 20대가 일제히 일상에서 SNS를 사용하는 것은 역사상 처음 있는 일이었고, 그 시작에는 페이스북의 역할이 컸다. 그러다 갑자기 새로운 상담 주제가 등장했다. "왜 SNS만 하면 제 인생이 별 볼 일 없어 보이죠?"

당시 나는 SNS의 영향에 대한 연구를 찾아 소개하려 했지만 그리 많이 찾지 못했다. 우선 사회적 감시를 위한 SNS 사이트 이용 방식에 대한 몇 가지 연구가 진행되고 있었다.[1] 게시물을 직접 쓸 때보다 타인의 게시물을 보면서 더 많은 시간을 보내는 이유에 관한 연구도 있었다.[2] 사람들이 예쁘고 잘생긴 사람들끼리 친하다고 판단하는 이유에 관한 연구도 있었다.[3] 하지만 참여자를 모집하고 정보를 수집해서 논문을 출간하기까지 시간이 많이 걸리므로 2012년에 나온 초판에는 이런 자료가 들어가지 못했다.

그래서 나는 탈리아와 다른 내담자들이 들려준 이야기에 대해 썼고, 이 장은 SNS의 부정적 영향을 처음으로 언급한 공간 중 하나였다. 나는 이 부정적 영향을 어떻게 알게 되었을까? 상담실에서 매일 듣는 이야기이기 때문이다. 상담 첫날부터 말이다. 상담을 시작하자마자 이런 이야기가 시작되었다. 수많은 20대 내담자들이 자기보다 나은 친구, 지인, 모르는 사람들의 좋은 직업, 몸매, 옷차림, 배우자, 휴가, 물건, 인생 등에 대해 이야기했다. 그리고 그렇게 타인의 모습을 본 후 자기 인생을 돌아보며 어떤 느낌이 들었는지도 이야기했다.

요즘 20대는 페이스북보다 인스타그램을 더 많이 이용한다.[4] (어차피 같은 기업이니 마찬가지다.) 물론 페이스북도 여전히 세계 최대의 SNS 플랫폼으로 많이 이용되고 있다.[5] 대부분의 20대는 인스타그램, 스냅챗, 유튜브, 왓츠앱, 링크드인, 트위터, 레딧, 텀블러, 틱톡 등 여러 가지 소셜 미디어 사이트를 매일 이용한다.[6] 핸드폰 앱으로 이용하는 소셜 미디어는 전 세계 20대의 주머니에, 머릿속에 쏙 들어갈 수 있는 만큼 그 영향력이 어마어마하다.[7] 런던 정치경제대학교LSE 보고서는 SNS에 대해 이렇게 언급했다. "유튜브가 국가라면 10억 이상의 이용자를 보유한 세계 3위의 대국일 것이다."[8]

플랫폼은 변했지만 내담자들의 이야기는 그대로였다. 이 장 제목처럼 페이스북은 인스타그램으로 바뀔 수 있다. 하지만 20대 내담자들은 여전히 잘난 친구와 지인, 모르는 사람들의 나보다 나은 직업, 몸매, 옷차림, 배우자, 휴가, 물건, 인생에 대해 말하고, SNS 때문에 스스로 얼마나 형편없는 사람이라고 느끼는지 말한다. 그래도 요즘은 이런 현상의 단서를 찾을 수 있다.

자, 앞서 언급한 연구 자료를 살펴보자. 전부는 아니지만[9] 많은 연구에 따르면 20대는 SNS로 시간을 많이 보낼수록, 더 다양한 플랫폼을 이용할수록 더 많은 문제를 겪을 수 있다.[10] 이들은 불안과 우울함을 느끼기 쉽고[11] 자존감이 낮으며[12] 식이장애를 겪을 가능성이 높다.[13] 그리고 포모증후군FOMO, 즉 소외에 대한 두려움을 느낄 가능성도 높다.[14] 종합해보면 사이트든 앱이든 SNS를 이용하는 20대는 행복보다 불행을 더 많이 느끼는 경향이 있다.[15] 여기 해당하는 사람이라면 스스로 알 것이다.

이 책 초판에서 내담자들의 SNS 이용과 불행이 관련 있는 주된 이유가 '상향 사회비교'라는 행동에 있다는 의견을 제시했는데, 10년이 지난 지금, 연구 결과들 역시 이와 일치한다.[16]

상향 사회비교란 자기에 비해 나아 보이는 삶과 자신의 삶을 비교하는 것이다. 이런 행동은 가끔 유익하고 의욕을 불어넣어주기도 하지만, 대체로 해롭고 의욕을 떨어뜨린다. 자기보다 잘난 사람을 볼 때 초라해지고 자기가 가진 것이 보잘것없다고 느끼는 것은 당연하다. 자신이 어떤 위치에 있는지 파악하기 위해 뇌에서 순간적으로 일어나는 정상적인 반응이다.

SNS를 하는 동안에는 상향 사회비교를 계속하는 셈이다. 다들 알겠지만 SNS에는 나보다 좋은 것을 모두 가진 잘난 사람들이 있다. 당연히 사람들은 SNS에 좋은 모습만 올린다. 그리고 우리는 그것들을 우리의 현실과 비교한다. 이른바 '타인의 포장된 삶과 나의 현실적인 삶'을 비교하는 것이다. 우리는 편집되고 보정된 사진과 자신의 민낯을 비교한다. 사람들이 공개하는 좋은 물건들과 자신이 가진 별

볼 일 없는 물건들을 비교한다. 이런 정보들이 뇌로 쏟아져 들어오면 순식간에 기분이 나빠진다. 그 기분을 추스르는 데는 그보다 더 오랜 시간이 걸린다.

그러니 습관적으로 SNS를 보거나, SNS를 하지 말아야겠다고 생각할 때는 이 말을 떠올리기 바란다. 비교와 좌절. 내 말만 듣고 믿을 게 아니라 SNS에 대한 내 20대 제자들의 의견도 들어보라.

- 인스타그램 때문에 자존감이 완전히 낮아졌어요. 저보다 훨씬 잘나 보이는 사람들과 저를 계속 비교하게 되거든요. 그 사람들의 완벽한 머릿결, 피부, 몸매, 옷을 보면 부러워하지 않을 수가 없어요.
- 인스타그램은 인터넷에서 제일 가식적인 공간이라고 생각해요. 저를 포함해서 다들 SNS에 올라온 남들 모습과 자기를 비교하면서 꽤 많은 시간을 보내요. 웃긴 점은 그 사진들이 전부 심하게 보정된 사진이라는 거예요. 저는 사진을 자주 올리지는 않지만 인스타그램을 엄청 오래 보기는 해요.
- SNS 유명인들은 전문직만큼 돈을 많이 벌어요. 요즘 들어 특히 더 그렇죠. 제 생각엔 평범한 20대 직장인들이 인스타그램에서 그런 사람들과 자기 삶을 비교하면서 타격을 받을 것 같아요.
- 유명인들만 부러워하는 게 아니에요. 아는 사람들과 자신을 비교하기도 해요. 그런데 요즘은 다 사진을 마음대로 편집하고 보정할 수 있단 말이죠. SNS를 보고 부러워하는 사람들이

최근 들어 훨씬 더 많아졌어요.

• 전 사진을 좋아하고, 사진이 특별한 순간들을 포착하고 간직하기에 훌륭한 수단이라는 데 동의해요. 하지만 뭘 먹을 때마다 사진 찍는 사람들을 보면 좀 슬퍼요. 자기를 위한 삶이 아니라 인스타그램이나 스냅챗에서 보여주고 평가받기 위한 삶 같아서요.

• 철저하게 편집된 남의 인생을 하루에 대여섯 시간이나 보고 있으면 자기 인생이 구질구질해 보이는 게 당연해요. 인스타그램은 좋은 점보다 해로운 점이 더 많아요. 특히 20대에게는요.

• 그래요, 보정하는 거 다 알아요. 하지만 보정도 그 사람들이 저보다 훨씬 더 잘하잖아요!

• 열두 살짜리 여동생을 데리고 하이킹이나 온천을 즐기러 가면 새로운 체험은 안중에도 없고 인스타그램에 올릴 사진 찍자고 한다니까요.

• 전 세계 사람들이 이 앱 하나에 울고 웃는 걸 보면 슬퍼요.

• 매일 비교하고 비현실적인 꿈을 꾸는 건 저에게 심각하게 해로운 일이에요. 남들에 비해 뒤처졌거나 노력이 부족하다고 느끼게 되고 심지어 의욕도 꺾이죠. 다른 사람들은 좋은 기회도 있고 혜택도 있는데 나는 불리하다고 생각하게 되고요.

• 혼란과 공포에 사로잡힌 20대와 마주 앉아 있다면 이런 말을 해주고 싶어요. 그런 증상을 치료하려면 가장 큰 원인을 없애는 것부터 해야 한다고요. 그건 바로 인스타그램이에요.

이론에 따르면 SNS는 외로움에서 벗어나 사람들과 연결되어 있다고 느끼게 해준다. 이것이 20대에게 특히 유익한 이유는 탈리아가 말했듯이 20대의 활동 무대가 광범위하기 때문이다. 하지만 그 혁명적인 가능성에도 불구하고, SNS는 20대라는 시기를 인기투표의 장으로 만들어버릴 수 있다. 그 세계에서는 '좋아요'가 전부고, 최고가 아니면 의미가 없고, 연인의 행동보다 외모가 더 중요하고, 누가 먼저 결혼하는지 경쟁한다. 재산, 옷차림, 휴가가 유일한 판단 기준이 되며, 한순간도 틈을 보이지 말고 늘 똑똑해야 한다. 어떤 SNS를 선호하든 그것은 그저 존재하기보다 보여주기 위한 또 다른 공간일 수 있다.

영화 '이웃집 스파이Keeping up with the Joneses(평범한 중산층 부부가 이웃에 갑자기 이사 온 매력적인 부부와 엮이면서 겪는 이야기를 담은 코미디 액션 영화-옮긴이)'는 남들만큼 좋은 집이나 차를 원하는 심리를 가리킬 때 흔히 언급된다. 이제는 '4차원 가족 카다시안 따라잡기Keeping up with the Kardashians'가 그 역할을 대신하게 되었다. 기발한 제목이다(영화 이웃집 스파이의 원제에서 Joneses를 Kardashians로 바꿨다-옮긴이). 이 중의적 제목에는 카다시안 가족의 생활을 따라가며 구경한다는 의미와 함께 그들의 생활방식을 따라한다는 의미도 담겨 있다. 수십 년 전에는 자기 집 담장 너머나 볼 수 있었지만 지금은 지하철에 앉아서, 침대에 누워서, SNS로 모든 사람을 구경할 수 있다. 즉, 가까운 친구와 이웃뿐만 아니라 수많은 타인이 올리는 게시물에 시도 때도 없이 일상을 침범당하고, 삶이 얼마나 빛나고 내 삶과 다를 수 있는지 떠올리며 그들을 따라잡아야 한다고 느낀다는 의미다.

최근 스물여섯 살인 내담자에게 이런 말을 들었다. "친구들은 전부 아이가 있어요. 저만 뒤처지는 느낌이에요." 통계적으로 그럴 리 없을 것 같아서, 상담시간에 언급했던 친구들 중 누구 이야기인지 물었다. 그녀는 이렇게 대답했다. "아, 그 친구들 중엔 없어요. SNS 아니었으면 몰랐을 엄청 많은 사람들 말이에요." 어떤 내담자는 이렇게도 말했다. "전 직장생활을 꽤 잘하고 있는 줄 알았어요. SNS에서 다른 사람들 하는 걸 보기 전까지는요." 그야말로 비교와 좌절이 아닌가.

영광의 추구

The Search for Glory

———

최선은 선의 적이다.
작가이자 철학자 볼테르(Voltaire)

행복은 생각과 행동이 조화를 이룰 때 찾아온다.
작가이자 철학자 마하트마 간디(Mahatma Gandhi)

"SNS 때문에 정말 스트레스를 받아요."

상담실에 찾아온 탈리아가 말했다. 전에도 이런 말을 한 적이 있었다. 하지만 그다음 말은 처음 듣는 이야기였다. "SNS를 하면 우울하고 답답해요. 다른 사람들은 다 봉사활동을 다니는데 전 그렇지 않으니까요."

내가 물었다. "봉사활동을 하고 싶어요?"

"제 잠재력을 발휘하고 싶은 거죠."

"봉사활동과 탈리아의 잠재력이 무슨 상관이 있어요? 박애주의적인 활동에 관심이 있거나 경험이 있나요?"

"아니요. 그런데 그래야 할 것 같아서요."

누구나 잠재력을 펼치고 싶은 마음을 타고난다. 도토리가 나무로 자라는 것처럼. 하지만 우리는 도토리가 아니고 모두 떡갈나무가 되지도 않으므로, 잠재력의 정확한 의미에 대해서는 각자 생각이 다르기 마련이다. 20대 중 어떤 사람들은 너무 소박한 꿈을 품는다. 이는 20대 시절의 선택이 중요하고 사실 그것이 앞날을 결정한다는 사실을 이해하지 못해서다. 어떤 사람들은 경험이 아니라 인스타그램을 보며 키운 환상에 부풀어 너무 큰 꿈을 그린다. 잠재력을 깨닫는 데는 자기만의 고유한 재능과 한계가 세상과 어떻게 어우러지는지 알아가는 단계도 포함된다. 그렇게 자신의 잠재력에 대해 깨달아가는 것이다.

잠재력을 발휘하려는 이런 노력이 현실보다 이상을 향할 때가 있다. 정신 분석학자이자 발달이론 학자인 카렌 호나이Karen Horney는 이를 '영광의 추구a search for glory'라고 불렀다. 우리는 의사가 어떤 직업인지 정확히 알기 전에 의사가 되라는 문화적 압력을 느끼기도 한다. 부모들은 자녀가 실제로 어떤 사람인지에 대해 대화하는 대신 어떤 사람이 되어야 하는지에 대해 더 많이 말한다. 인스타그램은 20대의 삶, 즉 20대의 몸매나 옷차림이 지금보다 더 멋져야 한다는 메시지를 던진다. 이렇게 너도나도 이상을 향해 앞 다투어 나아가며 진실한 자신과 진실한 세상에서 멀어진다.

내담자가 잠재력을 발휘하려고 하는지 영광을 추구하는지 분명치 않은 경우도 있다. 하지만 영광의 추구는 금방 알아볼 수 있다. 호나이 교수가 '당위의 횡포the tyranny of the should'라고 부른 현상이 이 영광의 추구를 부채질한다.[1] 탈리아는 '~해야 한다'라는 말을 입에 달고 있었다. 남들이 감탄할 만한 직장을 얻어야 하고 대학원에 들어가야 하며, 인스타그램에서는 실제보다 더 멋져 보여야 한다고 말이다.

'해야 하는' 일, 즉 당위는 높은 기준이나 원대한 목표로 오인될 수 있지만 이는 엄연히 다르다. 목표는 내면에서부터 우리를 이끌어 주지만, 당위는 외부에서 평가된다. 목표는 진정한 꿈이라고 느껴지지만 당위는 의무로 느껴진다. 당위는 이상의 실현 아니면 실패, 완벽함 아니면 뒤처짐이라는 거짓 이분법의 함정을 만들어낸다. 심지어 자신에게 가장 이로운 일들을 등지게도 한다.

보이고 들리는 이야기와 달리, 잠재력이란 20대에 흔히 펼칠 수 있는 것이 아니다. 잠재력은 30대, 40대, 50대에나 발휘된다. 그리고 대개 처음에는 그 과정이 그리 멋져 보이지도 않는다. 수습직원으로 일하거나 내가 승합차를 몰고 비상식량을 나눠 주러 다니던 것처럼 말이다. 주식매매 부서에서 일하는 한 20대 내담자는 얼마 전 이렇게 말했다. "지금은 한창 고생할 때죠." 그런가 하면 언론사에서 일하는 내담자는 이렇게도 말했다. "최소한 서른 살까지는 상사들 커피 심부름을 하고 있지 않을까요?"

그렇다.

탈리아와 나는 잠시 현실에 대해 이야기를 나눴다. 20대의 실업률은 거의 10퍼센트에 달했고, 4만 5천 달러(약 5,361만 원)인 대졸자 초봉의 중간값은 대학생(특히 탈리아처럼 석사학위를 받은 학생들) 부채의 중간값과 비슷했다.[2] 최근 대졸자 중 대학 졸업장이 필요한 직업을 가진 사람은 절반뿐이었다.[3] 너무 오래 취업 준비를 하는 것은 위험했다. 탈리아의 진짜 친구들이 마주한 삶은 이런 것이었다. 석사학위도, 학자금 부채도 있는 탈리아는 감탄을 자아내는 일이든 아니든 일 자리가 필요했다. 그녀도 알고 있었다. 게다가 탈리아는 A학점을 받지 않은 자신을 좋게 생각할 방법도 찾아야 했다. 다행인지 불행인지 학점으로 평가받던 시절은 지나갔으니 말이다.

열심히 노력한 탈리아의 대학생활은 헛되지 않았다. 그녀는 곧 시장 분석 일을 하게 되었다. 일은 어려웠지만 탈리아는 바로 그 점이 자신의 잠재력에 불을 붙여준다고 여겼다. 학생 시절에는 외부의 지시에 따랐지만, 직장인이 되어서는 알아서 잘하는 사람이 되었다. 탈리아는 업무 전화와 회의를 통해 친화력을 키웠고 자신이 여러 팀과 업무를 조율하는 데 뛰어나다는 점을 알게 되었다. 종일 일한 뒤 소파에 널브러져 냉동식품으로 끼니를 때우는 게 탈리아가 기대했던 20대의 모습은 아니었지만 그녀는 그 어느 때보다도 행복했고 뿌듯한 성취감을 느꼈다. 탈리아는 나에게 이렇게 설명했다.

"장학금을 받거나 대학원에 가지 않아서 잠재력을 펼치지 못하는 게 아닐까, 기죽지 않을까 걱정했어요. 그것이 별로 행복하지도 않고 정말 하고 싶은 일이 아닌 걸 알면서도요. 남들 보기에 최고로 멋진 일이 아니면 좋은 일이 아니라고 생각했거든요. 하지만 제 인생이 어떻게 보일지 그만 걱정해야 한다는 걸 알게 됐죠. 그래서 일이 제 수준에 맞는지 더는 생각하지 않았어요. 다음 단계로 올라가려고 아등바등하지 않고 눈앞의 일에 집중하는 법을 배웠죠. 어떤 일을 하게 되면 흔쾌히 뛰어들었어요. 제가 주변 사람들보다 낫다고 여기지 않고, 배우고 결과를 얻는 데 집중한 덕에 이 회사에서 발전할 수 있었다고 생각해요. 겸손해졌다고도 할 수 있겠죠. 이렇게 큰 변화는 이미 가진 걸 계발하고 맡은 일을 해내는 데서 왔다고 생각해요. 전생각도 못 했던 분야에서 경력을 쌓을 수 있었고 제 재능에 대해서도 알게 되었어요. 더 용감하고 당당해졌고 의지도 강해졌어요. 지금까지 제 20대는 갑작스럽지만 위대한 깨어남의 시간이었어요. 이런 내면의 변화에 감사하기까지 해요."

탈리아는 학교와 직장에서 더 이상 영광을 추구하지 않는 것 같았다. 하지만 당위의 횡포는 그 후에도 2년 가까이 계속되었다. 평일 저녁이면 탈리아는 집에 앉아 그림의 떡인 파티와 휴가 사진들을 들여다보았다. 주말마다 취한 친구들과 떠드는 것이 점점 지겨워졌지만 친구들에게는 더 자주 놀러나가지 못해서 미안하다고 했다. 어느 날 오후, 탈리아는 처음 만난 날처럼 눈물 가득한 얼굴로 상담실에 들어왔다.

"지금 전 프랑스 같은 곳을 여행하고 있어야 되는 거 아니에요? 한 3년씩 말이에요."

탈리아는 분노와 혼란이 뒤섞인 말투로 물었다.

"그렇기도 하고… 아니기도 해요."

나는 왜 이런 얘기가 나왔을지 곰곰이 생각하며 천천히 말했다. 정장 셔츠를 입고 조그만 손가방을 든 탈리아는 긴 여행을 즐기려는 사람으로는 보이지 않았다. 게다가 무슨 수로 그 돈을 대겠는가?

"지금 하고 싶은 일이 프랑스 여행이에요?"

탈리아는 훌쩍거리며 대답했다.

"아뇨, 하지만 저도 《먹고 기도하고 사랑하라 Eat, Pray, Love》처럼 해야 하지 않을까요?"

전에도 이런 이야기를 들어본 적이 있어 나는 평소대로 대답했다. "엘리자베스 길버트Elizabeth Gilbert는 이혼 후에 여행한 이야기를 책으로 써내기 한참 전부터 작가였어요. 《먹고 기도하고 사랑하라》를 위한 여행과 글쓰기는 자아 발견에 앞서 일이었어요. 세상을 보고 오라고 누가 큰돈을 턱 내주면 그때 얘기하죠."

흐느끼던 탈리아는 웃음을 터뜨렸다.

"맞아요. 책에 그런 내용이 있었죠. 잊어버렸어요."

"이걸 왜 지금 물어보는 거예요? 프랑스로 휴가 가고 싶은가요?"

탈리아는 갑자기 서럽게 울었다.

"아뇨, 사실은… 그냥 고향으로 돌아가 버리고 싶어요."

"아, 그럼 그 얘기를 해봐요."

왜 '그냥'이라고 했는지 묻자, 탈리아는 고향으로 돌아가는 것이 쉬운 길로 도망치거나 포기하는 느낌이라고 말했다. 친구들은 탈리아가 왜 샌프란시스코를 떠나 테네시로 돌아가려 하는지 이해하지 못했다. 여행으로 많은 깨달음을 얻은 탈리아의 아버지는 지금이 모험할 기회라고 말했다. 탈리아가 고향으로 돌아가고 싶다는 뜻을 넌지시 흘릴 때마다 아버지는 말했다. "도대체 왜 그러고 싶은 거니?"

탈리아의 아버지는 출신지에서 먼 지역에 정착했다. 그래서 탈리아는 할머니 할아버지 없이 내슈빌에서 자랐다. 어린 시절, 긴 명절이나 휴일이면 친구들은 뒤뜰에서 사촌들과 장기자랑을 하고 할머니에게 용돈을 받았지만, 탈리아와 여동생들은 집에서 쓸쓸히 시간을 보냈다. "좀 슬펐어요. 제 아이들은 할머니 할아버지를 알았으면 좋겠어요."

우리는 현실적인 대화를 나누었다. 실업률이니 수습직원이니 하는 것 말고 탈리아의 진심에 관한 현실 이야기였다. 나는 성인의 삶이란 먹고 기도하고 사랑하는 게 전부가 아니라고 말했다. 성인의 삶을 구성하는 요소는 사람, 장소, 일이다. 즉 함께하는 사람, 사는 곳, 생계 수단, 세 가지다. 우리는 이 중 조금이라도 아는 영역을 바탕으로 새로운 삶을 시작한다.

탈리아는 마케팅 분야에서 즐겁게 경력을 쌓아가고 있었고, 앞으로 어디에서 살지 확실한 구상이 있었다. 이것은 고무적인 일이었다. 정착할 곳을 갈망하면서도 한 10년 동안은 어디서 살게 될지 모르는 20대 시절에 살 곳을 정했다는 것은 큰일 하나를 해결한 것이었다. 가족과 가까운 곳으로 이사를 가든, 좋아하는 도시에서 삶을 꾸리든 거주지에 대한 결정은 대충 넘어갈 일이 아니다.

탈리아는 부러운 듯 말했다. "이곳 출신 친구들은 아무 때나 집에 가서 부모님과 저녁을 먹을 수 있어요. 동생들이 보고 싶네요. 저도 그럴 수 있으면 좋겠어요. 정말 멋진 일이겠죠."

"여동생들은 왜 내슈빌에 있나요?"

"아, 우리 쌍둥이 말이죠. 그 애들은 아직 어려요. 이제 막 대학을 졸업했거든요. 하지만 걔들은 누가 어떻게 생각하든 신경 안 써요."

"그럼 동생들이야말로 반항적인 성향인데 고향에 있군요."

"맞아요. 재미있지 않아요?"

탈리아는 씁쓸하게 웃었다. 그러더니 몸을 앞으로 숙이고 비밀 이야기를 하듯 목소리를 낮춰 말했다.

"요전에 버스를 탔는데 이런 생각이 들더라고요. '어쩌면 난 이미 해냈는지도 몰라. 이게 바로 대단한 모험인지도 몰라. 바로 지금이.'"

"이게 인생 최고의 모험일지도 모른다고 생각하니 두려운가요?"

탈리아는 깊은 한숨을 내쉬더니 소리치듯 말했다.

"아뇨! 마음이 편해진 거죠. 이제 고향으로 돌아갈 수 있다는 뜻이니까요."

나는 완전히 헛다리를 짚었다.

탈리아가 잠깐 우는 동안, 나는 말없이 앉아 있었다. 내 눈에 그녀가 어떤 사람으로 보이는지 생각해보았다. 내가 본 탈리아는 탐색을 마치고 열심히 일하며 훌륭한 정체성 자본을 쌓은 젊은 여성이었다. 그런데 그녀는 그 능력을 가지고 고향으로 돌아가서는 안 된다고 느끼고 있었다.

탈리아의 친구들은 그녀에게 맞는 진정한 삶을 부정적으로 보았다. 그들은 발견보다 탐색이 낫고, 가족보다 친구가 나으며, 고향으로 돌아가는 것보다 모험이 낫다고 말했다. 내 생각에 탈리아가 내슈빌로 돌아가지 못할 이유는 없었다. 그래서 돌아갈 수 없다는 생각이 어디서 나왔느냐고 물었다.

"아빠요. 그리고 여기서 만난 친구들이요."

"친구들은 정착하고 싶어 하지 않나요?"

"아뇨, 그건 아니에요. 하지만 이런 얘기를 하기에는 제가 너무 젊대요. 너무 이르대요."

"너무 이르다고요?"

"친구들은 저한테 '아유, 귀여워라'라고 말해요. 제가 정착한다고 하면 주저앉는 거라고 말해요. 그런데 그 친구나 언니들은 정작 요즘 만나는 남자 흉이나 보면서 한가하게 지내요. 그리고 아직도 앞으로 뭘 할지 찾고 있어요. 대학원 시험을 볼지 말지 고민한다니까요. 그 친구들 집을 둘러보면 그냥… 어울리지도 않는 가구 몇 개가 다예요. 30대인데 말이죠. 못된 얘기지만 전혀 행복하지 않아 보여요. …전 그렇게 되고 싶지 않아요."

"30대가 되면 어떤 삶을 살고 싶은가요?"

"내슈빌에서 마케팅 일을 하고 싶어요. 아마도 브랜드 매니저쯤 되겠죠. 누군가를 만나서 가정을 이루고 싶기도 해요. 어쨌든 내슈빌에서 살려고요."

"그럼 여기서 뭘 하고 있는 거죠?"

"다들 내가 세상을 누비고 다녀야 한다고 해요. 하지만 전 그렇게 했어요! 이제 그냥 집에 가고 싶다고요!" 탈리아는 애원하듯 말했다.

"문화적 압박 때문에 이렇게 상황을 끌어가고 있군요."

탈리아는 내슈빌로 돌아가는 것이 정말로 쉬운 길을 택하는 것인지, 그럼 지금은 힘든 길을 걷고 있는 건지 궁금해하기 시작했다.

"저는 왜 여기서 이렇게 망가지고 있을까요? 왜 제가 살고 싶은 곳에서 이렇게 멀리 와서 누군가를 만나려고 하는 걸까요?"

"좋은 질문이에요."

탈리아는 인터넷으로 내슈빌에서 일자리를 찾기 시작했다. 그러다가 한 마케팅 회사에 들어갈 기회를 막 놓쳤다고 했다.

"여기 들어갔으면 진짜 좋았을 텐데. 정말 가고 싶은데 채용이 끝났어요."

"어쨌든 전화해봐요. 비슷비슷한 이력서만 한 무더기 들어와서 마감했을지도 몰라요. 그리고 혹시 한 다리 건너서라도 아는 사람이 있는지 알아봐요."

탈리아는 며칠 후 전화로 상담을 취소했다. 면접을 보러 내슈빌에 가는 길이라고 했다. 그다음 주에 상담실로 걸어 들어오며 탈리아는 이렇게 말했다.

"좋은 소식이 있어요."

탈리아는 남은 몇 주 동안 번화가에서 즐겁게 지냈다. 캘리포니아에서 보낸 대학시절과 졸업 후의 시간들이 그리워지기까지 했다. 옆집에 사는 30대 여자에게 테네시에서 새 일자리를 얻었다고 말하러 갔더니 그녀는 탈리아가 곧 결혼해서 줄줄이 아이 딸린 신세가 되겠다며 매섭게 쏘아붙이고 나서 부서져라 문을 닫았다. 문 뒤에서는 흐느끼는 소리가 들렸다. 탈리아는 살금살금 집으로 돌아왔다. 이제 탈리아는 다시 한 번 힘차게 나아갈 준비가 되었다.

맞춤 인생[1]
The Customized Life

────────

흩어진 순간들을 하나의 삶으로 받아들이는 것은 성인이 누리는 자유다.
하지만 이 순간들은 어딘가에 단단히 자리 잡아야 한다.
부디 그곳에서 성숙과 인내가 자라났으면 한다.

사회학자 리처드 세넷(Richard Sennett)

자신의 삶, 자신이 사는 세상, 미래의 가능성을
정확히 표현하는 능력은 배워서 기를 수 있다.

시인 데이비드 와이트(David Whyte)

이안의 이야기로 돌아가보자. 이안과의 상담은 순조롭게 풀리지 않았다. 뭐든 할 수 있다는 장담을 들으며 자란 어느 20대와 마찬가지로, 이안 역시 '지금, 여기'라는 현실을 마주하고 주춤했다. 무한한 가능성은 혼란스럽고 버거운 짐처럼 느껴지면서도 한없이 자유롭다는 환상을 불러일으켰다. 뭐든 가능하다고 하면 무한하고 흥미로운 느낌이 들었지만, 디지털 디자인 업계라는 말은 제한적이고 지루하게 들렸다. 실제로 일을 시작하는 이야기가 나오면 이안은 자꾸 멈칫했다. 그는 '남들처럼 9시에 출근해서 5시에 퇴근하는 사무직'으로 근무하고 싶지 않았다.

이안은 교묘하게 영광의 추구에 사로잡혀 있었다. 당위의 횡포가 아니라 금지의 횡포에 시달렸다. 탈리아와 달리 이안은 A학점을 받거나 잠재력을 실현해야 한다는 식의 일반적인 압박을 받지 않았다. 틀에 박힌 삶은 그와 맞지 않았다. 이안의 경우 영광의 추구는 남다른 삶에 끌리는 것이었다. 그래서 이안은 흔히 '청춘의 증상'이라고 하는 태도를 보였다. 즉, 누군가 전에 했던 일을 하게 될까 두려워했다.[2] 직업으로 삼을 만한 일을 고를 때도 일반적인 방식으로는 하지 않으려고 했다. 그는 자신의 삶이 독특해야 한다고 생각했다.

아주 이해 못 할 일은 아니었다. 독특함은 정체성의 본질적 요소다.[3] 우리는 남들과의 경계를 정함으로써 자신이 어떤 사람인지 더 명확히 알게 된다. 나는 남들과 다르기 때문에 나일 수 있다. 누구와도 똑같은 삶을 살 수 없기에 내 삶이 더욱 독특한 것이다. 차별성 덕분에 모두가 저마다 특별한 존재일 수 있고, 모든 삶이 독특한 모험일 수 있다.

하지만 차별성은 간단히 발생한다. 검은색을 가장 쉽게 설명하려면 흰색의 반대라고 하면 된다. 마찬가지로 자신에 대해 가장 먼저 알게 되는 사실은 '내가 아닌 것'일 때가 많다. 우리는 자신과 반대되는 특징을 통해 자신을 정의한다. 이안도 하루 종일 책상에 앉아 일하고 싶지 않다는 말은 금방 할 수 있었다. 하지만 자기규정은 거기서 끝나지 않는다. 정체성이나 경력은 원하지 않는 일들을 중심으로 쌓아가는 것이 아니다. '나는 ~이 아니다'라는 부정적 정체성에서 '나는 ~이다'라는 긍정적 정체성으로 옮겨가야 한다. 그러려면 용기가 필요하다.

더 용감하게 자신을 규정하려면 긍정적으로 정의해야 한다. 이안은 '뭘 하지 않을지'에 대한 이야기를 그만두고 '뭘 할지' 말해야 했다.

"뭔가에 반대하기는 쉬워요. 당신이 추구하는 건 뭐죠?"

이안에게 자신이 어떤 사람이라는 주장은 곧 순응을 의미했다. 직장생활을 시작한다면 수십 년 동안 한 가지 상태를 유지하는 데 동의하는 셈이었다. 하나를 결정하면 무한하고 흥미로운 다른 삶을 모두 거부하는 것 같았다. 하지만 사실은 그 반대였다. 이안이 무언가에 '예스'라고 말하지 않는다면 그의 삶은 제한적이고 흥미롭지 않은 삶이 될 터였다.

이안과 마주앉을 때면 서른한 살이던 한 내담자가 가끔 떠올랐다. 그녀는 마음 가는 대로 20대를 보냈다고 했다. 이를테면 그녀는 직업을 바꿀 때마다 머리색을 바꿨다. 휴양시설 접수원으로 일했을 때는 밝은 보라색, 임시직으로 일했을 때는 백금발, 바텐더로 일했을 때는 짙은 빨간색, 유치원에서 일했을 때는 짙은 갈색 머리였다. 이 내담자는 어떤 직장에서든 오래 일하면 지루해져서 싫다고 했다. 약혼한 후에는 직장생활을 아예 그만두려 한다고 털어놓았다. "지금 상사는 도저히 견딜 수가 없어요. 그리고 금방 아이가 생길 테니 한동안 다른 일을 생각하면서 살겠죠." 초등학교 교사로서 곧 늘어날 가족을 혼자 부양해야 하는 약혼자의 생각은 어떤지 묻자 그녀는 약간 초조한 듯 어깨를 으쓱했다.

이 내담자와 함께 떠오르는 또 다른 사람도 있었다. 서른아홉 살이던 그녀는 이렇게 말했다. "이 나이에 아이들과 하루 종일 떨어져서 일하고 양육비를 마련하려면 즐겁고 돈도 많이 주는 일자리가 필요해요. 하지만 그런 일은 구할 수가 없어요. 20대에는 어떤 일을 해야 할지 진지하게 생각해보지 않았어요. 30대에는 아이들을 키웠고요. 저는 돈이 필요하고, 일해야 해요. 하지만 선생님은 제가 어떤 일자리조차 못 구하는지 알면 깜짝 놀라실 거예요. 면접을 보러 가면 사람들은 절 보자마자 '왜 지금껏 이룬 게 없나요?'라고 물어요."

그런가 하면 막 아빠가 된 마흔네 살의 내담자도 떠올랐다. "제가 20대 때 제대로 된 심리 상담을 받았다면 서른다섯 살 전에 직장생활을 시작하고 마흔 살 전에 가정을 꾸렸을 거예요. 20년 후에도 선생님이 일하시면 제 아들을 여기로 보낼 거예요." 내가 아들에게 어떤 말을 해주었으면 좋겠는지 묻자 그는 이렇게 대답했다. "30대에는 그리 대단한 경력을 쌓기 어렵다고 말해주세요. 그러니 20대에 시작하라고 말이에요."

이런 기억들을 떠올린 채 몇 달에 걸쳐 진행한 이안과의 상담은 대개 이런 식으로 흘러갔다. 내가 "뭐든 선택해야 해요"라고 하면 이안은 "하지만 하나를 선택하면 나머지는 전부 놓치는 것 같아요"라거나 "평범한 일에 안주하고 싶지 않아요"라고 대답했다. 그러면 나는 "안주하라는 말이 아니에요. 시작하라는 거죠. 20대에 시작하지 않으면 이력서에 쓸 말이 없고, 세상과 동떨어져 살다가 결국 한참 뒤에나 자리 잡게 돼요. 이게 독창적인 삶일까요?"라고 물었다. 대화가 끝나면 이안은 나를 흘겨보다가 바짓단을 접어올린 다음, 자전거를 세워둔 곳으로 가버렸다.

이안과 나는 합의점을 찾아야 했다. 망망대해 비유는 나에게 와닿지 않았고, 잼 시식대 비유는 이안에게 와닿지 않았다. 둘 다 동의할 수 있는 관점이 필요했다. 원만한 듯 불편한 상담이 몇 번 더 이어졌다. 어느 날 버스에서 내린 이안은 뛰어들듯 상담실로 들어오더니 주문한 자전거 부품이 오지 않는다고 투덜거렸다. 나는 이안을 몰아붙이지 않으려고 가볍게 말을 걸었다. 우선 지금 일하는 자전거 가게에서는 왜 부품을 구할 수 없는지 물었다. 알고 보니 이안은 직접 제작한 자전거를 타고 있었는데, 부품도 특별히 주문해야 했다.

나는 궁금했다. 이안은 주로 자전거로 이동했지만 고속주행용 자전거나 산악자전거를 타는 건 아니었다. 나는 왜 제작한 자전거를 타느냐고 물었다. 이안은 꼭 그럴 필요는 없지만 제작한 자전거가 자신이 원하는 것을 잘 나타내는 느낌이라고 말했다. 드디어 우리는 합의점을 찾았다.

나는 어디서나 쉽게 살 수 있고 관리도 쉬운 자전거와 달리, 부품을 주문하여 직접 제작한 자전거에 어떤 의미가 있는지 물었다. 이안은 여러 부품으로 완성된 독특한 상품처럼 꼬리표를 붙일 수 없는 독창적인 사람이 되고 싶은 마음이 그 자전거에 담겨 있다고 말했다. 주문 제작 자전거에 대한 이안의 갈망에는 그가 원하는 모습이 그대로 담겨 있었다. 이안은 독특하고도 복잡하고 대단한 삶을 원했다. 하지만 자전거 가게에서 해결책을 찾고 있었다는 데서 그의 20대가 어떻게 흘러가고 있는지 미루어 알 수 있었다. 독특함을 추구하는 태도에는 문제가 없었지만 이안에겐 현실의 삶보다는 자전거를 조립하는 편이 쉬웠던 것이다.

산업적, 문화적으로 우리 사회는 대량 생산에서 대량 맞춤 생산의 시대로 넘어왔다.[4] 과거에는 똑같은 장치를 최소 비용으로 생산하여 최대 이익을 얻는 게 중요했지만, 이제 사람들은 각자의 마음에 쏙 드는 상품과 서비스를 제공받을 수 있으리라 기대한다. PC는 사용자에게 맞게 제작된, 그야말로 개인용 컴퓨터다. 직접 꾸밀 수 있는 케이스와 앱으로 자기만의 독특한 핸드폰을 만들 수도 있다. 핸드백, 티셔츠, 뉴스피드, 모자, 벽 장식은 물론이고 뭐든 개인의 필요에 맞춰 만들어진다. 왜 그럴까? 어떤 광고 문구처럼,[5] "백 퍼센트, 온전히 나만을 위한 상품을 싫어할 사람은 없기 때문"이다. 만인을 위한 프리사이즈 제품은 1인 시장에 밀려났다. 세계 각지의 기업과 홍보 담당자들은 "라이프스타일을 먹게 하자!"[6]라면서, 이안을 포함한 많은 사람이 원하지만 얻을 방법을 모르는 '혁신적인 삶'이라는 개념을 이용한다.[7]

이안은 자전거 조립에 관해 알듯 삶의 조각들을 끼워 맞추는 법을 알 필요가 있었다. 나는 자전거를 어떻게 주문 제작하는지 물었다. 처음에는 몸의 치수를 재서 프레임과 바퀴를 제작한다고 했다. 그다음에는 원하는 바를 하나하나 정하고, 취향에 맞는 자전거 '뼈대'를 배송받은 후 부품들을 장착하고 조정하여 더 기능적이고 독특한 자전거를 완성한다. 그러는 동안 시간과 비용이 들지만 이안은 그 과정 자체를 즐겼다. 완성된 자전거에는 중요한 의미가 있었다. 직접 만들어낸 하나뿐인 창조물이라는 점이었다.

"이렇게 만든 자전거는 이안에게 잘 맞겠네요."

"네."

"세상에 하나뿐이고요."

"그렇죠."

"독창적이고 색다른 느낌이겠군요. 계속 조금씩 바꿔나갈 수 있으니 어떤 의미로는 한계가 없기도 하죠."

"네, 바로 그거예요."

"직접 만들었으니 자랑스럽기도 하겠어요."

"네, 그래요."

나는 핵심을 찔렀다. "하지만 기본적으로는 이미 만들어진 부품으로 시작했죠. 바퀴를 발명한 건 아니잖아요?"

그는 미소를 지었다. "맞아요, 그건 아니죠."

나는 독특한 삶도 어쩌면 그런 것일지 모른다고 말했다. 21세기에는 삶과 직업이 공장에서 조립되듯 만들어지지 않는다. 각자 스스로 삶의 조각들을 조립해야 한다. 이안 역시 자신에게 맞는 삶을 만들고 고쳐나갈 수 있었다. 하지만 그러려면 시간과 노력이 필요했고, 약간은 평범한 조각들로 시작해야 했다. 특별한 삶은 선택을 거부하는 것이 아니라 선택을 거듭함으로써 만들어진다. 주문 제작 자전거처럼.

이안은 경력이나 정체성 자본을 한 번에 하나씩 쌓으며 삶을 만들어가는 상상을 할 수 있었다. 한 번의 결정으로 인생의 방향이 결정된다고 생각할 때보다 덜 무섭고 순응한다는 느낌도 덜했다.

"그럼 이제 뭐부터 쌓아올릴 건가요?"

"일 말씀이시죠?"

"네. 일을 해야 해요. 당신 삶에는 일이 필요해요."

"여러 생각이 들어요. 이런 일도 하고 싶고 저런 일도 하고 싶어요."

"그래요. 이해해요. 그럼 어떤 부분부터 시작할까요?"

이안은 한숨을 내쉬었다. "모르겠어요."

"모른다고요? 디지털 디자인은 어때요?"

이안은 멋쩍어하며 말했다. "사실 최근에 몇 번 지원해봤어요. 하지만 면접까지 가지도 못했는걸요. 뭘 할지 결정만 하면 일이 술술 풀릴 줄 알았어요. 이젠 사무직도 그렇게 나빠 보이지 않아요. 그런 자리도 못 들어간다는 걸 알고 나니 더 그래요."

나는 이안의 말을 가만히 듣고 있었다. 마침내 그는 이렇게 말했다. "아직도 워싱턴 D.C.의 그 회사 생각이 나요. 그 왜, 지난번에 견습생 프로그램 얘기했잖아요. 하지만 거긴 절대 못 들어가겠죠? 뻔해요."

"그렇게 뻔해 보이지 않는데요? 그 프로그램에 지원했던 얘기 좀 해봐요."

입학과 채용 관련 위원회를 몇 번 거친 뒤, 나는 20대 중 어떤 사람들이 경쟁자를 제치고 남들이 탐내는 자리를 차지하는지 알게 되었다. 그리고 산더미 같은 지원서 가운데 눈에 확 띄는 것이 있는 반면, 나머지는 눈길을 끌지 못하고 사라지는 것도 보았다. 단지 15분짜리 면접에서 남긴 인상에 따라 대학원 합격 여부가 갈리는 것도 보았다.

내가 이 일을 통해 배운 점이 있다. 좋은 이야기는 인생의 어떤 시기보다도 20대에 가장 큰 힘을 발휘한다. 대학을 졸업하고 이력서를 채우기 시작하는 시기에 그나마 스스로 만들어낼 수 있는 것이 개인적인 사연이다. 20대는 눈에 보이는 성과보다 잠재된 가능성이 더 큰 시기다. 자신의 됨됨이와 생각을 이야기로 잘 풀어낼 수 있는 사람은 그러지 못하는 사람들보다 앞서간다.

대학원이나 기업에 얼마나 많은 지원서가 쏟아지는지 생각해보라. 산더미 같은 서류에는 생물 전공, 3.9점, 테네시 대학교, 피드먼트 전문대, GMAT(경영대학원 입학시험) 720점, 캠퍼스 투어 가이드, 프랑스어 전공, 미술사 전공, 워싱턴 대학교, 성적 우수자 명단, GRE(대학원 입학시험) 650점 같은 정체성 자본들이 줄줄이 적혀 있다. 주인공이 되려면 이 가운데에서 돋보여야 한다. 좋은 이야기는 구체적이어야 한다. 그렇지 않으면 이력서는 그냥 흥미롭지 않은 목록일 뿐이다.

그렇다면 어떤 이야기가 좋은 이야기인가?

직업적 정체성을 형성하는 첫 단계가 자신의 관심 분야와 재능을 확실히 하는 것이라면, 그다음 단계는 관심 분야와 재능에 대한 이야기를 만드는 것이다. 이는 가벼운 면담이나 면접장에서 할 수 있는 이야기여야 한다. 적당히 복잡하고 짜임새 있는 이야기는 상담실에서든 면접장에서든 당신이 어떤 사람인지 잘 보여준다. 이야기가 너무 단순하면 경험이 부족해 보이고, 너무 복잡하면 내면이 혼란스러운 사람으로 보인다. 둘 다 고용주들이 선호하지 않는 특성이다.

나는 지난번 디자인 견습 프로그램에 지원했을 때 자기소개서에 어떤 이야기를 썼는지 이안에게 물었다. 이안은 고등학교 시절 밤새 졸업앨범을 디자인한 일에 대해 썼다고 했다. 그의 말로는 세련되고 깔끔하게 썼다지만 그 이야기를 나에게 설명하는 데 꽤 애를 먹었다. 나는 기승전결이 좀 더 명확해지도록 이야기를 다듬어보라고 제안했다. 이안은 이력서를 그대로 옮겨놓은 지루한 소개서를 상상하면서 다시 쓰기는 싫다고 말했다. 이게 문제였다. 학교나 기업에서는 독창성을 원하지만 소통 능력과 논리를 그보다 더 중요하게 본다.

어떤 기업이나 프로그램에 지원하든 일종의 게임이 시작된다. 면접관들은 과거, 현재, 미래에 관한 논리 정연한 이야기를 듣고 싶어 한다. 과거의 일들은 지금 하고 싶은 일, 앞으로 하고 싶은 일과 어떤 관계가 있는가? 다들 알겠지만 대부분의 지원자는 앞으로 어떤 경력을 쌓게 될지 잘 모른다. 지금은 안다고 생각하더라도 마음이 변하는 경우가 많다.

한 인사 담당자는 이렇게 말했다. "여기서 영원히 일하는 게 꿈이라고 말하기를 기대하는 게 아니에요. 그런 말은 믿지도 않아요. 5년 후에 어떻게 될지는 아무도 몰라요. 하지만 지원자는 그냥 취직해야 해서, 집에서 가까워서 지원했다는 것보다 합리적인 이유를 보여줘야죠." 삶을 계획대로 착착 진행할 필요는 없지만 이 사람의 말처럼 그동안 걸어온 길에는 타당한 이유가 있어야 한다.

"이안, 또 그러네요. 그럴듯한 일은 둘째치고 어느 하나에 집중하지 않으려고 하니 이야기가 뒤죽박죽되잖아요. 당신은 이야기가 지루해질까 봐 걱정하지만 그러면 결국 체계적이지 않고 알 수 없는 사람으로 보여요. 그런 이야기를 듣고 뽑아줄 곳은 없겠죠."

"하지만 전 속박되고 싶지 않아요."

"어디에요? 당신 이야기를 하는 거지 계약서를 쓰는 게 아니에요. 당신을 소개하는 거예요. 혈서를 쓰라고 하지는 않아요."

이안은 마지못해 이야기를 다듬었다. 어린 시절 그림 그리기를 좋아했다는 내용으로 시작하는 이야기였다. 그는 건축과 인지과학 수업, 자전거 가게 일 등 관심사와 관련 있는 경험들을 모아 적었다. 다시 쓴 자기소개서의 첫 문장은 어린 시절 작은 노트를 들고 다니면서 가족들에게 간단한 그림을 그려주기 좋아했다는 내용이었다. 가족들은 그를 '미스터 로고'라고 불렀다.

똑같은 정체성 자본으로 더 나은 이야기를 만들어낸 이안은 워싱턴 D.C.에 있는 회사에서 일하게 되었다. 몇 년 후 다시 선택의 기로에 섰을 때 이안은 나에게 이런 이메일을 보냈다.

이곳에 오기로 결정했을 때 저는 그 결정으로 나머지 문들을 전부 닫는 게 아닌가 걱정했습니다. 하지만 드디어 그 결정으로 자유를 얻었지요. 오히려 이 일이 또 다른 문들을 열어주었거든요. 이제 전 이런 일들을 몇 번 더 겪을 것이고, 적어도 그런 기회가 있으리라고 확신해요. 그리고 다른 삶의 과제들도 해낼 수 있다는 자신이 생겼어요.

이 일을 하게 돼서 오랫동안 마음이 편했어요. 졸업하고도 한참 발목을 잡던 진로 고민을 안 해도 된다고 느꼈으니까요. 하지만 이제 더 이상 현재의 위치에 있고 싶지 않아요. 너무 지겨워요! 앞으로 뭘 할지 처음부터 다시 생각하는 건 어렵지만 지금은 더 쉬워졌어요. 입으로만 고민해 봐야 아무것도 할 수 없고, 행동해야 한다는 걸 경험을 통해 배웠으니까요.

선택하려 할 때면 지루한 인생을 계획하는 것처럼 느껴지기도 해요. 저에게 잘 맞을 것 같은 일을 해보자는 결정은 단지 합리적이라는 이유로 지루해 보이거든요. 저는 예상 못한 방향으로 가버리고 싶어요. 아랍어를 배우고 캄보디아로 날아가는 거죠. 터무니없고 충동적인 생

각이라는 건 알아요. 좋은 삶이란 재미뿐만 아니라 합리성도 추구하는
것이니까요.

저는 무엇보다도 평범한 삶이 두려웠어요. 하지만 지금은 일상의 소중
함을 알게 되었다고나 할까요. 드디어 깨달았어요. 모든 사람이 이렇
게 살고, 적어도 이렇게 살기 시작하는 데는 이유가 있다는 사실을요.
산다는 건 원래 이런 것이기 때문이죠.

이안이 옳았다. 산다는 건 원래 이런 것이다. 이렇게 시작하는 것
이다. 직업을 선택하거나 좋은 직업을 갖게 되는 건 끝이 아니라 시
작이다. 알아야 할 일과 해야 할 일들이 아직 많이 남아 있다.

2부   *Love*

사랑

— ★★★ —

결혼에 대한 진지한 대화

An Upmarket Conversation

————

사회는 행복과 별로 상관없는 결정들에 주목하느라
행복에 엄청난 영향을 미치는 결정들에 집중하기 힘든 구조로 되어 있다.
누구에게나 가장 중요한 결정은 '누구와 결혼할 것인가'이다.
하지만 배우자를 선택하는 법을 가르쳐주는 수업 같은 건 없다.

정치 문화 평론가 데이비드 브룩스(David Brooks)

사랑과 애착은 승리한다. 기술이 발전해도 이 사실은 변하지 않는다.

생물인류학자 헬렌 피셔(Helen Fisher)

2009년 뉴욕 타임스 칼럼니스트인 데이비드 브룩스는 졸업 연설을 요청받은 일에 대해 썼다.[1] 그는 정말 하고 싶은 말이 있는데 하면 안 될 것 같아 작가로서 한계를 느꼈다고 했다. 하고 싶은 말은 바로 출신 대학보다 배우자가 행복에 더 큰 영향을 미친다는 것이었다. 브룩스는 대학교에 기호학 수업은 차고 넘치지만 똑똑하게 결혼하는 법을 알려주는 수업은 하나도 없다면서 그것이 우리 사회가 망가지는 주된 이유라고 밝혔다. 결혼에 대한 이야기를 들으려면 토크쇼나 리얼리티 쇼처럼 '저속한' 수단을 통해야 한다는 것이다. 그의 말은 일리가 있었다.

브룩스가 졸업 연설에서 결혼 이야기를 했는지는 모르겠지만, 그랬다면 졸업생들이 얼마나 충격과 경악에 휩싸였을지 짐작이 간다. 학사모에 졸업가운 차림의 학생들이 입을 다물지 못한 채 도대체 결혼이 자신들과 무슨 상관인지 의아해하는 모습이 눈에 보이는 듯하다. 대개 그 시기에는 별 관련이 없으니 말이다.

브룩스가 기사를 쓴 지 10년이 된 2019년에는 1897년에 정부가 조사를 시작한 이래 혼인율이 최저를 기록했다.[2] 이와 반대로 혼인율이 가장 높았던 20세기 중반에는 20대 중 약 60퍼센트가 배우자와 함께 아침을 맞이하리라고 기대할 수 있었다. 당시 평균 혼인 연령은 남성의 경우 22세, 여성은 20세였다.

21세기 중반으로 향하는 지금, 부부의 연을 맺는 사람들은 그 어느 때보다도 줄어들고 있고, 결혼 시기도 늦춰진다. 현재 초혼 평균 연령은 남녀 각각 30세와 28세로,[3] 20대 중 기혼자는 20퍼센트에 불과하다.[4] 요즘 30대는 예전 20대와 같다는 말이 결혼 연령으로 나타나는 셈이다.

오늘날의 20대는 미혼으로 보내는 시간이 역사상 가장 긴 세대다. 이 엄청난 변화 앞에서 전문가와 부모들은 데이트와 결혼의 시대가 끝났고, 후킹 업hooking up(연애 감정 없이 섹스하는 것-옮긴이)이 관계를 맺는 새로운 방식이라는 데 우려를 표한다.[5] 하지만 결혼을 미루거나 기피하는 현상은 그저 '관계'만 가지는 문화보다 더 복잡한 이유에서 기인한다. 주류 종교의 쇠퇴, 학자금 부채 증가, 중산층의 경제적 불안, 다양한 관계 형태가 수용되는 분위기,[6] 결혼 전 동거,[7] 청년 실업과 불완전 고용 문제 등 경제 상황을 포함한 많은 이유로 대부분의 20대는 결혼할 준비가 되어 있지 않다고 생각한다.

한때 성인의 지표이자 최소한 성인으로 가는 길목으로 여겨지던 결혼은 할 일을 다하고 마지막에나 도달하는 관문에 가까워졌다.[8] 결혼은 다른 일들이 전부 잘되어가고 있다는 신호와도 같다. 대학 졸업 후 안정적인 직업을 가진 20대[9] 커플은 정착할 가능성이 높다. 이런 조건을 갖춘 부부의 자산 중간값은 조건이 충족되지 않은 부부에 비해 네 배나 높다. 아마 이런 부부는 소득이 높은 상태에서 출발했을 것이고, 생활비를 나눠 내고 함께 돈을 모아 집을 사는 경우 또한 많다. 부자가 더 부유해지는 것이다. 많은 사람은 결혼이 아무나 누릴 수 없는 사치가 되고 있지 않은지 생각하게 되었다.[10]

하지만 결혼을 미루는 현상은 상대적이다. 미국은 서구 사회에서 여전히 혼인율이 가장 높다.[11] 미국 청년 중 4분의 3은 결혼할 생각이 있고, 35세 이전에 대부분 결혼한다. 따라서 지금은 결혼이 자신과 별로 상관없는 일처럼 보이더라도, 대부분의 20대는 성별이나 성적 지향(동성애 혹은 이성애), 정치적 성향과 상관없이 약 10년 안에 결혼, 연애, 동거를 하게 된다.

요컨대 결혼하는 나이로 볼 때 요즘 30대가 과거의 20대에 해당한다면, 20대는 데이비드 브룩스가 인생에서 가장 중요하다고 했던 결정을 검토해볼 최고의 기회다. 하지만 결혼이 미뤄지는 만큼 그에 대한 이야기도 시대에 뒤떨어진 취급을 받는다. 많은 20대는 결혼에 대한 대화가 고루하다거나, 이성애를 표준으로 단정한다거나, 답이 정해져 있다고 느낄 수 있다. 그러나 결혼이 더 이상 이성애자의 전유물이 아님은 물론이고 결혼의 형태도 다양해졌다. 따라서 우리는 사랑에 대해 생각하고 대화를 나눠야 한다. 그래서 이 책에서도 사랑에 대한 내용을 따로 다루는 것이다. 여기서의 목표는 21세기의 20대와 연구자들이 사랑에 대해 나눠야 할 진지한 대화를 다루는 것이다.

대중문화는 20대를 강박적일 정도로 한 사람에게 집중하지 않으려는 모습으로 그리지만,[12] 실제 상담을 해보면 그렇지 않다. 나는 진지한 관계를 원하지 않는 20대를 본 적이 없다. 이 시대의 20대도 사람이다. 내담자들의 이야기와 연구 결과에 따르면, 그들은 대부분 결혼이든 동거든 상관없이 사랑을 추구하며 산다.

2018년 미국에서 5천 명 이상의 미혼자를 대상으로 한 연구[13]에서 전체의 70퍼센트 정도가 낭만적 사랑을 믿고 갈구하는 것으로 나타났다. 후킹 업이 대세라는 이야기와는 달리 젊은 미혼 남녀 중 가벼운 만남을 추구하는 사람은 10퍼센트에 불과했다. 장기적 동반자 관계를 지향하는 비율은 약 60퍼센트, 관계를 정립할 생각이 없는 상대와 헤어졌다고 응답한 비율은 약 33퍼센트였다. 사랑이 있어야 성생활이 만족스럽다고 믿는 사람은 32퍼센트에 불과한 반면, 사랑에 빠지면 실제로 성생활이 더 만족스럽다고 답한 사람은 84센트에 달했다. 충동적으로 '사랑해'라고 말한 사람은 25퍼센트에 그쳤지만, 미혼 남녀 대다수는 그렇게 말하기 전부터 상대를 사랑한다고 생각하는 것으로 나타났다.

요컨대 이 자료에 따르면 미혼 남녀들은 통념과 달리 관계를 진지하게 생각하거나 그러기를 원한다. 그런데 그들은 사랑을 통해 정말로 뭘 얻고자 하는지 대놓고 얘기해서는 안 된다고 느낀다. 사람들은 일에 확고한 의견과 욕심이 있는 사람을 존경하고 오랫동안 진로를 탐색한다. 그 과정에서 책, 수업, 교육과정, 인턴십, 상담, 멘토의 조언 등 언제든 도움을 받을 수 있다. 그럴 만도 하다. 일은 중요하고 사랑보다 우선시될 때가 많다. (젊은 미혼 남녀 중 25퍼센트 정도는 진지한 관계를 생각하기 전에 안정적인 직업과 경제력을 갖춰야 한다고 생각하고,[14] 미국인의 50퍼센트 정도는 사랑만큼 일도 중요하다고 생각한다.[15]) 그런데 직업은 배우자 선택에 비해 결정의 기회가 다양하고 많다. 아마도 데이비드 브룩스는 이런 의미에서 배우자 선택이 가장 중요하다고 말한 듯하다. 서로의 동반자가 된다는 것은 엄청난 헌신을 의미한다. 그리고 많은 사람은 결혼이 일생에 한 번뿐이기를 바란다.

우리는 결혼이라는 한 번의 결정으로 성인으로서 뭐든 함께할 배우자를 선택한다. 돈, 일, 생활방식, 가족, 건강, 취미, 성생활, 노후, 심지어 죽음마저 2인 3각 경기가 된다. 우리의 삶은 거의 모든 부분에서 배우자의 삶과 얽혀 돌아간다. 솔직히 말해 결혼이 파국에 이르러도 결혼했다는 과거는 남는다. 헤어지거나 이혼한 사이라도 양육비를 지불하거나 아이를 번갈아 맡아야 한다면, 법적으로나 경제적으로 평생 얽힐 수 있다.

20대는 고통을 겪고서야 결혼의 중요성을 깨닫는 경우가 많다. '재혼은 희망이 경험을 이긴 결과'라는 말도 있듯이,[16] 20대가 결혼을 한다는 자체가 낙관주의의 승리다. 오늘날 20대의 절반이 부모의 이혼을 겪은 만큼 이혼 가정 자녀가 흔하다. 이혼은 아니지만 부모의 불화를 고스란히 겪으며 자란 경우도 많다. 20대가 정착하기 전에 즐기고 싶어 한다는 이야기도 많지만, 부모보다 나은 가정을 꾸리겠다는 희망으로 헌신할 상대를 기다리는 사람도 그만큼 많다.

하지만 이 책의 핵심 메시지 중 하나는 무언가를 나중에 한다고 해서 더 잘하지는 않는다는 것이다. 이 말은 혼인 연령이 높아져도 이혼율이 꾸준히 45퍼센트대로 유지되는 이유에 대한 설명이 된다.[17] 어린 나이에 홀랑 결혼하지 않으려는 사람이 점점 늘어가지만, 그들은 여전히 그밖에 무엇을 더 고려해야 하는지 모른다. 시대는 변했지만 새로운 논의는 아직 걸음마 단계에 있다.

대학원생 시절, 내가 처음으로 참여했던 중요한 연구 중 하나는 100명 안팎의 여성을 20대에서 70대까지 추적 조사한 연구였다.[18] 중년이 된 여성들은 인생에서 가장 힘들었던 경험에 대해 한 페이지 정도의 글을 쓰도록 요청받았다. 불편한 상사나 이루지 못한 사랑에 대한 이야기도 있었고, 심각한 질병에 대한 이야기도 있었다. 하지만 가장 안타깝고 구구절절한 사연은 대부분 불행한 결혼생활에 대한 것이었다. 이혼한 사람도 있었고 결혼생활을 지속한 사람도 있었다.

이 연구에 참여한 여성들은 혼인율이 가장 높았던 1960년대 초반에 21세였고, 이들 중 80퍼센트가 25세 이전에 결혼했다. 연구에 참여했을 때 20대 후반의 미혼이었던 나는 늦게 결혼하는 사치를 누리는 세대라는 점에 안도했다. 그리고 우리와 그 이후 세대는 결혼해서 정착하기 전에 탐색할 기회가 있으니 더 행복한 결혼생활을 하리라고 확신했다. 하지만 지금은 단지 결혼을 미룬다고 더 나은 결혼생활을 누릴 수 없다는 사실을 안다.

늦게 결혼하는 경향이 나타난 지는 얼마 안 되었으므로 과학자들은 이런 현상의 의미를 이제야 이해하기 시작했다. 10대에 시작하는 결혼생활이 가장 불안정하다는 확고한 사실과 함께, 인간이 20대에도 계속 발달하고 성숙한다는 사실이 알려지자 사람들은 결혼을 늦게 할수록 좋다고 생각하게 되었다.[19] 하지만 연구자들의 의도는 이와 다르다.

가장 최근의 연구에 따르면, 10대 이후의 결혼이 실제로 이혼을 방지한다고는 하지만 이는 25세 이전에만 해당하는 사실이다. 25세가 넘으면 결혼 연령은 이혼과 크게 상관이 없다. 이런 연구 결과들은 최대한 결혼을 미루는 편이 확실히 유리하다는 인식과 어긋난다.

나이가 많은 배우자가 더 성숙할 수는 있지만 늦은 결혼에는 그 나름의 단점이 있다. 우선 20~30대에 서로에게 소홀하거나 파괴적인 관계를 겪으면서 나쁜 버릇이 들거나 사랑에 대한 믿음이 약해질 수 있다. 늦게 결혼할수록 출산 전 신혼 기간도 짧아진다(이에 대해서는 나중에 더 설명하겠다). 그리고 오래 탐색할수록 더 나은 사람을 만날 수도 있지만 시간이 지날수록 이래저래 그럴 수 있는 상대의 수가 줄어든다.

이런 실질적 고려사항 외에 내가 상담을 통해 가장 많이 듣는 문제는 '결혼은 늦어도 서른까지'라는 말과 관련이 있다.[20] 많은 20대는 서른 전까지 결혼해야 한다는 은근한 재촉과 압박을 받는다. 30대는 20대와 같다는 말도 있겠다, 20대에는 연애에 대한 확고한 생각이 없을 수도 있고 연애가 그리 중요해 보이지 않을 수도 있다. 하지만 '서른 살에 혼자이고 싶지는 않다'는 말은 흔히들 한다.

서른 살이 되면 이런 은근한 걱정이 슬슬 머릿속을 채운다. 나이의 압박을 받는 시기는 문화나 지역, 또래의 상황에 따라 다르며, 여성이 남성보다 스트레스를 더 받는 편이다. 여성이 남성에 비해 가정을 이룰 시간이 조금 남았고 자신이 청혼을 기다리는 처지라고 생각하며 남성에게 더 큰 권력이 있다고 느끼기 때문이다. (성별 고정관념이 흐려지고 있는 요즘이지만, 최근 연구에 따르면 많은 젊은 여성이 여전히 남성이 관계를 주도하길 바란다.[21] 그래서 불필요하게 스스로 약자라고 느끼는 듯하다.)

내 경험상 정도의 차이는 있지만 서른 살이라는 기한은 '낚시'에 가깝다. 스물일곱에도 스물아홉에도 괜찮았는데 서른이 되면 갑자기 뒤처진 느낌이 든다. 진지한 관계는 나중에 생각해도 될 일이었는데 하룻밤 사이에 진작 했어야 했던 일이 되어버린다. 결혼은 서른 살이 되고 나서 생각해야겠다고 했는데 갑자기 서른 살에 결혼이 하고 싶어진다. 그럼 동반자에 대해 진지하게 생각해야 할 때는 언제일까? 결론부터 말하자면 20대다.

확실히 짚고 넘어가자. 동반자를 만나야 하는 특정한 나이란 없다. 이 장의 핵심은 이른 결혼이니 늦은 결혼이니 하는 이야기가 아니다. 20대에 자기 자신과 연애에 대해 진지하게 생각해봄으로써 뭔가를 배우고 더 나은 결정을 내리자는 것이다. 20세보다 30세에 결혼해서 정착하는 쪽이 나은 이유도 여기에 있다. 하지만 페이스북이나 인스타그램에 결혼하는 모습이 올라오기 시작할 때, 곁에 있는 사람 아무나 붙잡는 것은 발전이 아니다.

20대와 30대 내담자 및 학생들의 이야기를 비교해보면 내 말의 의미를 이해할 수 있을 것이다. 20대는 다음과 같이 말한다.

- 데이트 상대에 대해 깊게 생각하지 않아요. 말이 잘 통하고 섹스도 괜찮으면 충분해요. 그것 말고 뭘 또 걱정하겠어요? 이제

스물일곱 살밖에 안 됐는데요.

- 저는 3년 만난 여자친구를 사랑해요. 하지만 대학원 진학을 생각할 때 여자친구와의 관계를 고려하지는 않아요. 20대 중반인데 그렇게까지 할 필요는 없잖아요. 훨씬 나중에 걱정할 일이라고 생각하는데요.

- 저는 스물여덟 살에 결혼해서 서른한 살에 첫 아이를 낳고 싶어요. 하지만 사람들에게 말하기는 좀 그래요. 이런 일을 계획하는 것에 부정적인 인식이 있으니까요. 열네 살짜리처럼 인형놀이를 하는 느낌이어서요. 남자친구는 서른다섯 살쯤 집을 사고 싶대요. 한번은 제가 서른 살에서 서른두 살 사이에 첫 아이를 낳고 싶다고 했더니, 출산 시기를 정하는 건 현실적이지 않다고 하더라고요. 그건 우리 직업, 수입, 사는 곳에 따라 달라지는 문제라고요. 그럼 언제 집을 사겠다는 말은 뭔가요? 엄청난 모순이죠. 결혼과 2세 계획보다 직업과 경제적 안정에 대한 계획이 더 쉽고 현실적이라는 말 같아요.

- 남자친구와 저는 같은 지역으로 이주하다가 만났어요. 우린 여기서 같이 살게 됐어요. 그게 더 편해서요. 둘 다 카약 타기를 좋아하고 다른 취미도 비슷하지만 진지한 관계는 아니에요. 결혼은 절대로 안 할 거예요.

- 전 남자친구를 사랑해요. 선생님이니까 말씀드리는 건데, 남자친구랑 결혼하고 싶어요. 하지만 지금은 이런 생각을 할 때가 아닌 것 같아요. 그래서 우린 가끔 헤어지고 다른 사람들도 만나보지만 결국 다시 만나게 돼요. 그러면서도 서로가 결혼

할 상대라고 말하면 안 된다고 생각하는 것 같아요. 그러면 큰
일 나는 것처럼 말이에요.

20대 내담자들은 관계를 심각하게 생각하지 않으며 그래야 한다
고 여기는 듯하다. 그러다 서른 전후가 되면 결혼이나 배우자 찾기가
갑자기 급해진다. 이제 30대 내담자들의 이야기를 들어보자. 이들 중
에는 앞서 말한 20대보다 겨우 한두 살 많은 사람도 있다.

- 페이스북에서 누가 약혼이나 결혼으로 상태메시지를 바꿀 때
  마다 어쩔 줄 모르겠어요. 페이스북은 애인 없는 사람들 인생
  한탄하게 하려고 만든 게 분명해요.
- 아빠 늘 베티 이모처럼 되지 말라고 말씀하세요. 베티 이모는
  혼자거든요.
- 남자친구가 멀리 출장 가서 주말에 못 볼 때마다 약혼이 일주
  일 미뤄졌다고 생각해요. 어휴, 일주일이라니 말도 안 되죠. 당
  장 결판내고 싶다고요.
- 친구들이 전부 결혼해버려서 술집에 혼자 남은 대머리 아저씨
  가 되진 않을 거예요.
- 작년에 남자친구가 크리스마스트리 아래에 반지 상자를 넣어
  뒀어요. 그런데 약혼반지가 아니더라고요. 아직도 화가 안 풀
  려요.
- 금요일, 토요일 밤에 사람들이 눈 맞아서 나가버리기 전까진
  괜찮아요. 그전에 자리를 뜨려고 애쓰죠. 찬밥 신세가 되면 기

분이 아주 더럽거든요.

- 다음 주에 생일인데 축하받고 싶지도 않아요. 남자친구가 절 늙었다고 생각할까 봐요.
- 미래의 남편을 만나는 게 아니면 뭐든 시간낭비예요.
- 제일 괜찮은 남자친구를 만났을 때는 20대 중반이었어요. 그 땐 누굴 만나게 될 거라고 생각도 못 했죠. 그 바람에 결혼해 서 자리 잡을 생각이 있던 사람들은 다 놓쳤고, 지금은 결혼만 할 수 있으면 아무나 만나려고 발버둥치는 것 같아요.

결혼의 압박을 가장 잘 표현한 것은 다음 내담자의 이야기일 것 이다.

- 20대에는 연애가 의자 뺏기 놀이 같았어요. 다들 의자 주변을 빙빙 돌면서 재미있게 놀고 있었죠. 그러다 서른 살이 되자마 자 음악이 멈추고 모두 앉기 시작했어요. 저만 서 있고 싶지 않았어요. 서른 살이 됐을 때 제일 가까운 의자가 지금의 남 편이어서 이 사람과 결혼한 게 아닐까 생각할 때가 있어요. 더 괜찮은 상대가 나타날 때까지 기다렸어야 했다는 생각도 들지 만, 그건 너무 위험해 보였죠. 결혼에 대해 더 일찍 생각해 볼 걸 그랬어요. 20대였을 때요.

이 장의 핵심은 30대가 되면 제일 가까운 의자에 앉아야 하는지, 상대를 계속 찾아다녀야 하는지, 빨리 정착해야 하는지, 더 까다로워

저야 하는지에 대한 이야기가 아니다. 그런 이야기는 기사와 책으로 이미 많이 나와 있고 지금도 논의가 계속되고 있다.

앞으로의 이야기는 현실에 안주하지 않는 20대 남녀에 대한 것이다. 희망이나 의지 없이 닥치는 대로 연애하면서 20대를 흘려보내는 데 만족하지 않는 사람들 말이다. 30대가 되어 청첩장이 날아들 때까지 기다리지 말고 미리 까다롭게 따져봐야 한다. 주도적인 삶에 대해 명확히 생각할 수 있을 때, 어떻게 할지 자세히 생각해봐야 한다. 그리고 일과 마찬가지로 좋은 관계 역시 준비가 된다고 해서 턱하고 나타나는 것이 아니다. 사랑과 헌신이 무엇인지 제대로 알 때까지 신중하게 시도해봐야 할 수도 있다.

힘든 결혼생활에 대해 연구하던 20대 시절, 나는 스물여섯 살의 알렉스라는 첫 내담자를 만났다. 알렉스의 담당 치료사로 배정되었을 때 나는 마음이 놓였다. 전문가라고 하기에는 경력이 부족했지만, 20대 문제라면 다룰 수 있다고 생각했다. 알렉스는 어떤 진단을 내릴 만큼 심각한 상태가 아니었고 상담시간에 재미있는 이야기를 꺼냈기 때문에, 함께 문제에 직면하는 대신 고개만 끄덕이면 되었다. 알렉스는 "30대나 20대나 다를 바 없잖아요"라고 말을 꺼냈다. 내가 아는 한 그 말이 맞았다. 일도, 결혼도, 아이도, 심지어 죽음도 나중 일이었다. 알렉스와 나 같은 20대는 아직 시간이 많이 남아 있었다.

얼마 후 지도교수님은 TV에서 고개만 끄덕거리는 심리 치료사는 고정관념이라고 말씀하셨다. 내담자를 도와주고 싶다면 참고 들어주기만 해서는 안 된다고 말이다. 나는 참을성 없는 사람이기 때문에 다행이었다. 하지만 정확히 어떻게 참지 않아야 할지는 몰랐다.

알렉스의 20대는 힘들겠다 싶으면서도 한편으론 평범해 보였다. 내가 보기에 알렉스의 진짜 인생은 아직 시작되지도 않은 상태였다. 그녀는 직업을 자주 바꾸었고 남자들과 가볍게 만났다. 아이를 키우거나 평생 직업을 준비하는 것도 아니었다.

지도교수님이 알렉스의 연애 문제를 다뤄보라고 재촉하셨지만, 나는 어깨를 으쓱하며 말했다. "알렉스가 자기보다 못한 남자를 만나기는 하지만 그 사람과 결혼할 건 아니잖아요." 그러자 지도교수님은 이렇게 말씀하셨다. "아직은 아니지. 하지만 그다음 남자랑은 결혼할 수도 있지 않나. 어쨌든 알렉스의 결혼 문제를 다루려면 결혼하겠다고 나서기 전에 하는 게 좋을걸." 내가 큰 깨달음을 얻은 순간이었다.

— ★★★ —
가족 선택하기
Picking Your Family

———

다른 일들이 우리를 바꿔놓을지라도
우리의 시작과 끝에는 가족이 있다.

작가 앤서니 브란트(Anthony Brandt)

가족이란 누구도 뒤처지거나 잊히지 않는다는 뜻이다.

배우 데이비드 오그던 스티어스(David Ogden Stiers)

정신 건강 분야에서는 상태가 가장 좋거나 나쁜 환자들이 최악의 치료를 받는다. 상태가 가장 나쁜 환자는 치료보다 꾸준한 관리가 필요한 심한 정신질환에 시달리는 경우가 많다. 그리고 치료비용과 질병 때문에 저소득층으로 떨어지는 경우가 많으므로 최고 수준의 치료를 받기 어렵다. 이와 반대로 상태가 가장 좋은 환자는 적절한 시기에 가족이나 학교를 통해 개인 치료사를 만날 수 있는 등 도움 받을 곳이 많다.

상태가 좋은 환자들 중 치료사들이 야비스YAVIS[1]라고 부르는 사람들이 있다. 젊고young 매력적이며attractive 말이 통하고verbal 지적이며intelligent 성공한successful 내담자를 가리킨다. 이들은 이런 다섯 가지 속성 덕분에 치료 과정이 비교적 수월할 수 있다. 이런 내담자가 오면 치료사들은 표정이 밝아진다. 언젠가 내 동료가 말했듯 젊다는 말은 '아직 인생을 완전히 망쳐버리지 않았다'는 뜻이다. 말이 통하는 사람은 자신이 원하는 것, 필요한 것에 대해 치료사를 포함한 타인과 편하게 대화를 나눌 수 있다. 똑똑한 사람은 인생의 모든 영역에서 의미를 찾고 문제를 해결하기 쉽다. 성공한 사람은 이용할 수 있는 자원이 많고 하다못해 다양한 선택지라도 있다. 그리고 아리스토텔레스가 말했듯 아름다움은 무엇보다도 훌륭한 추천장이다. 이처럼 야비스라고 불리는 내담자들은 어딜 가든 좋은 대우를 받는다. 그렇다면 이들이 최악의 치료를 받는 이유는 무엇일까? 이들에게 눈에 보이지 않는 문제가 있다는 사실을 치료사조차 가끔 잊어버리기 때문이다. 이런 내담자들이 성공적인 삶을 살아온 건 유리한 환경 덕분이 아니라 성공해야만 했기 때문일 때가 많다.

야비스라고 불리는 많은 내담자를 비롯하여 청년들 중 75퍼센트는 거친 역경 속에서 자랐다. 가장 흔한 환경은 부모의 이혼, 가족의 사망, 가정 내 알코올 및 약물 중독, 가족의 정신질환, 집단 괴롭힘, 성적·감정적·신체적 학대, 부모의 수감, 가정폭력을 목격한 경험 등이고, 불행하게도 이보다 훨씬 더 많은 일이 있다.

주변 상황과 발달상의 이유로 어린 시절의 고난은 20대 전까지 언급되지 않고 묻히는 경우가 많다. 마침내 문제에 대해 이야기할 준비가 된 20대는 치료사들이 그들에게 문제가 있었음을 상상하기 어려울 만큼 멀쩡한 모습으로 나타난다. 야비스 내담자들은 애쓰지 않아도 친구도 재능도 성공도 다 가진 것처럼 보인다. 하지만 보기보다

평탄하지 않은 삶을 살아온 경우가 많고 치료사들도 종종 이런 불일치를 감당하기 어려워한다.

내가 이러한 사실을 알게 된 건 이 책 초판이 발행된 후 정말 많은 야비스 내담자들이 찾아왔기 때문이다. 나는 이들에 대한 이야기를 《슈퍼노멀Supernormal》이라는 책으로 써냈다.[2] 내가 야비스 내담자들에게 배운 점은 아무것도 넘겨짚지 말고 그들이 해야 할 말을 들어주는 것이 상담에서 최고의 출발점이라는 사실이다.

나는 엠마를 처음 만나자마자 그녀가 마음에 들었다. 야비스 내담자들은 대개 호감형이기 때문에 그리 놀라운 일은 아니다. 엠마는 평범한 20대처럼 행동했고 매력적인 성격이라는 것을 은근히 드러냈다. 그녀는 누구와도 잘 지냈고 뭐든 잘 해냈다. 처음에는 상담도 좋은 분위기에서 진행되었다. 엠마는 몇 주 동안 제시간에 왔고 잘 지냈느냐는 인사로 상담을 시작할 때가 많았다.

그러다 한번은 엠마가 상담시간을 착각해서 한 시간 일찍 도착한 적이 있었다. 다른 내담자가 있었기 때문에 엠마는 차례가 될 때까지 대기실에서 기다렸다. 상담실에 들어온 엠마는 초조한 목소리로 말했다. "대기실에서 진을 치고 있었네요. 저한테 심각한 문제라도 있는 줄 아시겠어요."

"말해 봐요."

엠마는 풀썩 앉더니 눈물을 뚝뚝 흘렸다. 잠시 후 그녀는 변두리 지역에서 간신히 중산층으로 살아온 이야기를 꺼냈다. 어린 시절에는 그럭저럭 괜찮게 살았지만 많은 가정이 흔히 그렇듯 형편이 점점 나빠졌다. 엠마의 아버지는 실직 후 빚더미에 앉게 되자 스스로 목숨을 끊었다. 어머니는 술자리를 즐기다 알코올 중독에 빠졌다. 고등학생이었던 엠마는 아무 일도 없었던 것처럼 공부도 잘했고 친구들과도 어울렸다. 하지만 그녀는 자신이 주변의 모든 사람과 동떨어져 있다고 느꼈다. 지역 최고 수준의 대학에 들어갔지만 가족이나 자신에 대한 이야기를 아무에게도 한 적이 없었다. "제가 세상에서 제일 외로운 사람인 것 같아요."

나는 그 후로 엠마를 더 좋아하게 되었다.

엠마는 평생 사기꾼으로 살아온 것 같다고 느낄 정도로 무너진 상태였다. 대학생활도 훌륭하게 해냈지만 어디에도 속하지 못하는 외부인 같다고 느꼈다. 엠마의 가족은 그녀 주변의 어떤 가족과도 비슷한 점이 없었다. 그래서 엠마는 상담실 밖에서는 조금도 자기 이야기를 털어놓지 않았다.

"선생님 말고는 제가 어떤 사람인지 아무도 몰라요." 엠마는 자주 이렇게 한탄했다.

나는 다른 사람들에게도 이야기를 좀 해보라고 격려했다.

"당신에 대해 아는 사람이 나뿐이라면 난 일을 제대로 못하고 있는 셈이에요."

당연한 일이지만 엠마는 우수한 성적으로 대학을 제때 졸업했다. 다른 학생들의 가족이 꽃다발을 들고 몰려들어 식당을 예약하는 동안, 엠마는 그런 일들을 건너뛰고 좋은 직장을 찾아 그 지역을 떠났다. 나는 기쁘면서도 슬펐다.

몇 년 후 이직과 가족 문제로 돌아온 엠마는 상담을 다시 시작했다. 어머니의 과음 문제가 전에 없이 심각해졌다고 했다. 엠마의 어머니는 실직했고 집도 날려먹기 직전이었다. 엠마는 경제적 정서적으로 어머니와 자기 자신을 지탱하고 있었다. 그녀는 지쳤지만 이제는 교류하며 버틸 친구가 몇 명 생겼다. "가족은 선택할 수 없지만 친구는 선택할 수 있잖아요." 엠마는 지어낸 듯 활기찬 목소리로 말했다.

엠마의 친구들은 매우 착했다. "내가 있잖아!"라든가 "너도 우리 가족이지!"라고 말해주었다. 하지만 가족 없는 아이만이 알 수 있듯 남의 가족은 남의 가족이었다. 친구들은 오래 얘기를 나눠주고 함께 울어주었지만 힘든 시기나 명절이면 모두 자기들 가족끼리 뭉쳤고 엠마는 혼자 남겨졌다.

어느 날 오후, 엠마는 몸을 숙인 채 한참을 울었다. 새로 산 주소록을 채워 넣다가 비어 있는 '비상시 연락처'를 보고 폭발한 것이었다. 엠마는 나를 보며 절규하듯 말했다. "차 사고가 나면 누가 제 곁에 있어줘요? 암에 걸리면 누가 도와주느냐고요!"

나는 "내가 있잖아요!"라고 말하지 않으려고 최선을 다해 직업적 자제력을 발휘해야 했다. 그렇게 말했다면 내 마음 편하자고 한 말이었을 것이다. 내가 아무리 진심으로 걱정한들 엠마에게 필요한 것은 심리 치료사가 아니라 가족이었다. 이때가 바로 새로운 가족을 만들 기회였다. 우리는 이 문제에 대해 이야기해야 했다.

20대 중반이었던 엠마는 1년 가까이 만난 남자가 있었다. 나는 엠마의 직장생활에 대해서는 많이 알고 있었지만, 남자친구에 대해서는 잘 몰랐다. 내가 들은 이야기는 "괜찮아요", "재미있는 사람이에요", "우린 잘 지내고 있어요" 정도였다. 외롭다고 느끼는 젊은 여자에게는 안타까울 정도로 부족한 관계로 보였고, 그게 아니더라도 지독히 부족한 묘사였다. 그래서 나는 더 말해보라고 재촉했다.

나는 엠마의 남자친구가 말없는 사람이라는 사실을 알게 되었다. 그는 TV와 게임으로 시간을 많이 보냈고 일하기 싫어했다. 질투가 나면 엠마에게 소리를 질렀다. 영 못마땅해진 나는 엠마에게 그대로 말했다. "일 욕심은 그렇게 많으면서 연애에는 왜 욕심이 없어요?"

"죽지 않고 버티려면 정말 좋은 직장이 필요하니까요. 하지만 연애는 제가 바란다고 잘되는 게 아니잖아요. 어쨌든 제가 뭘 한다고 되는 일이 아니에요."

나는 덤덤하게 말했다. "아니에요. 그렇지 않아요."

엠마는 놀란 얼굴이었다.

"가족은 선택할 수 없지만 친구는 선택할 수 있다고 했죠? 어릴 때는 그 말이 맞았어요. 하지만 지금 당신은 가족을 선택하려고 하고 있어요. 그리고 난 당신의 선택이 옳지 않은 것 같아서 걱정하고 있고요."

눈에 띄는 몇몇 예외를 제외하고, 언제, 어떻게, 누구와 짝을 맺을지, 혹은 애초에 혼자 살 것인지 아닌지 지금만큼 자유롭게 결정할 수 있던 시대는 없었다. 이런 자유는 20대 이상의 성인에게 가장 굉장한 기회를 열어주었다. 바로 가족을 선택할 기회 말이다. 가족을 선택한다는 것은 자신에게 선택권이 있음을 깨닫는 것이고, 대담하게도 자신의 바람과 필요에 맞게 가족 형태를 만들어내는 것을 의미한다. 행운, 운명, 우연한 끌림, 큐피드의 화살에 선택받기를 기다리는 것이 아니라.

엠마처럼 결손가정에서 자란 내담자들은 자신이 불행할 운명이라고 느낀다. 이들은 가족이 통제 밖의 문제라고 믿으며 자란다. 그들이 아는 유일한 해결책은 위로가 필요할 때 친구나 심리 치료사, 남자친구에게 의지하거나 가족과 연을 끊겠다고 다짐하는 것뿐이다. 그러나 엠마와 같은 20대에게 아무도 말해주지 않은 사실이 있다. 그들이 어느 날 드디어 누군가와 짝이 되어 가족을 만들어갈 것이라는 이야기다. 이 과정 자체가 가족을 선택하는 것이다. 어떤 사람이든 앞으로의 수십 년을 결정짓는 것은 이렇게 이룬 가족이다.

엠마는 어느 월요일에 상담실에 왔다. 주말에 남자친구의 부모님을 처음 만나고 와서 이틀 밤을 내리 울었다고 했다. 그래서 나는 남자친구 부모님을 만난 이야기를 자세히 해보라고 말했다. 남자친구의 아버지는 천문학자였고 밖에 나가 망원경을 들여다보면서 대부분의 시간을 보냈다. 어머니는 아들처럼 주로 TV를 보면서 지냈다. 둘 다 엠마에게 특별히 관심이 없었다. 나는 말문이 막혔다.

우리 아이들과 처음 만났을 때 "왕의 선택이로군요!"라고 말하는 사람들이 가끔 있다. 아들 하나, 딸 하나 있으니 내가 한 나라의 왕이었다면 아들에게는 통치를 맡기고 딸은 이웃나라에 시집보내 지지를 얻을 수 있었겠다는 뜻이다. 앞으로 자기 선택에 따라 자라고 삶을 꾸려갈 두 아이를 보고 21세기에 그런 상상을 한다니 희한한 일이다. 그리고 내 딸의 결혼을 무슨 거래처럼 생각하는 것에도 화가 난다. 그런데 이런 표현은 오랫동안 결혼이 가족과 가족을 이어주는 역할을 해왔음을 떠올리게 한다.

오늘날 우리는 결혼을 두 개인의 결합으로 본다. 거의 모든 영역에서 독립과 자기 성취를 높이 평가하는 서양 문화의 개인주의적 경향은 동반자 관계에서도 나타난다. 분명 이 덕분에 많은 사람이 행복한 가정을 이루었고, 데이비드 브룩스의 말처럼 인생에서 가장 중요한 결정을 내리는 경험도 할 수 있었다. 하지만 누군가와 인생을 함께하기로 한다는 것은 곧 가족끼리의 결합을 의미한다.

이틀 밤을 울었다는 엠마에게 걱정된다고 말하자 그녀의 눈에 다시 눈물이 고였다. 엠마는 창밖으로 시선을 돌렸다. "남자친구 부모님이 완벽하길 기대할 순 없죠. 우리 부모님도 완벽하지 않으니까요."

"맞아요. 완벽한 가족은 없어요. 엠마의 가족도 마찬가지고요. 하지만 남자친구 부모님과 만난 다음에 울고 싶어진 데는 이유가 있을 거예요."

"네. 남자친구네 가족을 보니 마음이 불편해요."

나는 엠마가 한 말을 그대로 따라하며 덧붙였다. "어쩌면 더 중요한 건 남자친구와 만날 때도 영 마음이 불편하다는 거겠죠. 누군가와 동반자가 되기로 할 때 한 번 더 가족을 만들 기회가 생기는 셈이에요. 엠마는 그걸 모르는 것 같아요. 지금 어떤 기회를 놓치고 있는지 말이에요."

얼마 후 엠마는 남자친구와 관계를 정립하는 대화를 나눴다. 남자친구는 서른 살인데도 아직 아이를 원하는지조차 모르겠다고 말했다. 하고 싶은 일들이 있는데 가족이 방해되지 않았으면 좋겠다면서. 하지만 그는 뭘 하고 싶은지 확실히 알지도 못했다. 이 대화를 나눈 후 얼마 안 되어 엠마는 남자친구와 헤어졌다. 상담실에 온 엠마는 '남자친구의 부모와 주말을 보내고 나면 많은 걸 알게 된다'[3]는 풍자 기사 제목처럼 되었다며 웃어넘겼다. 나는 엠마가 두려워하고 있다는 것을 알았다.

가족을 선택한다는 것은 낭만적인 일이 아니다. 당연히 겁날 수 있다. 가족을 선택한다는 말은 영혼의 짝을 기다리지 않고 평생에 영향을 미칠 결정을 내린다는 뜻이다. 상대와의 관계가 지금뿐만 아니라 훗날까지도 돈독해야 한다는 사실을 염두에 두는 것이다. 가족을 이루는 주체는 바로 당신이다. 만약 아이를 낳는다면 그 아이가 언젠가 "가족은 선택할 수 없지만 친구는 선택할 수 있잖아요"라고 말할지도 모른다. 20대가 동반자와의 관계에 대해 조금도 두려워하지 않는다면 너무 생각 없는 사람일 것이다. 두려워하는 엠마를 보고 내 마음도 편치는 않았지만 그녀의 눈물은 약이 될 것이었다. 그것은 엠마가 늘 일에 진지하게 임했듯 이제 사랑도 진지하게 생각한다는 의미였으니까 말이다.

엠마는 다시 떠났다. 이번에는 더 좋은 직장에 들어가기 위해 더 큰 도시로 향했다. 마지막 상담시간에 엠마는 사랑에도 욕심을 낼 용기가 생겼다고 말했다. 평생 갈망해온 가족을 만들겠다고 마음먹은 것이다. 그녀는 부모님보다 나은 결혼생활을 누리고 더 좋은 부모가 되겠다고 다짐했다. 아이를 낳는다면 자기가 알았던 세상보다 좋은 삶을 경험하게 해주겠다고 말했다. 엠마는 이번이 과거를 반복하지 않을 기회임을 깨달았다. 그녀의 생각이 옳았다.

3년 후 엠마는 결혼해서 새로운 가족을 만들 기회를 얻었다. 나는 매년 엠마의 가족사진이 들어간 크리스마스카드를 받는다. 그걸로 그녀의 가족이 늘어나고 자라는 모습을 지켜볼 수 있다. 엠마와 남편은 아이를 하나 키우며 사이좋게 살고 있다. 시부모님이 같은 동네로 이사 와 손주들을 돌봐주고 자주 만난다. 근처에 사는 두 명의 시누이와도 종종 저녁식사를 하고 해변에 놀러가는 등 잘 지내고 있다. 이제 엠마는 비상시 연락처를 채우느라 고심하지 않아도 된다.

— ★★★ —

하향 연애

On Dating Down

———

나는 누군가의 욕망의 대상이라고 느껴본 적이 없다.
전 남자친구들도 그런 느낌을 주지 못했다. 단 한 명도.
그리고 누군가에게 신체적 욕망의 대상이
된 적 없다는 건 엄청난 일이다.

뮤지션 빌리 아일리시(Billie Eilish, 18세)

인과관계를 통해 물질세계가 만들어지듯,
대화가 사회적 세계를 만들어내는 것으로 알려져 있다.

심리학자 롬 하레(Rom Harré)

캐시는 10대 시절에 집을 나설 때마다 어머니의 못마땅한 시선을 받았다. 캐시의 어머니는 다른 옷을 입으라거나 몸매를 더 가꾸라고 말했다. 아버지는 캐시가 너무 시끄럽다는 둥, 너무 어떻다는 둥 뭘 하든 지나치다고 말했다. 캐시는 밤마다 부모님과 싸우고 나서 이어폰을 낀 채 바닥에서 잠들었고, 아침이면 시간 맞춰 일어나 학교에 갔다. 하지만 학교도 그리 너그럽지는 않은 곳이었다.

캐시의 어머니는 한국인이었고 아버지는 백인이었다. 그녀의 부모님은 인종 이야기를 썩 달가워하지 않았다. 그들은 캐시에게 피부색에 신경 쓰지 말라고 가르쳤고 인종차별 없는 사회에 사는 것을 찬양했다. 하지만 캐시가 살아가는 사회와 학교는 인종차별 없는 곳이 아니었다. 캐시는 사람들 생각처럼 조용한 모범생은 아니었고, 문화적 편견 속에서 고등학교 시절을 보냈다. 미소 짓는 금발 여성이 아름다움의 기준이었던 대학교에서는 스스로 존재감 없는 사람이라고 느끼며 지냈다.

아이들에게 인기 많은 초등학교 교사가 된 캐시는 자기보다 심하게 부족한 남자들만 만나고 다녔다. 낮 동안에는 아동 중편소설을 두 권째 쓰고 있는 성실한 직업인이었지만, 밤이면 완전히 다른 삶을 살았다. 캐시는 섹스 상대를 선택해본 적이 없었다. 그들이 자신을 선택하도록 놔두었다. 자신에게 관심을 보이는 남자면 가리지 않고 만났고, 피임을 안 할 때도 있었다. 갖가지 데이트 앱을 통해 새벽 2시에 함께 밤을 보내자는 연락이 와도 받아주는 경우가 많았다. 남자가 지난번에 연락이 안 된 이유를 대충 둘러대도 넘어가주었다.

캐시나 그 부모님 같은 내담자들은 인터넷을 통한 만남을 내가 어떻게 생각하는지 알고 싶어 한다. 사람들은 인터넷과 핸드폰 앱 때문에 가벼운 섹스가 쉬워졌다고 하지만 나는 어깨를 으쓱하고 만다. 나는 매치, 틴더, 범블, 그라인더, 힌지, 오케이큐피드, 이하모니 같은 데이트 앱이 유행하기 10년 전부터 20대와 상담을 해왔다. 그동안 사랑과 섹스는 항상 비슷한 상황에 있었다. 온라인 데이트는 '데이트'가 아니라 '만남'에 가깝기 때문이다. 데이트 앱은 술집, 클럽처럼 새로운 사람을 만날 수 있는 공간일 뿐이다. 데이트 앱이 자신을 드러낼 수 있는 혁신적인 수단이기는 하지만, 술집에 혼자 앉아 있을 때와 마찬가지로 가장 중요한 요소는 '당신'이다.

킨지연구소Kinsey Institute 선임 연구원인 헬렌 피셔Helen Fisher는 2016

년 테드TED 강연에서 이렇게 말했다.[1] "저는 11년 동안 매치닷컴Match.com의 수석 과학 자문위원이었습니다. 제가 회사분들에게 계속 말하고 그들도 동의하는 부분은 매치닷컴이 데이트 사이트가 아니라 소개 사이트라는 점입니다. 다른 데이트 사이트와 마찬가지로 여기서는 다양한 사람을 만날 수 있습니다. 하지만 유일한 진짜 알고리즘, 즉 문제를 해결하는 모든 단계는 인간의 뇌 속에 있죠. 기술이 아무리 발전해도 이 사실은 변하지 않을 겁니다."

사실 생물인류학자인 피셔 박사는 인류라는 하나의 종에 관심이 있다. 하지만 나는 심리학자로서 수많은 개인 그리고 우리 뇌가 데이트와 짝짓기에 미치는 영향에 가장 흥미를 느낀다. 자기 자신과 20대에 대한 내담자들의 생각은 인터넷과 현실세계에서 일어나는 모든 일과 깊은 관련이 있다. 클럽이든 데이트 앱이든 "당신이 어딜 가든 그곳에는 당신이 있다."

2020년 〈매셔블Mashable〉의 한 기사는 데이트 사이트 인기순위를 매기면서 "진지한 상대를 찾든 새벽에만 연락할 사람을 찾든, 데이트 사이트에는 같은 목적으로 모인 사람이 가득하다"고 했다.[2] 사실 나에게 찾아온 내담자들 역시 데이트 사이트에서 천생연분을 만나기도 했고, 자신감을 채워주고 함께 즐길 상대를 찾기도 했고, 소름끼치고 후회되는 일을 겪기도 했다. 하지만 이 기사의 표현대로 사람들이 '찾는' 것은 자기와 어울릴 만하거나 쟁취할 만하다고 여기는 상대다. 바로 이 부분이 캐시와 같은 내담자에게 상담이 필요한 지점이다.

내가 캐시가 인터넷과 현실에서 맺는 남자관계를 걱정하자 그녀는 내 말을 부정했다.

"그냥 연습이에요. 20대는 예행연습 단계잖아요."

"당신이 뭘 연습하고 있는지 봐요. 뭘 위해서 연습하는지 생각해 보라고요."

"별일 아니에요."

캐시는 이렇게 일축했지만 담당 학생들이 그런 관계를 맺는다면 기분이 어떨지 묻자 약간 신중해졌다.

"우리 반 아이들은 그러지 않았으면 좋겠어요."

"당신은 그래도 되고요?"

캐시는 방어적으로 말했다.

"음, 그중에 저한테 신경 써주는 사람도 있거든요. 남자친구가 되기에 부족할 뿐이죠."

"안됐네요."

캐시는 어깨를 으쓱하며 시선을 피했다. "괜찮아요."

"그 말을 믿을 수가 없어요. 괜찮다는 말도, 당신이 괜찮다고 생각한다는 것도요."

내담자 중에는 정말로 책임 없는 성생활을 원하는 사람도 있다. 하지만 캐시의 경우, 말은 그렇게 해도 그런 성향으로는 보이지 않았다. 캐시는 남자관계에 대해 선뜻 말하려 하지 않았다. 이것이 실마리였다. 나는 캐시가 상처받을 때까지도 가장 최근에 만난 남자에 대해 아무것도 몰랐다. 캐시는 첫 만남에 대해 나쁜 이야기는 하지 않다가 나중에야 누군가의 사무실에서 섹스를 한 번 했다는 식으로 얘기하고 넘어갔다. 내가 물어보지 않으면 데이트 앱을 얼마나 오래 붙들고 있는지, 거기서 대화한 후 기분이 어땠는지 말하지 않았다. 요즘 사람답게 자유로운 성생활을 즐기고 있다면 왜 그렇게 꽁꽁 숨기는 것일까?

가장 친한 친구가 그녀의 남자관계에 대해 뭐라고 하는지 묻자 캐시는 당황한 듯 말을 더듬었다.

"아, 아, 아무 말도…. 사실 그 친구는 몰라요."

"모른단 말이죠." 내가 다시 한 번 강조했다.

"네, 몰라요."

이 사실을 깨닫고 캐시 자신도 놀랐다. "그 친구한테 말해야겠다는 생각을 아예 못 했어요."

나는 여기서 뭔가 감을 잡았다. 캐시는 친구에게 남자관계에 대해 말하지 않기로 한 것이 아니었다. 그럴 생각조차 나지 않았던 것이다.

나는 그런 이야기를 지금까지 누구에게 했느냐고 물었다.

"이 사람 저 사람에게 조금씩 말했어요. 한 명에게 전부 다 털어놓으면 부담스러워할 것 같아서요. 완전히 솔직해지는 때는 음악과 대화할 때뿐이에요."

"그건 어떻게 하는 거죠?"

캐시는 분노와 상처를 표현하는 노래로 가득한 재생 목록에 대해 말해주었다. 캐시는 감정을 좀처럼 표현하지 않고 그런 감정을 대신 표현해주는 음악을 들었다. 캐시는 이렇게 털어놓았다. "가끔 출근길 버스 안에서 이렇게 생각해요. '내가 지금 어떤 음악을 듣는지, 속으로 어떤 생각을 하는지 아무도 못 믿을 거야'라고요." 예전 아이팟 광고에서 한 사람이 조용히 거리를 걸어갈 때 벽에 비친 그림자가 격렬하게 춤을 추었듯, 캐시 역시 사교적이고 느긋한 교사로서 20대를 살아가는 것처럼 보였지만 그녀의 그림자에는 분노와 절망이 가득했다.

캐시에게 아이팟 광고를 언급하자 그녀는 자기 삶에 대해 바로 그렇게 느낀다고 말했다. 자신이 두 갈래로 갈라져 다시 합쳐질 수 없을 것 같은 느낌이라고 말이다. 캐시는 언젠가 아주 적절하지 않은 순간에 그 그림자가 자신을 집어삼키고 모든 것을 망가뜨릴까 봐 두려워했다. 또 한편으로는 행복한 척하는 겉모습에 갇혀 누구에게도 진실을 밝히지 못하고 수렁에서 영원히 빠져나오지 못할까 봐 걱정했다.

내가 심리 치료사로서 배운 귀중한 교훈이 있다. 가장 치료하기 어려운 부분이 환자의 자기 치유 시도라는 것이다.[3] 완벽한 인생은 극소수이고, 대부분의 젊은 사람은 어떻게든 해결책을 찾아 어려움에 적응하며 산다. 그런데 자신이 찾은 해결책이 시대에 뒤떨어지거나 불완전하더라도, (어쨌든 해결책이므로) 손에서 놓지 못한다. 이는 문제가 된다.

캐시가 남자나 음악으로 자신을 달래려 했듯이 자기 치유는 눈에 잘 띄지 않거나 무해해 보이기도 한다. 물론 무감각해지기 위한 자해, 폭식, 과음, 약물 복용처럼 명백히 문제되는 방식도 있다. 20대에 인생이 급변하는 시점에는 과거의 해결책이 부적절하거나 불편해지기도 한다. 한때 기분전환에 도움이 되던 일들이 이제는 방해물이 될 수 있다. 자해 흉터를 드러낸 채 출근하면 안 되고, 동거인은 약에 취한 연인의 모습에 지쳐간다. 하지만 그동안 듣던 음악을 끊거나 잠깐 관심받기 위해 섹스하는 습관을 고치기는 힘들다. 자기 치유 시도는 이런 식으로 지속될 수 있다.

"캐시, '뗏목은 강을 건널 때는 좋지만 건너고 나면 내려놔야 한다'라는 속담이 있어요."

"네?"

"한동안 음악과 섹스가 외로움을 잊게 해주었겠지만, 지금 당신은 그것 때문에 더 외로워지고 있어요. 한때 해결책이었던 것들이 지금 모두 문제가 되고 있어요."

"그럼 어떻게 해야 해요?" 캐시는 어찌할 바를 모르는 듯했다.

"이제 음악과 대화를 그만 나누고 그 대신 나에게 말해요."

"음악이 뭐가 문제죠?"

"당신 귀에 속삭이고 있잖아요. 항상 곁에 있어주던 좋은 친구였지만 이제 나쁜 친구인 걸 알았잖아요. 당신을 구석으로 몰아넣어 다른 사람들과의 관계에서 새로운 걸 배우지 못하게 하잖아요. 음악 때문에 캐시의 인생은 음울하게 반복되는 록 오페라가 되고 있어요."

"음악은 제 친구예요. 아마도 제일 친한 친구일 거예요." 캐시는 눈물을 흘리며 말했다.

"알아요. 하지만 음악은 대답해줄 수 없기 때문에 문제예요. 당신 자신과 세상에 대한 나쁜 생각들을 모조리 확인시켜줄 뿐이죠. 음악과 대화할 때만 솔직해질 수 있다고 했죠? 그건 당신 자신과의 대화거든요."

"음악을 안 들을 순 없어요. 제 인생의 배경음악이라고요. 제 인생 이야기가 담겨 있어요."

"그 이야기를 나한테 해요."

"재생 목록을 보내드릴까요?"

"나야 영광이죠. 하지만 나에게는 그 노래들이 다르게 들릴 거예요. 이제 당신의 인생 이야기를 좀 해봐요."

그렇게 몇 번의 상담을 거친 후, 이야기 하나가 모습을 드러냈다.

고등학교 때는 남자친구도 없었고 섹스도 안 했어요. 그래서 놀림을 많이 받았죠. 우리 동네는 유행에 밝은 곳이었어요. 잘나가고 거칠게 노는 아이들이 많았죠. 저는 제가 멋지지도 않고 소외되었다고 느꼈어요. 부모님은 아이들과 어울리라고, 주류에 끼라고 계속 부추겼어요. 아시겠지만 전 에너지가 넘쳐요. 활발하고 말도 많아요. 그런데 아빠는 제가 누구에게든 부담스럽게 행동한다며 좀 점잖아지라고 했어요. 엄마는 제가 옷을 더 잘 입거나 5킬로그램만 빼면 남자애들이 더 좋아해줄 거라고 늘 말했고요. 하지만 제가 뭘 하더라도 저 같은 아시아 여자애를 좋아해줄 사람은 아무도 없었어요.

소규모 사립학교에 갔는데 그곳 아이들은 저에게 정말 못되게 굴었어요. 도망갈 곳이 없었죠. 아이들은 너무 잔인했어요. 과장된 이야기로 들리겠지만 그 아이들에게 고문당하는 기분이었어요. 전 부모님께 더 큰 학교로 전학시켜 달라고 빌었어요. 큰 학교에선 최소한 눈에 안 띄게 다닐 수는 있잖아요. 하지만 부모님은 거기가 입시를 준비하기 제일 좋은 학교라느니, 옷차림이나 행동만 좀 달리하면 사람들이 저를 더 좋아해줄 거라느니 하는 말뿐이었죠.

이유는 모르겠지만 섹스를 안 해봤다고 놀림 받은 기억이 떨쳐지지 않앉어요. 대학을 졸업하고 나서 3년이 지나서도 성경험이 없는 상태였죠. 뭔가 뒤쳐진 것 같아서 너무 힘들었어요. 그래서 결국 해버렸어요. 어느 날 직장 동료들과 놀러 나가서 만취한 상태로 밴드의 리드싱어와 섹스했어요. 그것도 차 뒷좌석에서. 끔찍해 보일 수도 있지만 꽤 괜찮았어요.

캐시는 이 세상에 성경험이 없는 20대는 자기뿐이라고 느꼈지만 그건 사실이 아니었다. 2020년까지 20년 가까이 성인의 성생활에 대해 조사한 결과에 따르면, 2000년 이후 20대 초반 중 25퍼센트가 1년 동안 섹스를 한 적이 없었고 20대 후반까지도 그 비율이 약 15퍼센트에 달했다.[4] 20대에 섹스하지 않는 사람은 생각보다 훨씬 많다. 게다가 그 수는 이전 세대에 비해 늘어나고 있다.

이것은 좋은 일일 수도 있고 아닐 수도 있다. 내 경험상, 성생활 여부보다 중요한 것은 그 이유에 대한 자신의 생각이다. 핵심은 성생활 여부가 20대인 자신에게 어떤 의미인지 혹은 어떤 사정이 있는지다.

캐시는 이야기를 이어갔다.

"처음 섹스한 날 드디어 세상에 끼게 된 기분이었어요. 저는 평생 존재감이 없었어요. 그나마 부모님과 고등학교 시절 못된 아이들 눈에는 띄었지만 그들은 절 맘에 들어 하지 않았죠. 그러다 갑자기 사람들이 원하는 걸 갖게 된 거예요."

"섹스 말이죠?"

"맞아요."

"그게 당신이 원하던 건가요?"

"전 누군가 저를 원하길 바랐어요."

"누군가 당신을 원하길 바랐군요." 나는 캐시의 말을 그대로 따라했다.

"잘했다는 건 아니에요. 가끔 제 행동에는 심각한 허점이 있어요. 어떤 일을 저지르고 난 뒤에 뭔가 잘못됐다는 걸 알게 돼요. 하지만 제 손에 쥐어진 힘에 저항하기는 어려워요."

"힘이라…."

"욕망의 대상이 될 힘이요. 특별하다고 느낄 수 있는 힘이요."

"그럼 남자가 당신을 원하지 않으면 특별하지 않다고 느끼나요?"

"누군가 저를 원하지 않으면 기분이 정말 나빠져요. 자신감이 확 떨어져요. 남자가 없는 삶은 사막 같고, 저를 원하는 사람 하나하나가 오아시스처럼 느껴져요. 마지막 한 방울까지 마셔버려야 할 것 같아요. 얻을 수 있는 건 다 가져야죠. 상대를 못 찾으면 모두에게 거부당했다는 생각이 들어요."

캐시는 이어서 말했다.

"누군가 걸려들 때까지 계속 남자를 유혹해야 한다고 느껴요. 그리고 제 매력을 확인받기 위해 인터넷상에서 관심을 받아야 할 것 같아요. 이건 남자를 꾀어서 하룻밤 보내는 것보다는 낫겠지만 어떤 면에선 똑같은…."

내가 캐시의 말을 묵묵히 듣는 사이, 그녀 역시 자기 이야기를 듣기 시작한 것 같았다.

"얘길 하다 보니 이런 생각이 드네요. '고등학교 시절에 사람들

말을 안 들었으면 좋았을 텐데. 아직까지 신경 쓸 정도로 어리석지 않았으면 좋았을 텐데.' 하지만 지금도 집에서 글을 쓰고 있으면 집중이 잘 안 돼요. 그건 제가 상대를 찾지 못하고 고양이에 둘러싸여 사는 정신 나간 할머니가 되고 있다는 의미거든요. 제가 만나는 모든 사람이 이 모든 일을 저보다 일찍 시작한 것 같아요. 다들 항상 저보다 앞서 있어요. 그래도 이 정도면 됐다 싶을 때가 오겠죠. 저도 많이 따라잡았잖아요. 이제 전 더 이상 열일곱 살이 아니에요."

"그래요. 이제 스물일곱 살이죠."

'짝 가치에 대한 자기 인식self-perceived mate value'이라는 개념에 대한 재미있는 연구가 있다. 이 연구에서는 자신이 누군가에게 짝으로서 어떤 가치가 있는지 생각해보게 한다. 쉽게 말하면 스스로 몇 점짜리 짝이라고 생각하는지 조사한 연구다. 짝 가치에 대한 자기 인식을 가장 크게 좌우하는 요소는 평생 짝으로서 얼마나 선호되어 왔는지에 대한 자기의 느낌이다. 바로 이 부분이 20대와 관련 있을 것이다.

20대에게 짝 가치에 대한 자기 인식을 조사해보면, 점수에 가장 큰 영향을 미치는 요소는 대략 다음과 같다. 내 맘에 드는 상대가 나를 좋아하는 경향, 상대가 나를 의식하는 경향, 칭찬받은 경험, 성적 제안을 받은 경험, 사람들이 나에게 끌리는 경향, 원하는 만큼 많은 상대와 섹스할 수 있는 가능성 등이다.[5] 포괄적으로 타인의 시선이라고 할 수도 있지만 그렇게 뭉뚱그리지 말고 더 구체적으로 생각해보자. 이 요소들은 '인지된 매력도'에 가깝다. 자기 가치에 대한 평가는 타인에게 선호된다고 생각하는지 아닌지에 따라 휘둘리는 경우가 너무 많다.

이 연구에 따르면 자신이 호감형이고 인기가 많은지, 성공적이고 잠재력이 있는지, 좋은 부모가 될지, 매력적인지 아닌지에 대한 생각인 '인지된 매력도'가 짝 가치에 대한 자기 인식에 큰 영향을 미친다. 심지어 연애 경험 유무보다도 인지된 매력도의 영향력이 크다.

문제는 짝 가치에 대한 자기 인식이 특히 20대 시절 불완전하고 한정된 정보에 의존하여 형성된다는 점이다. 갓 스무 살 된 내담자가 과거에 자신을 원하는 사람이 없었으니 앞으로도 마찬가지일 거라고 단언하는 일도 흔하다. 캐시처럼 20대 후반이 되어서야 고등학교 시절 얼간이들의 관심에 대한 자신의 느낌이 10년 동안 짝 선택을 좌우했다는 사실을 깨닫는 경우도 많다.

물론 내담자들은 직접 짝 가치에 대한 질문을 받은 적이 없다. 하지만 이들은 자기도 모르게 자신이 데이트 상대나 배우자로서 몇 점인지 점수나 순위를 매겨왔다. 그리고 대개는 그렇게 생각하게 된 사연이 있다. 즉 우리는 호감이나 욕망을 의식하기 시작하는 고등학교와 대학교 시절에 타인에게 얼마나 선호된다고 느꼈는지에 따라 한 인간이나 배우자로서 자신의 가치를 단정한다. 그리고 그것은 삶에 광범위한 영향을 미친다.

그 이유는 다음과 같다. 고등학교 시절과 20대에는 결정적인 경험뿐만 아니라 결정적인 기억이 형성된다.[6] 사랑, 거부당하는 경험, 키스, 성경험, 연애, 이별 등 데이트나 짝 찾기와 관련된 첫 경험들을 많이 하는 시기이기 때문이다. 이 중에는 긍정적 경험도 있지만 부정적 경험도 많다. 어쨌든 이런 경험들은 대개 10대와 20대의 전유물이다. 이런 첫 시도들은 인생의 이야기를 만들어간다.[7] 이 시기에 추상적 사고가 가능해지고 그런 생각들에 흥미를 느끼면서 우리는 첫 경험의 추억들로 이야기를 만들기 시작한다. 자신에 대한 이야기를 시작하는 것이다.

10대와 20대를 거쳐 사회적 연결망의 범위가 넓어지면서 우리는 이런 이야기를 타인과 자신에게 되풀이하여 들려준다. 그리고 여기저기 옮겨 다니면서 이 이야기를 통해 일관성을 느낀다. 자신에게 들려주는 이야기는 정체성의 측면들이 되어 자기만의 독특한 복잡성을 드러내고, 자기 자신, 친구들, 가족, 공동체, 문화에 대해 뭔가를 알려준다.[8] 또한 우리가 이렇게 살아가는 이유를 알려주기도 한다.

나는 종종 내담자들이 직업적 정체성을 형성하도록 도와줄 때, 자기 이야기를 면접장에서 풀어놓을 수 있을 정도로 앞뒤가 맞게 다듬으라고 권한다. 그런데 인간관계와 관련된 사적인 이야기를 다듬기는 매우 까다롭다. 친구나 연인과의 경험을 정리한 이력서도 없고, 스스로를 돌아봐야 하는 면접이나 자기소개서도 없이, 가장 은밀하고 중요한 기억들을 모아 연결하기란 생소하고 괴로운 과정일 수 있다. 입 밖에 꺼낸 적 없는 이야기도 다른 이야기만큼 의미 있고 강력하다.[9] 캐시의 경우처럼 말한 적 없는 개인적 사연들은 타인뿐만 아니라 자기도 모르는 사이 마음속에서 조용히 반복된다. 캐시가 말했듯, 하려는 행동과 실제 행동이 많이 다르고 실제로 일어난 일과 사람들에게 전달한 이야기가 많이 다르다면 말할 수 없었던 이야기가 숨어 있는 경우가 많다.

하지만 이렇게 정체성이 된 이야기들은 앞으로 달라질 가능성이 매우 높다.[10] 이 책을 더 읽어나가다 보면 20대에 성격이 얼마나 달라질 수 있는지도 알게 될 것이다. 분명 성격은 달라질 수 있다. 그리고 스스로 하는 이야기는 더 빠르게, 완전히 달라질 수 있다. 파멸이 주제인 이야기를 한다면 덫에 갇힐 수 있다. 반면 승리가 주제인 이야기를 한다면 스스로 변할 수 있다. 그래서 나는 캐시와 같은 내담자가 자기 이야기를 할 때 옆에서 도와준다. 그러면 그들은 달라진다.

"우리는 이야기를 다듬고 바로잡아야 해요. 다른 사람은 몰라도 캐시는 이걸 이해해야 해요."

"네. 정말 그래요."

"소설을 쓸 때 어떻게 다듬는지 말해줘요."

"아, 그게 제일 중요한 부분이에요. 글을 쓰다 보면 느낌이 와요. 하지만 그때는 아무것도 안 보이죠. 나중에 다시 읽어볼 땐 더 객관적으로 읽을 수 있어요. 누가 읽어도 말이 돼야 하거든요. 쓸 때는 앞뒤가 맞는다고 생각하면서 쓰지만 나중에 보면 말이 안 되는 부분이 보여요."

"맞아요. 지금 당신이 어떤 사람인지 자신에게 들려주는 이야기는 사춘기 이후에 손대지 않고 내버려둔 초안이에요. 내가 보기에는 말이 안 돼요."

"말이 안 된다고요…." 캐시는 질문인 듯 혼잣말인 듯 말했다.

"그래요. 말이 안 돼요. 당신은 뒤처지지 않았어요. 아무도 원하지 않는 사람이 아니에요. 사람들은 당신을 원해요. 하지만 누가 원하든 말든 당신은 가치 있는 사람이에요. 누군가 당신을 원하느냐가 인생의 전부가 아니고, 사랑의 전부가 아니에요. 언제쯤 눈을 높일 건가요?"

"잘생긴 남자도 만나는데요, 아시다시피…." 캐시가 장난스럽게 대답했다.

"외모 얘기가 아니에요. 당연히 그중에 잘생기고 친절한 사람도 있겠죠. 하지만 당신은 그 사람들한테 진지한 관계를 요구하지 않아요. 난 지금 스스로 나이 많고 못났다고 잘못 알고 있는 당신에게 아무나 만나지 말라고 말하는 거예요."

"전 정말 그런 사람인걸요. 아직도 모든 아이가 닿기만 해도 싫어하던 그 아이인 것 같아요. 아직도 열일곱 살인 것 같아요."

"그때 이후로 많은 게 변했잖아요."

자기보다 못한 사람을 만나거나 아무 직장에나 다니는 20대 남녀라면 대개 말 못 한 이야기, 하다못해 다듬어지지 않은 이야기가 있다. 캐시의 이야기는 누구에게도 관심받지 못한다고 느끼던 어린 시절의 이야기였다. 나는 아무나 만나고 다니는 20대의 온갖 사연을 수도 없이 들었다. 캐시를 통해 배운 점이 있기에, 나는 학생이나 내담자들에게 과거에 자기보다 못한 사람을 만났거나 지금 만나고 있는지 써보라고 할 때가 많다. 그런 다음 그 문제에 대해 이야기를 나눈다.

22세 남성은 이렇게 말했다. "저보다 못한 사람을 만나는 이유는 가정에서 좋은 관계를 본 적이 한 번도 없고, 자존감도 낮았고, 특별한 이유 없이 사람들을 곁에 두기 때문이에요." 25세 여성은 이렇게 말했다. "제 가치를 몰라서요. 심지어 제가 그러고 있다는 것도 몰랐어요." 26세 남성은 이렇게 말했다. "여기 이사 왔을 때 저보다 못한 사람들과 사귀었어요. 고향이 너무 그리워서 여긴 제가 있을 곳이 아니라고 느꼈고, 애정에 목마른 상태였어요." 20세 대학생은 이렇게 말했다. "고등학교 때 백인 여자애들이 제일 인기 있었는데 제 피부는 갈색이잖아요. 그래서 아무나 만났어요." 또 다른 대학생은 이렇게 말했다. "지금까지 제가 좋아한 사람이 저를 좋아해준 적이 없어서 저보다 못한 사람을 만났어요." 30세 내담자는 이렇게 말했다. "20대에는 아무나 만났어요. 오래 그랬죠. 전 그냥 옆에 있는 사람과 사귀었어요. 왜 그런 사람들과 몇 년씩 만났을까요?"

사람마다 다르지만 모든 사연에는 한 가지 공통점이 있다. 그 이야기들이 과거의 대화와 경험에서 시작되었고, 따라서 새로운 대화와 경험을 통해서만 달라질 수 있다는 점이다. 새롭고 더 나은 사람들을 받아들여야만 상황이 나아진다. 새롭고 더 나은 사람들이 관심과 사랑을 주도록 허용할 때, 하다못해 그들의 말을 들어보고 믿을 때 상황이 나아진다.

나에게는 캐시의 심리 치료사로서 할 일이 많이 남아 있었다. 오랫동안 부모님과 고등학교 동창들의 말, 음악만 들으며 살아온 캐시는 내 말, 심지어 자신의 말조차 잘 들리지 않는 듯했다. 그러던 어느 날 캐시는 상담실에 들어와 말했다.

"선생님께 여쭤볼 게 있어서 용기를 냈어요. 지금까지 해본 질문 중에서 가장 창피하고 겁나는 질문이에요."

질문을 기다리는 시간이 길게 느껴졌다. 캐시는 눈물이 그렁그렁한 채 물었다.

"선생님은 절 어떻게 보세요?"[11]

이 간단한 질문에 나는 목이 메었다. 캐시가 스스로 무가치하고 존재감 없는 사람이라고 느끼는 지경까지 왔다는 사실이 슬펐다. 그리고 그녀를 진심으로 살펴보고 장점을 말해주는 사람이 없다는 사실이 안타까웠다. 하지만 한편으로는 깊은 안도감과 희망이 느껴졌다. 이 질문은 그녀가 이야기를 다시 쓸 준비가 되었다는 의미였으니까.

나는 캐시가 어딘가 지나치면서도 부족하다고 느끼도록 강요받은 사람으로 보인다고 대답했다. 그리고 다가오는 사람을 가리지 않고 계속 만나다가 서른 살이 넘자마자 아무하고나 결혼해버릴까 봐 걱정된다고도 말했다. 상담시간에는 주로 캐시의 '짝 가치에 대한 자기 인식'에 대한 대화를 나눴다. 이성적 관심과 관련된 경험 말고 다른 측면들에 대한 대화였다. 캐시가 고등학교 시절 들은 말 대신 지금 그녀가 어떤 사람인지에 대해 많이 이야기했다. 캐시는 10대 시절 오랫동안 거부당한 경험을 이겨내고 열정적이고 사랑받는 교사이자 신인 작가가 된 사람이다. 젊고 아름답고 매력적인 한국계 미국인 여성으로서, 그녀는 관심받지 못하는 기분을 깊이 이해하는 특별한 지혜도 갖추게 되었다.

우리는 상담을 거듭하며 캐시가 선택받는 입장에서 벗어나 선택하는 입장이 되도록 함께 노력했다. 캐시는 자신이 상대에게 어떤 점을 원하는지 생각해본 적이 없었다. 무언가를 원할 수 있고 주도권을 잡을 수 있다는 생각도 한 적이 없었다.

"이게 게임이 아니라는 걸 깨달은 것 같아요. 다음 연애가 마지막 연애일 수도 있는 시점이 됐으니 더 진지해져야겠어요."

"그래요."

캐시는 전보다 남자들을 덜 만나기 시작했다. 상담시간에는 상대의 어떤 점을 중요하게 여기는지, 어떤 관계를 맺을 때 기분이 좋은지도 생각해보았다. 캐시는 연애와 성생활을 즐겁지만 진지한 것, 상대에게 뭘 원하는지 깨달을 수 있는 기회로 보기 시작했다. 그리고 덥석 섹스부터 하지 않아도 남자들이 자신을 만나고 싶어 한다는 사실을 알게 되었다.

"연애할 때 이런 입장이 될 수 있다고 생각해본 적이 없어요."

캐시가 아직 진지한 연애를 시작하지 않았기 때문에 결국 어떤 연애를 하게 될지는 모르겠다. 하지만 이제 그녀는 인터넷이나 주말에 놀러간 곳에서 더 나은 결정을 내린다. 더는 고등학교 동창, 부모님, 음악과의 대화에 휘둘려 결정하지 않는다. 캐시의 머릿속에서는 새로운 목소리가 울린다. 친구들, 제자들, 치료사인 나, 자기 자신의 목소리다. 캐시는 이제 이런 사람들과 대화하고 그들의 이야기를 듣는다. 캐시의 이야기는 계속 달라지고 있다.

— ★★★ —

동거 효과
The Cohabitation Effect

_____

중요한 건 뭘 하느냐가 아니라 어떻게 하느냐다.
재즈 가수 멜빈 사이 올리버(Melvin "Sy" Oliver), 트롬본 연주자 제임스 트러미 영(James "Trummy" Young)

무언가를 최대한 이용한다는 것은 지독히도 좋지 못한 방식이다.
내 인생은 그런 모래 늪에서 빠져나오고 또 빠져나오는 과정이었다.
자유지상주의 운동의 창시자이자 작가 로즈 와일더 레인(Rose Wilder Lane)

서른두 살이 된 제니퍼는 부모님 등쌀에 못 이겨 호화로운 와인 농장에서 분홍색 튤립과 멋진 음악을 곁들인 성대한 결혼식을 올렸다. 제니퍼와 카터는 3년 넘게 동거한 사이였다. 하객은 친구들, 가족, 제니퍼와 카터의 반려견 두 마리였다. 결혼한 지 6개월이 지나 상담을 시작한 제니퍼는 하객들에게 감사의 편지를 다 쓰지도 못한 채 이혼 전문 변호사를 찾는 중이었다. 제니퍼는 흐느끼며 말했다. "사기당한 것 같아요. 결혼 준비 기간보다 결혼해서 행복하게 산 날이 더 짧아요."

결혼 전 제니퍼는 늘 깔끔한 차림이었지만 어딘가 지치고 흐트러져 보였다. 명문대를 졸업하고 그 능력을 증명할 직장생활을 막 시작한 참이었는데도, 여전히 자유분방하게 놀러 다녔다. 카터는 직업적 정체성 없이 이런저런 일을 하며 살다가 대학교 졸업을 준비하는 대신 자기가 속한 밴드와 함께 순회공연을 떠나버렸다. 밴드는 흐지부지 흩어졌지만 음악에 대한 카터의 열정은 그대로였다. 그는 여기저기서 음향 기사나 밴드 기획자로 일했다. 제니퍼와 카터는 주변 사람들 중에서 가장 멋지고 잘나가는 커플이었다. 두 사람은 다음에 어떤 공연을 보러 갈지 이야기하기를 좋아했다.

그러나 결혼식 이후 이들의 대화는 달라졌다. 부동산 업자는 부부를 앉혀놓고 주택융자금을 계산했다. 갑자기 현실로 돌아온 느낌이었다. 아이를 감안하니 재정 상태가 더 심각해 보였다. 제니퍼는 아이를 키우는 동안 시간제로 일하고 싶으니 곧 카터가 돈을 더 벌어야 할 것이라고 말했다. 제니퍼는 물가가 더 싸고 부모님에게 도움받을 수 있는 뉴햄프셔로 돌아가려고 했다. 하지만 카터는 거주지를 옮기고 싶지 않았다. 아마도 영원히 그곳에 살고 싶은 듯했다. 즐거움이 가득했던 이들의 삶은 우울한 교착상태에 빠졌다.

제니퍼가 가장 낙심한 점은 모든 일을 잘해보려고 노력했음에도 이렇게 되었다는 것이었다. 그녀는 눈물을 보이며 말했다. "저희 부모님은 한 6개월 연애하고 어린 나이에 결혼하셨어요. 제가 알기론 결혼 전에 밤을 보낸 적도 없었대요. 결혼생활이 잘 굴러갈지 어떻게 아셨을까요? 카터와 저는 나이도 더 많아요. 3년이나 같이 살았고요. 그런데 어떻게 이런 일이 일어난 거죠?"

심리 치료 분야에는 "천천히 갈수록 빨리 도착한다"라는 말이 있다. 상담을 오래 끌면 나아진다는 의미가 아니다. 내담자가 자신의 생각을 돌아볼 수 있도록 시간을 충분히 주는 것이 최선의 치료법일 수 있다는 뜻이다. 논리에 허점이 없는 사람은 없다. 잠깐 멈춰서 생각해보면 나도 모르게 행동을 좌우하는 가정을 발견하게 된다. 한 가지 가정은 제니퍼의 말에서 쉽게 알아차릴 수 있었다. 동거를 해보면 결혼생활이 어떨지 잘 알 수 있다는 가정이었다. 사람들은 흔히 이렇게 오해한다.

지난 50년 동안 혼인율은 낮아졌고 동거 비율은 높아졌다. 1970년에는 18세에서 35세 사이의 남녀 중 1.5퍼센트 정도가 동거를 했다.[1] 2018년 인구조사 자료에 따르면 그 비율은 15퍼센트까지 올랐다.[2] 20대 초반에는 결혼과 동거 경험 모두 흔치 않아 그 인구가 각각 10퍼센트 미만에 불과하지만, 결혼보다 동거를 택하는 사람이 조금 더 많다. 하지만 나이가 많아질수록 혼인율이 높아진다. 20대 중반에서 30대 중반까지는 동거 비율보다 혼인율이 더 높다. 이 나이대의 남녀 중 40퍼센트가 동반자와 함께 아침을 맞이하는 셈이다.

하지만 여전히 결혼하지 않은 사람들이 있다. 40대 중반 가운데는 결혼해본 사람보다 동거해본 사람이 더 많다.[3] 그렇다면 동거는 모두가 더 많이 알고 생각해보고 얘기해봐야 할 문제일 것이다.

결혼하지 않은 커플이 늘어나는 이유는 결혼이 줄어드는 이유와 비슷하다. 세속적인 문화, 학자금 부채 증가, 중산층의 경제적 불안, 다양한 형태의 결합을 인정하는 분위기, 청년실업과 불완전 고용 문제, 손쉬운 피임 등 모두 현실적이고 중요한 이유지만, 20대와 실제로 대화해보면 또 다른 이야기를 듣게 된다. 그들은 동거가 문제를 예방해준다고 여긴다.

　많은 20대는 동거가 불행한 결말을 완벽히 피할 수 있는 좋은 방법이라고 믿는다.[4] 전국적인 조사에서는 20대의 절반 정도가 다음과 같은 진술에 동의했다.[5] "먼저 동거에 동의한 경우에만 결혼하겠다. 그러면 잘살 수 있는지 알아볼 수 있을 테니까." 20대 중 약 3분의 2는 결혼 전 동거가 이혼을 막는 좋은 방법이라고 믿는다. 제니퍼도 그중 하나였다. 그녀는 어린 나이에 급히 결혼하고 이혼한 부모님과 달리, 결혼을 미루고 함께 살아보면 결혼생활을 잘할 수 있으리라 생각했다. 그럴듯한 이야기지만 제니퍼는 그 생각을 뒷받침할 증거가 없다는 사실을 몰랐다.

　혼전 동거가 실제로 더 나은 결혼생활이나 이혼율 감소와 관련이 있다면 연구자들이 쉽게 밝혀냈을 것이다. 간단한 상관관계 연구만으로도 혼전 동거가 더 행복한 결혼으로 이어지기 쉽고 이혼 가능성을 낮춘다는 사실이 밝혀질 것이다. 하지만 연구를 통해 이런 사실이 밝혀지지는 않았다. 전부는 아니지만 몇몇 연구에서는 오히려 동거 경험이 있는 부부가 결혼생활 만족도가 낮고 이혼 가능성이 높다는 결과가 나오기도 했다.[6] 연구자들은 이런 현상을 '동거 효과the cohabitation effect'라고 부른다.[7]

　동거 효과는 많은 결혼생활 연구자를 혼란에 빠트렸다. 제니퍼와 카터처럼 함께 살아본 커플의 결혼생활이 어떻게 더 힘들 수 있단 말인가? 급기야 어떤 연구자들은 동거하는 사람들이 애초에 덜 관습적이고 이혼에 열려 있는 성향이기 때문이라고 주장했다. 하지만 동거 효과를 종교, 교육, 정치적 성향 같은 개인적 특성으로만 설명할 수 없다는 점이 많은 연구를 통해 밝혀졌다.[8] 내 상담 경험으로 봐도 진보주의자들이 동거하고 보수주의자들이 동거하지 않는다는 식으로는 설명할 수 없다. 사실 동거 경향은 공화당과 민주당을 지지하는 지역 모두에서 나타나고 모든 서구 국가에서 지속되는 추세다.

그렇다면 동거 효과는 어떻게 설명할 수 있을까? 물건도 써보고 구매하는데, 함께 살아보고 결혼하는 것이 왜 행복한 결과를 보장해 주지 않을까? 아마 동거 효과가 하나가 아니기 때문일 것이다. 물론 동거했던 부부가 모두 불행하거나 이혼하지는 않지만, 전부 오래오래 행복하게 사는 것도 아니다. 나는 내담자들에게 동거 효과에 대해 이렇게 말한다. 동거가 부부관계에 미치는 영향은 동거 여부가 아니라 '어떻게' 동거했는지에 따라 달라진다고 말이다.

제니퍼와 나는 "어떻게 이런 일이 일어난 거죠?"라는 그녀의 질문에 대한 답을 찾기 시작했다. 우리는 상담을 거듭하며 두 사람이 연애하고 동거하기까지의 과정에 대해 이야기했다. 여러 연구에서 대부분의 커플이 '그냥 그렇게 됐어요'[9]라고 답하듯 제니퍼 역시 그 과정을 이렇게 설명했다. "그게 더 편했으니까요. 서로의 집에서 자는 일이 많았는데도 각자 집세를 내고 있었어요. 저는 일할 때 필요한 물건을 다른 집에 놓고 오는 일이 많았어요. 둘 다 같이 있기 좋아하니 동거하면 돈도 덜 들고 편하잖아요. 결정은 금방 내렸어요. 하지만 잘 안 맞았으면 얼마 안 가서 헤어졌겠죠."

제니퍼는 동거 연구자 스콧 스탠리Scott Stanley가 '결정이 아니라 미끄러지기sliding'[10]라고 부르는 현상에 대해 말하고 있었다. 데이트하는 단계, 서로의 집에서 자는 단계, 자주 함께 자는 단계, 동거하는 단계까지의 과정은 점진적이고 자연스럽게 진행된다. 전체 커플의 3분의 2에 달하는 많은 사람이 이렇게 한다.[11] 이 과정은 반지나 어떤 절차 없이, 심지어 일정표에 적어두거나 특별히 대화를 나누는 일 없이 이루어진다. (드물지만 동거를 시작한 날을 기념하는 사람들도 있을 수는 있다.[12] 아마 첫 데이트 날도 기억하는 사람들이겠지만.)

50년 전보다는 오늘날 동거하는 사람이 흔해졌을지 모르지만, 요즘 젊은이들의 동거 방식이 그만큼 달라졌는지는 확실치 않다. 한 연구자는 1972년에 이미 동거가 신중한 결정의 결과라기보다 '어쩌다 보니 함께 지내게 된' 것에 가깝다고 지적했다.[13] 제니퍼를 비롯한 요즘 20대도 마찬가지다.

나는 제니퍼에게 물었다. 그냥 어영부영 카터와 동거하게 되었는지, 그리고 약혼이나 결혼할 때에 비해 동거를 결정할 때 더 그랬는지 말이다.

"그게 핵심이네요. 결혼이 아니었기 때문에 그렇게 신중하게 따져볼 일이 아니라고 생각했어요."

"지금 생각해보면 어떤가요?"

"그때 제 기준은 만족스러운 성생활, 즐거운 주말, 멋진 친구들, 저렴한 월세였던 것 같아요."

이 말을 들은 내 머릿속엔 대부분의 20대가 배우자를 선택할 때보다 동거 상대를 선택할 때 더 낮은 기준을 적용한다는 연구 결과가 떠올랐다. 그래서 나는 조금 더 밀어붙였다.

"동거하려 할 때 걱정되지는 않았나요?"

"머릿속에선 카터가 변변한 경력이 없다는 생각이 맴돌았어요.

카터가 얼마나 진지하게 나올지 시험해볼 좋은 기회라고 생각했던 것 같아요. 이제야 우리가 동거를 진지하게 생각해본 적 없다는 걸 알겠어요. 카터는 음악을 하는 남자였기 때문에 남자친구로서는 완벽했어요. 우리 생활에서 제일 중요한 부분은 '즐거움'이었던 거예요."

동거하는 많은 20대와 마찬가지로 제니퍼와 카터는 평생 책임지고 헌신하는 두 배우자라기보다 대학교 시절 룸메이트 겸 섹스 파트너 정도의 느낌이었다. 제니퍼는 카터와의 관계를 확인해보겠다는 막연한 생각이 있었지만, 두 사람은 결혼 압박을 받을 만한 영역으로는 차마 뛰어들지 못했다. 이를테면 주택융자금을 갚거나, 아이를 가지려고 노력하거나, 아이들을 돌보느라 한밤중에 깨거나, 내키지 않는데도 서로의 가족과 휴일을 함께 보내거나, 아이들 학비와 노후자금을 위해 저축하거나, 서로의 수입과 지출 내역을 공유하는 등의 일을 하지 않았다. 누군가와 함께 사는 삶에는 이점도 있겠지만 20대를 많이 만나본 내 경험으로 미루어보면, 결혼과 비슷하다는 점은 이점이 아니다.

"그래서 어떻게 됐나요?"

"1년인가 2년 지내고 나니까 우리가 뭘 하는 건가 싶더라고요."

"1년인가요, 2년인가요?"

"잘 모르겠어요."

"시간도 미끄러지듯 흘러갔군요."

"어, 바로 그거예요. 모든 일이 흐릿했어요. 결국 그 흐릿함이 제일 힘든 부분이었고요. 저는 몇 년이나 카터의 아내가 되기 위한 오디션을 보고 있는 것 같았어요. 자신감이 많이 떨어졌죠. 기 싸움도

하고 말다툼도 많이 했어요. 카터가 저에게 정말로 헌신적이라고 느낀 적이 한 번도 없어요. 지금도 마찬가지예요."

제니퍼는 뭔가 눈치챘을 것이다. 그녀의 감정을 이해하기 위해 관련 연구에 대해 좀 더 알아보자.

혼전 동거 커플의 사정이 다 똑같지는 않다. 이들에게는 금세 눈에 띄는 한 가지 차이점이 있다. 제니퍼와 카터처럼 어영부영 동거하게 되는 커플이 있는 반면, 약혼 후에야 동거하는 커플이 있다.[14] 이 중 후자가 더 나은 결말을 맞이한다. 여러 연구에 따르면 약혼 전에 동거하는 커플에 비해 약혼 후 동거하는 커플이 동거 이후 소통을 더 잘하고 깊이 헌신하며 훨씬 더 안정적인 생활을 누릴 가능성이 높다. 이들은 결혼 전은 물론이고 결혼 후에도 서로에게 더 전념하는 것으로 밝혀졌다.

동거 전에 약혼만 하면 마법처럼 좋은 관계가 된다거나 모두 그래야 한다는 이야기가 아니다. 이 연구를 언급하는 이유는, 어떤 식으로든 서로 비슷한 수준으로 헌신하려는 마음과 책임감을 명확히 가지는 커플이 잘 지낸다고 말하기 위해서다. 연구에 따르면 데이트하는 사이든, 같이 자거나 동거하는 사이든, 결혼한 사이든 관계의 깊이나 단계와 상관없이 신중하게 합의해서 결정하는 커플은 더 헌신적이고 신뢰와 만족도가 높다.[15] 이와 반대로 관계에 대한 대화를 회피하는 커플은 어떤 면에서든 확실하지 않고 불안정하다.[16]

신중하려면 어떻게든 의견을 나누어야 하는데, 동거하려는 이유나 그 의미에 대해 대충 얼버무리고 넘어가는 커플이 많은 듯하다.[17] '결정이 아니라 미끄러지기'는 바로 이런 행동방식을 가리킨다. 그런데 이는 동거를 결정할 때만 해당되는 현상이 아니다. 많은 커플이 동거와 결혼에 대한 의견이 다른데도 서로 언급하지 않고 심지어 자기 의견조차 모르고 산다.

제니퍼와 나는 두 사람이 어떻게 동거에서 결혼까지 갔는지 이야기하기 시작했다. 그 과정에서 그들은 '어쩌다 그렇게 될' 리 없는 수많은 결정과 절차를 거쳤으리라. 제니퍼는 눈을 굴리며 말했다.

"어쩌다 저절로 결혼하게 된 건 아니에요. 결혼 얘기는 해봤죠. 하지만 주로 일정과 계획에 대한 얘기였어요. 대화의 대부분은 제가 카터를 닦달해서 반지, 날짜, 장소, 초대장 같은 문제를 해결하는 과정이었어요. 전부 다요."

"왜 그렇게 열심히 했나요?"

"카터가 남편감이 못 되기도 했고, 둘 다 어른스럽게 행동할 만한 생활을 하지 않았거든요. 결혼하면 어떻게든 될 거라고 생각했던 것 같아요."

"그렇게 생각했군요."

"그러길 바랐죠." 이렇게 말하고 나서 제니퍼는 씁쓸하게 웃었다. "'결혼 말고 선택의 여지가 없잖아?'라는 생각도 했어요."

"거기서 끝낼 수도 있었죠."

"그게 쉽지가 않더라고요."

"전에 말했듯이 헤어지는 건 어려웠군요."

"헤어지기는커녕 모래 늪에 빠진 것 같았어요." 제니퍼는 우울하게 말했다.

모래 늪 비유는 그리 놀랍지 않았다. 빠져나오기 쉽다면 어영부영 동거로 미끄러져 들어가는 것이 문제될 리 없으니 말이다. 그 늪에서 빠져나오기란 쉽지 않다.

20대는 비용이 덜 들고 위험이 적다는 생각으로 동거에 쉽게 뛰어들지만, 몇 달, 몇 년이 지나고 나서야 빠져나오기 어렵다는 것을 깨닫는다. 첫해에만 이자가 0퍼센트인 신용카드를 만드는 것과 같다. 1년이 지나 이자율이 23퍼센트로 치솟으면, 이자율 낮은 카드로 진작 갈아타지 못해 확 불어난 금액에 암담해진다. 동거도 이와 같다. 행동경제학에서는 이를 '록인lock-in' 혹은 잠금 효과라고 한다.[18]

'록인'이란 일단 무언가에 투자한 후 다른 선택지를 찾거나 선택을 변경할 가능성이 줄어드는 현상을 말한다. 초기비용setup cost이라고 하는 최초의 투자는 클 수도 있고 작을 수도 있다. 이것은 일종의 관례이자 참가비 같은 것이다. 온라인 계좌를 만드는 수고, 자동차를 구입할 때의 계약금 같은 것이기도 하다. 초기비용이 클수록 다른 상황으로 옮겨갈 가능성이 낮아진다. 다른 상황이 더 나은 상황이라 해도 마찬가지다. 하지만 잠금 효과는 최소한의 투자만으로도 발생할 수 있다. 특히 전환비용switching cost을 지불해야 할 때 더욱 그렇다.

전환비용은 변화에 필요한 시간, 돈, 노력 등이다. 전환비용은 미래에 발생할 가상의 비용이므로 과소평가되는 경향이 있다. 나중에 다른 신용카드를 발급받는다거나 장기임대 계약을 해지하면 된다고 생각하기는 쉽다. 문제는 비용을 지불할 시기가 임박하면 막연히 생각하던 때보다 전환비용이 커 보인다는 점이다.

동거할 때도 '록인'의 기본 요소인 초기비용과 전환비용이 발생한다. 함께 살 때는 재미있고 돈이 절약된다. 이때 초기비용이 교묘하게 엮여 들어간다. 몇 년째 룸메이트의 낡은 잡동사니 사이에서 살던 당신은 동거인과 침실 한 개짜리 아파트로 기쁘게 들어가 집세를 나눠 낸다. 커플들은 무선인터넷을 공유하고 반려동물을 함께 키우며 즐겁게 새 가구를 사러 다닌다. 나중에 떠나기 힘들어지는 것은 이 초기비용 때문이기도 하다.

제니퍼는 이렇게 말했다. "가구도 전부 같이 샀고 개도 같이 키웠고 친구도 같이 만났어요. 주말마다 비슷한 일과를 보냈죠. 그래서 헤어지기가 너무너무 힘들었어요."

잠금 효과를 설명해주자 제니퍼는 마른침을 삼켰다.

"제가 10대였을 때 엄마가 행복하지도 않으면서 아빠와 헤어지지 않으려고 해서 엄마에게 정말 못되게 굴었어요. 이제 엄마 마음을 조금 알겠네요. 같이 살다가 혼자 빠져나오기는 쉽지 않죠. 게다가 엄마는 두 아이도 생각해야 했으니까요. 제가 카터와 헤어지지 못한 건 새 소파를 살 여유가 없어서였어요." 제니퍼는 후회의 눈물을 흘렸다.

나는 울고 있는 제니퍼에게 말했다. "새 소파를 사는 건 20대에겐 넘을 수 없는 벽처럼 느껴질 수도 있어요. 그런데 소파 문제만이 아니었을 거예요. 또 어떤 전환비용이 있었을까요?"

제니퍼는 잠시 생각한 후 말했다. "나이가 많아지니 전환비용도 높아졌어요. 동거를 시작했을 때 전 20대였어요. 원하면 언제든 빠져나가기 쉬울 것 같았죠. 하지만 서른 살이 되니까 모든 게 어렵게 느껴졌어요."

"서른이 넘으니 처음부터 다시 시작하는 데 드는 전환비용이 크게 느껴졌군요."

"다들 결혼을 하더라고요. 저도 결혼하고 싶었어요. 30대는 됐지, 같이 살고는 있지. 그래서 결혼한 거예요."

"나중에 잘살지는 제쳐두고 빨리 결혼하는 게 더 중요하게 느껴지기 시작한 거네요."

제니퍼가 훌쩍이며 말했다. "인정하기 정말 너무 부끄럽지만 그런 얘기를 아예 하고 싶지 않았던 것 같아요. 나중에 잘살지는 안중에 없었어요. 잘 안 되더라도 최소한 다들 결혼했을 때 나도 결혼을 한 거예요. 정식 코스를 밟은 거죠. 하지만 이혼은 생각보다 훨씬 더 최악이었어요. 카터와 함께였던 걸 꼭 후회하는 건 아니지만 같이 살지 않았더라면, 이렇게 되기 전에 훌쩍 떠났더라면 좋았겠다고 생각해요. 어쨌든 이제 처음부터 다시 시작이에요. 전보다 훨씬 더 나쁜 상황에서요."

나는 제니퍼에게 일깨워주었다. "하지만 록인 효과에서 벗어나고 있잖아요. 요즘 어떻게 하고 있나요?"

"저는 사실을 똑바로 봐야 했어요. 카터는 20대 시절의 남자친구로는 최고였지만 남편감으로는 전혀 아니에요. 앞으로도 그럴 일 없을 거예요. 저는 일도 잘되고 있고 가족을 갖고 싶어요. 카터는 둘 다 준비되어 있지 않아요. 어쨌든 정식으로 결혼할 때까지 이런 사실들은 현실적이거나 공식적인 의미가 없었지만, 이제 우린 공식적으로 이혼한 사이죠."

막 동거를 즐기고 있는 20대에게 이혼은 자신과 관계없고 있을 법하지 않은 일로 보일지도 모른다. 사실 내가 내담자들의 동거에 대해 걱정하면 그들은 흔히 이렇게 말한다. "걱정 마세요. 그냥 시간만 보내는 거예요." 하지만 록인에 따르는 위험은 이혼뿐만이 아니다. 그리고 동거를 후회한 내담자 역시 제니퍼뿐만이 아니다. 20대 후반이나 30대 초반인 수많은 내담자가 같이 살지 않았으면 몇 달 만에 끝났을 관계에 20대를 몇 년씩이나 흘려보내지 말았어야 한다고 말한다. 그들은 결국 생각보다 많은 시간을 보냈고 나중에는 그 시간을 되돌리고 싶어 했다.

그런가 하면 서로에게 헌신적이라고 느끼고 싶어 하지만 자신이 상대를 의식적으로 선택했는지 분명히 알지 못하는 20대나 30대도 있다. 편리하다고 해서 모호한 상태로 관계를 맺는다면 상대를 정말 사랑하는지 확신하기 어렵다. 확실하지 않은 마음으로 시작하는 동거는 결혼이나 서로에 대한 헌신 위에 쌓아올리는 삶처럼 굳건하게 느껴지지 않을지도 모른다.

동거하는 사람들은 여전히 많고 모든 일에는 장단점이 있다. 20대가 동거의 단점에서 자신을 지키기 위해 할 수 있는 일들도 있다. 당연한 말이지만 우선 동거를 하지 않는 것이다. 이 방법이 그리 현실적이지 않기 때문에 연구자들은 동거 전에 상대가 어느 정도로 헌신할 마음이 있는지 확인해보라고 권한다.[19] 동거 중에도 지속적으로 확인해야 한다. 사람마다 동거 개념이 다를 수 있으므로 상대에게 동거가 어떤 의미인지 확실히 알아야 한다.

다른 하나는 스스로 점검하는 방법이다. 동거를 그만두고 싶어도 그럴 수 없는 요소들을 예측하고 주기적으로 검토하는 것이다. 동거하는 이유가 스스로 원해서인지 새 아파트나 소파를 마련하는 것보다 쉬워 보여서인지 따져볼 필요가 있다. 데이트와 성생활을 제외한 다양한 활동을 함께하는 식으로 관계를 점검할 방법들이 있다는 점을 기억하기 바란다. 서로 사랑하는지, 최소한 좋아하기는 하는지 알아보는 다른 방법들도 있다(이에 대해서는 나중에 더 알아볼 것이다).

나는 동거에 찬성하거나 반대하지 않지만, 동거로써 이혼이나 불행한 삶을 피하기는커녕 실수를 저지르거나 한 사람에게 많은 시간을 허비할 가능성이 높아진다는 사실을 20대가 알았으면 한다. 결혼에 대해 생각해볼 최적의 시기는 결혼하기 전이다. 현대 사회에서 이는 동거 전이나 동거하는 동안을 의미한다고 할 수 있을 것이다.

— ★ ★ ★ —

공통점과 사랑

Being in Like

사람들은 자신과 비슷한 사람을 좋아한다.

철학자 아리스토텔레스(Aristotle)

누군가 자신이 어떤 사람인지 보여준다면 처음에는 그를 믿어줘라.

작가 마야 안젤루(Maya Angelou)

엘리는 평일 아침 8시 45분이 되면 지하철역에서 쏟아져 나와 일제히 샌프란시스코 도심으로 향하는 푸른 셔츠 차림의 직장인 중 하나였다. 그는 상담실에 올 때마다 옅은 하늘색과 짙은 남색 사이의 푸른 셔츠와 잘 다린 카키색 면바지 차림이었다.

심리 치료를 받는 많은 남성과 마찬가지로 엘리 역시 여자친구의 권유로 상담실을 찾았다. 여자친구는 그가 너무 흥청망청 놀러 다닌다고 생각했다. 엘리는 첫 상담 때 착실히 지시에 따랐지만, 머릿속으로는 딴생각을 하는 것이 뻔히 보였다. 엘리는 소파를 이리저리 옮겨 앉으며 핸드폰을 만지작거렸다. 어디에 정신이 팔렸는지 뭔가 불편해 보였다. 몇 분씩이나 말없이 앉아 있기도 했다. 내담자들은 대부분 말이 끊겨 정적이 흐르는 분위기를 싫어한다. 하지만 엘리는 내가 불편할까 봐 침묵을 깨고 말을 걸 때가 많았다. 오히려 침묵에 익숙한 것은 나였는데도 말이다.

엘리는 여자친구에 대한 의구심을 몇 달에 걸쳐 빙빙 돌려 말했다. 엘리의 여자친구는 잘 웃지 않는 사람이었다. 착 가라앉은 느낌이었고, 놀러 나가기보다 끊임없이 논문 생각을 했다. 사람들을 편하게 대하는 데 시간이 걸렸다. 조금 편해졌어도 모두 웃음을 터뜨릴 때 같이 웃거나 보드게임에서 이기려고 열심히 하는 일은 드물었다. 엘리는 그 점이 마음에 걸렸다. 어쩌면 여자친구가 우울증일지도 모른다는 생각이 들었다. 엘리는 여자친구에 대해 안 좋은 얘기를 하고 난 뒤에는 재빨리 그녀가 얼마나 다정한지 일깨우듯 아무 말이나 하면서 얼버무렸다. 그는 여자친구가 우리 대화를 들을 수 없는데도 그녀에게 상처를 줄까 봐 걱정했다.

엘리와 여자친구는 사귄 지 얼마 안 되어 서로 잘 알기 전에 밤을 보냈고, 둘만의 세계를 만들어갔다. 분명 서로를 아끼고 충실한 관계였지만 많이 좋아하는 것 같지는 않았다. 내가 알기론 엘리의 여자친구는 상담시간에 엘리가 어떤 사람인지 몰라서 불안해했다. 한편 엘리는 여자친구와 계속 만날지 말지 고민하면서도 결단을 망설이고 있었다. 엘리가 원한 사람은 좀 더 놀기 좋아하고 친구나 가족과 함께 즐거운 시간을 보낼 수 있는 사람, 아침에 행복한 기분으로 눈뜨고 공원 한 바퀴를 달리러 가는 사람이었다.

어느 날 나는 엘리에게 물었다. "여자친구의 어떤 점이 좋아요?"

"정말 예쁘고요, 섹스도 잘 맞아요."

그러고 나서 엘리는 한참 말이 없었다.

"엘리, 마음이 끌린다고 잘 맞는 건 아니에요."

이번에도 긴 정적이 흘렀다.

얼마 후 엘리는 여자친구와 함께 니카라과에 간다고 말했다. 나는 조금 설렜다. 함께 해외여행을 한다는 것은 결혼하고 아이를 기르는 것과 비슷하다. 멋진 하이킹을 하고 해변에서 완벽한 시간을 보낸다. 혼자라면 결코 하지 않을 모험을 즐기기도 한다. 하지만 그곳에서는 서로 떨어질 수가 없다. 모든 것이 낯설고, 예산이 빡빡하거나 여권을 잃어버리기도 한다. 아프거나 햇볕에 화상을 입을 수도 있고 지루해질 수도 있다. 생각보다 힘들지만 그래도 그냥 집에 앉아 있지 않아서 다행이라고 여긴다. 엘리가 그림 같은 폭포 앞에서 청혼하지만 않는다면 이 여행이야말로 그들에게 필요한 시간이다. 두 사람은 함께 여행할 때 어떻게 되는지 알아야 했다.

여행에서 돌아온 엘리는 풀죽어 있었다. 엘리와 여자친구는 니카라과에서 계속 스트레스를 받는 동안 성격 차이가 더욱 극명하게 드러났다. 여자친구는 하루 종일 걸어서 유적지를 돌아보자고 했고, 엘리는 시내의 멋진 식당에서 시간을 보내자고 했다. 여자친구는 철저히 예산에 맞춰 여행하고 싶었지만 엘리는 자유롭게 다니고 싶어 했다. 게다가 코스타리카에 잠깐 들르는 일정을 고대하던 엘리가 몸이 아파 도움이 필요해졌을 때 여자친구가 제대로 돌봐주지 못한 모양이었다. 시간과 돈을 함께 써야 했으므로 각자 다니기도 쉽지 않았다. 두 사람은 열대우림에서 새소리와 원숭이 소리를 들으며 여러 날 동안 따로 잤다. 여행이 끝나자 두 사람의 관계도 곧 끝났다.

엘리와 여자친구는 더 잘 '맞을' 필요가 있었다. 나는 이 말을 두 가지 의미로 사용했다. 하나는 중요한 요소들이 비슷해야 한다는 의미고, 다른 하나는 상대를 정말로 좋아해야 한다는 의미다. 이 두 가지는 일치할 때가 많다. 흔히 자기와 반대인 사람에게 끌린다고 하는데, 헌팅이나 가벼운 만남에서는 그럴 수 있다. 하지만 유사성이야말로 잘 맞는 관계의 본질이다.[1] 여러 연구 결과에 따르면 사회경제적 지위, 교육 수준, 나이, 민족, 종교, 매력, 태도, 가치관, 지능 등 여러 영역에서 비슷한 커플은 관계에 더 만족할 가능성이 높고 이혼으로 치달을 가능성이 낮다.[2]

실제로 연인이나 부부는 앞서 언급한 영역들에서 비슷한 경향이 있다. 이는 '동류 짝짓기assortative mating'라는 현상으로 자신과 공통점이 있는 사람을 짝으로 선택하려는 확고한 경향을 말한다. 그렇다면 왜 많은 부부가 이혼하는 것일까? 엘리와 여자친구는?

문제는 눈에 보이는 기준으로 상대를 찾아낼 수는 있지만 유사성이나 유사성의 부족이 반드시 '관계 성사 요인matchmaker'은 아니라는 점이다. 그보다는 '결별 요인deal breaker'[3]에 가깝다. 비슷한 사람끼리 만나기는 쉽지만 그렇다고 앞으로도 계속 잘 지낸다는 보장은 없다.

그뿐만 아니라 20대는 연애관계에 미숙하거나 능동적으로 짝을 찾아나서는 시기가 아니기 때문에 어떤 부분이 걸림돌이 되는지조차 잘 모르는 경우가 많다. 한 연구에서 대부분 백인이고 이성애자인 대학생을 대상으로 짧은 만남에서 결별 요인이 무엇인지 조사했다.[4] 상위 10가지 요인은 건강 문제, 악취, 위생관념 부족, 양다리, 분노조절이나 폭력 문제, 성적 능력 부족, 매력 없음, 여러 명과의 성생활, 자기 관리 실패, 인종차별이었다. 이 목록에서 주목할 점은 결별 요인이 주로 신체적 문제나 극단적 성향이라는 것이다. 요컨대 결별 요인은 내적으로든 외적으로든 일종의 혐오감을 불러일으키는 것이다.

　이번에는 조사에 응답한 학생들을 대상으로 장기적 관계의 결별 요인을 조사했더니 응답의 초점이 신체적 특성보다 성격 그 자체로 옮겨갔다. 즉 상위 10가지가 분노 조절이나 폭력 문제, 여러 상대와 연애 중, 신뢰 부족, 양다리, 건강 문제, 음주나 약물 복용 문제, 무심하거나 무뚝뚝함, 상대의 취향이나 관심사를 무시함, 위생관념 부족, 악취 순으로 나타났다. 장기적 관계에 대해 생각할 때는 상대의 외모나 성적 능력보다 좋은 사람인지를 더 중요하게 보았다.

　5천 명 이상의 21세 이상 76세 이하 미혼 성인 남녀를 대상으로 한 전국 표본 조사에서는 결별 요인의 범위가 더 넓어졌다.[5] 이번에는 결별 요인에 신체, 성격, 실생활과 관련된 특성까지 포함되었다. 이 연구에서 조사된 결별 요인은 단정치 못한 외모, 게으름, 애정 결핍, 유머 감각 부족, 장거리(편도 3시간 이상), 불만족스러운 성생활, 자신감 부족, 장시간의 TV 시청이나 게임, 성욕 부족, 고집스러움이었다.

　연령에 상관없이 성인들은 일반적으로 성생활과 외모를 중시하지만 다른 요소들도 그만큼 중요하게 본다. 재미있는 사람인지, 게으르거나 애정을 지나치게 갈구하는지, 남는 시간을 어떻게 보내는지, 자기 자신을 좋게 생각하는지, 같이 살기에 답답하고 힘든 사람인지, 심지어 가까이 사는지도 고려한다. 어떤 기준은 너무 노골적이고 현실적인 것처럼 보이겠지만 바로 우리의 일상이 그러하다. 한 연구자는 이렇게 묘사했다. "낭만적 사랑이라는 개념과 달리 '하나뿐인 일

생일대의 사랑'은 대개 그리 멀리 살지 않는 사람이다."[6]

내가 20년 이상 20대와 연애에 대해 나눠온 대화 역시 연구 결과와 크게 다르지 않다. 처음에는 상대의 매력과 상대에 대한 끌림 정도만 고려하는 듯하다. 이후 섹스 이외에 바라는 점들이 늘어나면 상대가 이해심 많고 친절한 사람이라는 점에 더 주목하고 간질간질한 사랑의 기운을 풍기기 시작한다. 그러다 드디어 함께한 날들이 길어질수록 서로 얼마나 잘 지낼 수 있을지 생각하기 시작한다. 치료사로서 나는 두 사람이 서로 좋아하는지, 하루하루 관계가 어떻게 되어가는지 알게 된다. 반드시 '욕망→낭만적 사랑→깊은 애정'의 순서로 감정이 변해야 한다는 말이 아니다. 누군가를 좋아한다고 깨닫기 위해서는 상대와 많은 경험을 해봐야 하고, 그러려면 시간이 걸릴 수 있다는 말이다.

연애에 대한 이해는 직업에 대한 이해와 크게 다르지 않다. 즉, 많은 20대가 연애에서든 직장생활에서든 처음에는 원하는 점보다 원하지 않는 점을 더 잘 안다. 관계 성사 요인보다 결별 요인에 대해 더 잘 안다는 말이다. 내담자들은 관계를 오래 지속하는 사람의 특징이나 결별 요인이 뭔지 많이들 궁금해하지만 그것은 사람마다 다를 수 있다.

심리학 연구자들은 수십 년에 걸쳐 바람직한 동반자 관계를 위한 특성이나 유사성을 밝혀내려고 노력해왔지만, 상식적인 일반론을 세우는 정도에 그쳤다.[7] 즉 정서적으로 안정되거나 수용적인 사람, 양심적인 사람, 마음이 열려 있고 호기심 많은 사람이 좋은 동반자가 되는 경향이 있다. 이게 기본이다. 그런데 세상에 많은, 책임감 있고 안정적이고 수용적이고 호기심 강한 사람 중에 잘 맞는 사이가 있고 잘 안 맞는 사이가 있는 이유는 무엇일까? 이것은 각자 스스로 알아봐야 할 문제다.

누군가에게 정착하기 전 연애와 동거를 통해 얻는 이점은 상대와 자신에 대해 무언가를 알게 된다는 것이다. 그렇다면 그렇게 알아낸 것들로 뭘 할 수 있을까? 그동안 누군가를 사랑한다고 생각했고 주변에도 그렇게 말하고 다녔는데 그게 아니었다는 사실을 깨닫기 시작할 때 사람들은 어떻게 행동할까?

엘리와 상담한 후 10년이 지났을 무렵, 스물아홉 살의 맥스라는 내담자가 상담실을 찾았다. 2019년 당시 나는 버지니아에서 일했고 맥스도 여자친구인 아이리스와 함께 버지니아에 살고 있었다. 맥스와 아이리스는 각각 금융, 홍보 분야에서 막 경력을 쌓기 시작했고, 맥스보다 아이리스가 자기 직업에 더 만족하고 있었다. 맥스는 직장 생활 때문에 상담실에 왔다고 했지만, 처음부터 직장보다는 아이리스에 대한 불만이 더 컸다.

"아이리스가 예쁘긴 하지만 연예인처럼 예쁘진 않잖아요." 이 말은 여자친구에 대해 맥스가 처음으로 꺼낸 말 중 하나였다. 나는 맥스도 잘생겼지만 연예인처럼 잘생긴 건 아니라고 속으로 대꾸했다.

맥스와 아이리스는 만난 지 2년 되었고, 1년 전부터 동거하고 있었다. 맥스는 아이리스가 6개월 후 새해에 약혼하기를 기대하는 것 같다고 했다. 하지만 같이 살아보니 두 사람의 사소한 차이들이 드러났다. 아이리스는 맥스가 생각했던 것과 조금 다른 사람이었다.

"아이리스는 여자친구로서 제가 상상했던 것과는 좀 달라요." 맥스가 투덜거렸다.

"그건 중요하죠."

나는 맥스가 어떤 여자친구를 상상했는지, 그리고 아이리스도 그 사실을 아는지 더 알고 싶었다. 맥스 역시 자신이 상상하던 그대로의 남자친구인지 알고 싶었다. (대부분 그렇듯 맥스는 자신이 어떤 남자친구인지에 대해서는 그리 깊이 생각하지 않았다.)

상담을 몇 번 받는 동안 맥스는 욕망이 사랑으로, 사랑이 깊은 애정으로 변하는 과정에서 관계가 어떻게 악화되었는지 묘사했다. 맥스의 표현으로는 평일 저녁과 주말마다 마냥 즐겁기만 했는데 이제는 누가 언제 뭘 하는지 다투면서 감정이 상한다고 했다. 이들은 누가 설거지를 안 하고 내버려뒀는지(아이리스가 범인), 누가 더러운 그릇을 그대로 식기세척기에 넣었는지(맥스가 범인) 따지면서 싸웠다. 그뿐만 아니라 쿠키 굽는 법에서 빨래 방식까지 다양하게 의견이 어긋났다. 청소하기 싫어서 싸우는 문제는 한 달에 두 번 가사도우미를 부르는 식으로 해결했다. 하지만 요리 당번, 술자리 횟수, 주말에 데이트하는 대신 친구들과 놀러 나가는 일 등 나머지 문제들은 그렇게 쉽게 해결되지 않았다.

맥스는 '현실적인' 문제로 다툴 필요가 있었다. 아이리스가 연예인처럼 예쁘지 않다거나 자기 상상과 달랐다는 맥스의 말에는 의식적이든 아니든 '여자친구라면 이러해야 한다'라는 생각이 담겨 있었다. 흔히들 그렇다. 나는 맥스에게 남자친구로서 자신은 어떤 사람인지 물었다. 맥스는 연인을 연예인과 비교하는 것이 사춘기에나 품는 환상이고 이제 거기서 벗어나야 한다는 사실을 순순히 인정했다. 그러나 맥스에게 가장 불편하고 심지어 분노를 일으키는 문제는 일상에 있었다.

"전 아이리스가 내조에 더 신경 썼으면 좋겠다고 생각했어요."

바쁜 날 점심시간에 겨우 짬을 내서 상담실에 온 맥스는 한껏 불만스러운 말투로 말했다. 나는 내조에 신경 쓴다는 게 어떤 의미인지 물었다.

"저희 부모님은 한 팀이에요." 맥스는 '팀'을 강조하며 말했다. "사업하시는 아버지는 정말 열심히 일하시고 어머니도 그래요. 어머니는 사무실에서 아버지 일을 돕고, 아버지가 일에 더 집중하실 수 있도록 집안일을 더 많이 하시는 것 같아요. 그런데 제가 하루 종일 일하고 집에 가면 집안일이 쌓여 있어요. 아이리스는 그걸 전혀 신경쓰지 않아요. 가끔은 집안일을 하나도 안 하고 그냥 나가버리더라고요. 저희 부모님은 그러지 않으세요. 제가 말했듯이 그분들은 한 팀이거든요."

"정말 그러네요. 하지만 팀을 이루는 방식은 다양해요. 동반자 관계도 마찬가지죠. 내담자 중에 일주일에 50시간씩 맞벌이하는 커플도 있고, 한 명은 일하고 한 명은 집에 있는 커플도 있어요. 한 번에 한 명씩만 만나는 사람도 있고, 여럿이 자유롭게 연애하는 사람도 있어요. 동거하는 커플도 있고 아닌 커플도 있죠."

내 말을 들었는지 말았는지 맥스는 이어서 말했다. "제가 아이리스보다 우선이라고 생각하지는 않아요. 아이리스도 일하고 취미를 즐기느라 바쁘죠. 일을 얼마나 좋아하는지 샘이 날 정도예요. 그런데 아이가 생기면요? 저와 아이들에게 필요한 일들을 둘 다 어떻게 해내겠어요? 특히 일을 계속한다면 말이에요."

맥스의 말이 엄청나게 고루하다거나 버지니아 같은 곳에서만 통하는 말이라고 생각한다면 오산이다. 2015년 보스턴 칼리지 센터가 5대 다국적 기업에서 일하는 22세에서 35세까지의 청년 1천 명 이상을 대상으로 한 연구 조사 결과 남녀 커플의 모순적 관계가 드러났다.[8] 즉 평등에 대한 일반적 인식이 일상에서 항상 실현되지 않았으며, 아이가 있으면 더욱 그러했다. 어린 자녀를 둔 남성 응답자 중 3분의 1 정도는 맥스처럼 배우자가 주로 육아를 담당해야 한다고 생각했다. 요컨대 자신이 일에 더 집중하고 배우자가 가사와 육아에 더 집중할 수 있는 전통적 관계를 원했다. 나머지 3분의 2는 육아를 배우자와 공평하게 하고 '싶다'고 답하기는 했는데, 바로 이 부분에 모순이 있다. 이 중 절반만이 실제로 그렇게 하고 있다고 답했기 때문이다. (어린 자녀의 아빠들을 옹호하자면 여성이 주 양육자로 간주되는 경향과 마찬가지로 남성은 주 소득자로 간주되는 경향이 있다.[9] 그래서 남성은 직업적 성공과 집중에 대해 더 압박을 느끼는 경우가 많다.)

앞서 살펴본 캐시의 사례에서, 캐시에게는 세상이 부모님의 바람처럼 인종차별 없는 사회로 보이지 않았다. 이와 마찬가지로 우리도 아직 성차별 없는 사회에서 살고 있지 않다. (내 개인적 의견이다. 임상 심리학과 여성학으로 박사학위를 받기는 했지만.) 성역할 규범은 변화하고 있지만 그 과정은 매끄럽지 않고 불완전하다. 말하자면 성역할은 커플들이 당연하게 받아들이지 않고 함께 정립할 필요가 있는 주제다. 남녀 커플은 이런 문제에 관해 동성 커플에게서 배울 점이 있다. 최근 연구에 따르면 동성 커플은 가사를 분담할 때 성역할 규범에 따르지 않고 누가 언제 무엇을 할지 대화해서 정한다.[10] 하지만 남녀 커플은 각자 원하는 바를 확인하면서 함께 정하는 대신, 그들이 속한 공동체와 가족의 암묵적 규범에 따르는 경향이 있다.[11]

맥스는 아이리스가 직장인, 배우자, 부모 역할을 어떻게 해나갈지 못미더워하는 마음을 토로한 후, 약간 눈치가 보이는지 사과하듯 말했다.

"제 말에 기분 나쁘셨을 수도 있겠네요. 선생님도 일을 하시니까요."

"난 두 사람의 관계가 더 진보해야 한다고 말할 입장은 아니에요. 정해진 방식은 없어요. 제일 중요한 점은 둘 다 동의하는 거예요. 당신 말은, 당신이 생각을 바꾸거나 아이리스가 생각을 바꾸거나 둘 중 하나라는 말이네요. 아니면 서로 다른 사람을 찾아봐야겠죠. 당신과 생각이 같은 사람들도 있지만 아마도 아이리스는 그런 사람이 아닐 테니까요."

맥스는 한숨을 내쉬었다. "그렇죠. 아이리스는 제 엄마 노릇을 하고 싶지 않다고 말한 적도 있어요."

"말을 듣기는 했나요?"

"그게 무슨 말씀이죠?"

"맥스, 당신은 나나 아이리스의 말을 듣지 않고 심지어 자신의 말도 귀담아 듣지 않는 것 같아요. 당신은 아이리스의 배우자 역할에 대해 걱정하지만, 그녀는 당신이 기대하는 배우자가 되고 싶지 않다고 분명히 말하잖아요. 아이리스는 자기가 어떤 사람인지 보여주고 있어요. 당신은 그게 맘에 들지 않고요. 그런데 당신은 이 중 어떤 것도 사실이 아니기를 바라는 것 같네요. 서른이 코앞인데 둘이 같이 살고는 있고, 결혼은 정해진 일인 것 같으니까요."

"그럼 전 어떻게 해요?"

"아이리스와 대화를 시작하는 게 낫겠어요. 나 말고요."

20대 후반의 대화

Twenty- Nine Conversations

대화 없는 사랑은 있을 수 없다.
철학자 모티머 애들러(Mortimer Adler)

결혼은 다채로운 싸움을 곁들인 기나긴 대화다.
작가 로버트 루이스 스티븐슨(Robert Louis Stevenson)

장기적 동반자 관계는 의사소통과 협상의 연속이다. 함께한 시간이 길어지면 서로 끝없는 질문을 던지게 된다. 오늘 저녁 준비는 누가 할까? 서재 벽은 회색으로 칠할까, 노란색으로 칠할까? 고양이를 키워야 할까, 개를 키워야 할까? 여름휴가는 어디로 갈까? 오늘 누가 집에서 아이를 간호할까? 보너스를 어떻게 써야 할까? 아이들을 공립학교에 보내야 할까? 어떤 영화를 볼까? 어떤 차를 사야 할까? 오늘밤에 섹스를 할까? 아이가 몇 살쯤 되어야 핸드폰을 사줘도 될까? 매일 혹은 평생에 한 번 던질 수도 있는 이런 질문들은 모두 적을 수도 없고 예상할 수도 없다. 하지만 예상할 수 있는 가장 기본적인 문제는 있다. 매일 벌어지는 사소한 협상은 바로 여기서 시작된다.

이제부터 살펴볼 내용은 '결혼을 앞두고 꼭 물어봐야 하는 것들'처럼 식상해 보일 수 있겠지만 그것과는 조금 다르다. 여기에는 두 가지 이유가 있다. 우선 '결혼을 앞둔' 커플은 이미 삶을 함께하기로 결정했다. 머릿속에서는 벌써 결혼식을 올리고 신혼여행을 떠나는 상상을 한다. 결혼 생각에 한번 속도가 붙으면 상대가 뭐라 해도 속도를 줄이기가 어려울 수 있다. 물론 중요한 문제를 상의하기에 너무 늦은 시기란 없지만 너무 빠른 시기도 없다. 누군가와 1년 넘게 만났고 더 만날 생각이 있다면, 올해 핼러윈에 입을 의상 이야기만 할 것이 아니라 언젠가 어떤 배우자가 되고 싶은지 대화를 나눠보는 게 어떨까? 다시 말하지만 결혼에 대해 생각해볼 최적의 시기는 결혼하기 전이다. 이 문제들을 다뤄볼 최적의 시기 역시 문제가 심각하게 닥쳐오기 전일 것이다.

또 다른 이유는 다음 내용이 배우자와 실제로 나눠봐야 할 대화라는 데 있다. 즉 이 질문들은 사랑을 확인하는 간단한 질문이 아니라 서로와 자기 자신에게 던져야 할 복잡한 질문들이다. 좋은 선택에는 상대가 어떤 사람인지 아는 것만이 아니라 자신이 어떤 사람인지 아는 것도 포함된다.

따라서 다음 질문 중에는 당신의 직장생활, 가정, 가족에 대한 기대, 그리고 그 기대가 어디서 왔는지 돌아보게 하는 질문이 많다. 앞서 등장한 맥스처럼 대부분의 20대는 자기가 자란 가정을 바탕으로 결혼이 어때야 하고 어떻지 않아야 하는지 막연히 전제한다. 물론 모두가 부모님과 똑같은 부부관계를 추구하지는 않는다. 부모님과 다르게 살겠다고 결심하는 사람들도 있다. 하지만 어느 쪽이든 자신이 원하는 것을 확실히 알고 배우자에게도 확실히 전달해야 마땅하다.

이렇게 신중하게 생각하려면 시간이 필요하다. 앉은자리에서 모든 문제를 전부 논의하라는 것이 아니다. 관계를 다음 단계로 진전시키거나 그 과정에 시간을 투자할 생각이 있다면, 한 달 정도 시간을 잡고 매일 저녁식사나 산책을 할 때마다 하나씩 대화해나가기 바란다. 노력이 많이 필요해 보이거나 상대가 이 과정에 관심이 없다면, 두 사람이 더 깊게 얽힐 준비가 되어 있지 않다는 증거일 것이다. 결혼이나 동반자 관계에는 정말로 노력이 많이 필요하다. 그리고 알다시피 결혼은 평생 내리는 결정 중 가장 중요한 결정이다. 정말 아무것도 모른 채 결정하고 싶은가?

이런 대화를 할 때 명심할 점이 있다. 누군가와 평생 동반자가 되기로 결심했다면 두 사람은 완전히 다른 두 시기를 거치게 된다. 대부분의 커플에게 인생은 '결혼 전'과 '결혼 후'가 아니라 '출산 전'과 '출산 후'로 나뉜다. 거의 모든 20~30대는 결혼 전후의 생활이 크게 다르지 않다. 특히 동거하던 사이면 더욱 그렇다. 물론 혼수로 더 나은 조리도구나 침대 시트를 마련할 수는 있다. 하지만 '출산 전' 커플은 어쩔 수 없이 해야 할 때가 아니라 원할 때 요리할 수 있고, 너무 지쳤거나 기회가 없어 섹스를 못하는 일이 좀처럼 없다. 여가시간도 충분하고 돈도 넉넉하다. 따라서 '출산 전'에는 의견이 충돌할 일 자체가 적다.

하지만 '출산 후'에는 모든 상황이 바뀐다. 많은 선량한 커플이 문제를 겪는 이유는 앞으로 닥쳐올 일들에 대해 둘만의 생활을 기준으로 생각하기 때문이다. 이들은 아이가 있는 상황을 전제하고 질문을 던지지 않는다. 이것이 왜 중요할까? 연구에 따르면 결혼생활 만족도는 아이가 생겼을 때 가장 크게 떨어지고, 그 아이가 대학에 진학하거나 다른 이유로 집을 떠난 후 가장 높아진다.[1] 그렇다면 아이가 없으면 더 나은 결혼생활을 누릴 수 있을까? 그럴지도 모른다. 하지만 아이는 갈등과 스트레스의 근원인 동시에 가장 큰 삶의 의미와 즐거움의 근원이기도 하다.[2] 또 다른 연구는 커플들이 출산 이후의 변화와 스트레스를 다루는 방식이 가장 중요하다고 밝혔다.[3]

따라서 결혼에 대한 대화를 나눌 때는 아이를 염두에 두고 질문에 답해야 한다는 사실을 명심하기 바란다. 자녀 계획이 없다면 그와 관련된 질문과 대화는 건너뛰어도 상관없다. 하지만 동반자와의 생활이나 새로운 가정이 먼 일로 느껴진다면 일단 읽어보라. 다음에 나올 질문들은 가벼운 상대 대신 가족을 선택할 시기에 슬슬 생각해봐야 하는 문제들을 알아보는 속성 코스인 셈이다. 만족스러운 성생활도 중요하지만, 30대를 앞두고 있다면 성생활 또한 많은 질문거리 중 하나에 불과하다. 다음 질문들 말고도 동반자가 될 사람에 대해 점검해볼 점이 있는지, 당신 역시 좋은 동반자가 되기 위해 변해야 할 부분이 있는지 미리 생각해보기 바란다.

마지막으로, 이 질문들을 읽어나가면서 "의견이 얼마나 달라도 되는 걸까? 이 정도면 안 된다고 알려주는 공식 같은 건 없을까?"라는 생각이 들겠지만 당연히 그런 건 없다. 하지만 일반적으로는 동의하는 사안이 많고 함께 반대하는 사안이 많을수록 더 행복하다. 물론 의견이 모이지 않을 때는 그런 효과가 없다. 그러니 생각날 때마다 대화를 나눠보고 그것이 앞날을 예측하는 좋은 지표이자 연습이라고 생각하기 바란다. 이 대화에서 보고 듣는 것들을 앞으로 얻게 될 테니 말이다.

1. 결혼에 대해 어떻게 생각하는가?

결혼을 원하는가 아니면 다른 형태의 서약을 고려하는가? 당신에게 결혼은 어떤 의미인가? 연애와 결혼의 차이가 무엇이라고 생각하는가? 결혼의 어떤 점에 설레고, 어떤 점이 두려운가? 결혼식은 어떤 식으로 하고 싶은가?

2. 내가 당신을 더 좋은 사람으로 만드는가?

내가 당신의 가장 좋은 면을 이끌어낼 때는 언제인가?

3. 종교가 있는가?

예배나 종교 행사에 정기적으로 참여하는가? 어떤 종교적 배경에서 자랐는가? 아이도 그런 종교적 배경에서 키우고 싶은가? 당신의 부모님은 우리 아이들이 특정 종교의 영향을 받으며 자라기를 원하는가?

4. 돈 관리는 어떻게 할 것인가?

재산 관리를 공동으로 하고 싶은가? 한 명의 수입이 더 많거나 빚이 더 많으면 어떻게 할 것인가? 내 돈을 함께 쓰는가? 당신 돈을 함께 쓰는가? 내 빚을 함께 갚는가? 당신 빚을 함께 갚는가? 계좌를 따로 관리한다면 어떤 기분이 들겠는가? 어디에 돈을 쓰는가? 일정

금액 이상 지출하기 전에 상의할 필요가 있는가? 매주 혹은 매달 돈 관리에 대해 이야기를 나눌 것인가, 한 명이 맡아서 관리할 것인가? 언제 저축이나 투자를 시작할 것인가? 저축이나 투자에 대해 어떻게 배울 것인가? 혼전 계약서를 원하는가?

5. 아이를 원하는가?

원한다면 몇 살쯤 몇 명의 아이를 낳으려고 하는가? 젊은 부모가 될 것 같은가, 나이 든 부모가 될 것 같은가? 결혼 후에 바로 임신을 시도하고 싶은가, 아니면 좀 기다리고 싶은가? 위탁아동을 양육하거나 아이를 입양할 생각은 있는가?

6. 우리의 성생활에 대해 어떻게 생각하는가?

당신 취향에 맞는 방식이나 별 감흥이 없는 방식은 무엇인가? 한 번 시도해보고 싶거나 절대 시도해보고 싶지 않은 방식이 있는가? 당신에게는 독점적 관계monogamy가 맞는가, 다자간 연애polyamory가 맞는가? 포르노를 보는가? 그렇다면 얼마나 자주 보는가? 내가 요청한다면 행위를 멈출 수 있는가? 당신에게 성생활은 우리 관계에서 얼마나 중요한가? 얼마나 자주 관계를 갖고 싶은가? 성생활에 대한 흥미가 변하기 시작하면 어떻게 해야 하는가?

7. 정치적 이상이 일치하는가?

일치하지 않는다면, 그 점에 신경이 쓰이는가?

8. 경력을 어떻게 쌓고 싶은가?

직업과 관련하여 이루고 싶은 단기적·장기적 목표는 무엇인가? 정직원으로 일할 계획인가, 시간제로 일할 계획인가? 맞벌이를 한다면 한 사람의 일이 다른 사람의 일보다 더 중요한가? 그렇다면 누구의 일이 더 중요한가? 그 이유는 무엇인가? 내 직업에 맞춰 기꺼이 이사를 할 생각이 있는가? 출산 후 직장생활은 어떻게 변동할 것인가? 한 사람이 일을 줄일 것인가? 누가 그렇게 할지 어떻게 정하는가?

9. 성역할 규범에 대해 얼마나 보수적으로 생각하는가?

질문들에 답할 때 성역할에 대한 고정관념에 얼마나 영향을 받는가? 어린 시절 가정에서 남녀의 성역할은 각각 어떤 것이었는가? 그리고 그것은 일과 가족에 대한 당신의 생각에 어떤 영향을 미치는가?

10. 어떤 부모가 되고 싶은가?

자녀 양육에 얼마나 관여하고 싶은가? 육아 휴가를 얼마나 쓰고 싶은가? 아이 기저귀를 갈아줄 것인가? 아이들이 어릴 때 부모 중 한 명 혹은 둘 다 집에 있을 것인가? 아니면 어린이집이나 보모에게 맡길 것인가? 아이들이 학교에 다니게 되면 방과 후 아이들을 돌보기 위해 누군가 집에 있어야 하는가? 그렇다면 누가 있을 것인가? 아이의 숙제를 도와주거나 학부모 간담회에 참석할 것인가? 생일이나 명절 선물을 사러 다닐 것인가? 아이가 체육활동을 비롯한 특별활동을 하러 다닐 때 다른 부모들과 번갈아 아이들을 태워줄 수 있는가? 어린 시절 부모님이나 둘 중 한 분이 당신의 생활에 얼마나 관여했는가? 당신은 아이에게 그렇게 해주고 싶은가, 다르게 해주고 싶은가?

11. 누가 요리할 것인가?

한 사람이 요리와 식재료 구매를 도맡을 것인가, 어떤 식으로든 분담할 것인가? 요리를 할 수 있는가? 아니라면 언제쯤 요리를 배우거나 해볼 생각인가? 어린 시절에는 가족 중 누가 요리를 했는가?

12. 집안일을 어떻게 꾸려가고 싶은가?

당신은 집을 어떻게 정리하는 사람인가? 물건이 많은 것을 선호하는가, 최소한의 물건들로 생활하기를 선호하는가? 우리는 집을 얼마나 깨끗하게 유지할 것인가? 청소기 돌리기, 대걸레질, 주방 청소, 화장실 청소 등 집안일을 어떻게 분담할 것인가? 이 일들을 얼마나 자주 할 것인가? 빨래는 어떤 식으로 할 것인가? 정원 일을 할 것인가? 다른 비용보다 가사도우미 비용을 우선하여 지출할 생각이 있는가?

13. 어느 정도의 생활수준을 기대하는가?

어린 시절 어느 정도의 생활수준에 만족감이나 불만을 느꼈는가? 어린 시절 어떤 동네 혹은 어떤 집에서 살았는가? 어린 시절 명절이나 휴가기간, 여름, 주말은 당신에게 어떤 날이었는가? 우리 아이도 그렇게 살게 해주고 싶은가? 물건과 경험 중 어느 쪽에 소비하는 것을 선호하는가? 선호하는 생활방식을 유지할 만큼 안정적인 수입원이 있는가? 아니면 배우자나 부모님이 그 돈을 마련해주리라 생각하는가?

14. 우리 삶에서 친척들이 어떤 역할을 할 것인가?

가족과 얼마나 가까운가? 가족에게 어떻게 대하는가? 이것은 당신이 나를 대하는 방식과 관련이 있는가? 부모님이나 형제자매를 얼마나 자주 보고 싶은가? 그들과 가까이 살고 싶은가? 명절은 어떻게 보낼 것인가? 당신 가족과 함께, 내 가족과 함께, 양가 모두와 함께, 양가 가족 중 몇 명만 함께, 우리끼리만? 우리 가정에 도입하고 싶은 어린 시절 가풍은 어떤 것인가? 아이가 생기면 그것은 어떻게 바뀔까? 우리 가족이 우선인가, 친척들을 포함한 전체 가족이 우선인가?

15. 문제를 어떻게 다룰 것인가?

의견이 다를 때 어떻게 해야 하는가? 아이들에게 보여주고 싶은 갈등 해결 방식은 무엇인가? 상황이 마음대로 안 될 때 어떻게 반응하는가? 우리 중 한 명이 결혼생활에 만족하지 못할 때 어떻게 해야 하는가? 선뜻 상담을 받으러 갈 생각이 있는가? 하나의 선택지로서 이혼을 어떻게 생각하는가? 그 이유는 무엇인가?

16. 우리 관계를 어떻게 오랫동안 유지할 것인가?

인생의 좋은 일들을 어떻게 깨닫고 더 많이 만들어낼 것인가? 둘만의 시간을 어떻게 보낼 것인가? 매주 혹은 매달 짧게 놀러갈 것인가, 1년에 한 번씩 긴 휴가를 보낼 것인가, 적절히 상황에 따라 보낼 것인가? 이렇게 못하거나 돈과 시간이 빠듯할 때는 어떻게 할 것인가?

17. 당신의 미래는 어떤 모습일까?

5년 후, 10년 후, 20년 후, 당신은 어떤 사람이 되어 있을까? 미래의 당신은 미래의 나와 잘 지낼 수 있을까?

18. 어디에 살고 싶은가?

당신은 도시에 사는가, 교외에 사는가? 자연과 가까이 살아야 하는가, 대도시에 살아야 하는가? 아파트에 살고 싶은가, 단독주택에 살고 싶은가? 한곳에 정착해서 살고 싶은가, 여기저기 옮겨 다니면서 살고 싶은가? 당신 가족이나 내 가족과 가까이 살고 싶은가? 아니면 둘 다 가까이 살고 싶지 않은가? 아이가 생긴다면 그 생각이 바뀔까?

19. 나를 왜 좋아하는가?

나와 함께 지내면서 좋았던 점은 무엇인가? 다른 사람을 만나고 싶지 않다고 느끼게 하는 나의 장점은 무엇인가?

20. 당신에게 여행은 얼마나 중요한가?

어떤 여행을 가고 싶은가? 둘만의 여행인가, 가족 여행인가? 꼭 가보고 싶은 여행지 목록이 있는가? 한참 뒤의 일이지만 은퇴 후 모험을 즐길 것인가, 집에서 노을을 감상하며 지낼 것인가?

21. 자유시간을 어떻게 쓸 것인가?

당신에게 완벽한 주말이란 어떤 것인가? 시간이나 비용 문제로 내 삶에 영향을 미칠 취미나 관심사가 있는가? 집에서 빈둥거리는 시간이 얼마나 필요한가? 아이가 생겨 자유시간이 줄어드는 문제에 어떻게 대처할 것인가? 아이가 생긴 후에도 똑같이 취미를 즐겨야 한다고 생각하는가?

22. 바람을 피운 적이 있는가?

그랬다면 언제, 왜 그랬는가? 나와 함께일 때도 바람을 피울 가능성이 있는가?

23. 건강한가?

어떤 식습관이 있는가? 운동을 하는가? 내가 알아야 하는 신체적·정신적 건강 문제가 있는가? 술을 마시거나 약물을 복용하는가? 부모로서 어느 정도까지 음주와 약물이 허용된다고 생각하는가? 둘 중 한 명이 이런 영역과 관련하여 문제가 있다면 어떻게 해야 하는가?

24. 같이 있지 않을 때 서로의 행동에 대해 어떻게 느끼는가?

내가 당신 없이 저녁식사 자리나 술자리에 나가도 괜찮다고 느끼는가? 내가 주말에 친구 모임이나 활동에 참여하고 싶어 한다면 어떤가? 당신 없이 나 혼자 짧은 여행이나 나들이를 다녀온다면 어떤가? 혼자만의 시간이 얼마나 필요한가?

25. 당신은 어떤 때 행복한가?

가장 행복한 순간은 언제이고, 그 이유는 무엇인가? 어떻게 해야 기분이 좋아지는가? 기분 좋아지는 습관이나 취미가 있는가? 그런

습관이나 취미를 즐기는 데 방해되는 일은 무엇인가? 내가 당신을
행복하게 해줘야 하는가?

26. 언제 사랑받는다고 느끼는가?

내가 어떻게 해야 당신이 환영받는다고 느낄 수 있을까?

27. 힘든 하루를 보낸 후에는 무엇이 필요한가?

스트레스를 어떻게 다스리는가? 당신이 지지받는다고 느끼게 해
주려면 내가 어떻게 해야 하는가?

28. 목록에 없지만 내가 더 물어볼 것이 있는가?

29. 목록에 없지만 당신이 나에게 물어볼 것이 있는가?

몸과 마음

한 발 앞서 생각하기

Forward Thinking

———

삶은 지나고 나서야 이해할 수 있다.
하지만 삶은 앞을 보며 나아가야 하는 것이다.
철학자 쇠렌 키르케고르(Søren Kierkegaard)

뇌는 쓸수록 써야 하는 부분이 늘어난다.
인류학자 조지 A. 도시(George A. Dorsey)

1848년, 25세의 철도 노동자 피니어스 게이지Phineas Gage[1]는 버몬트에 있는 러틀랜드 앤 벌링턴 철도회사에서 철로 바닥 까는 일을 했다. 9월 13일 게이지와 동료들은 철로가 놓일 바닥을 평평하게 만들기 위해 삐죽 튀어나온 바위를 폭파하고 있었다. 게이지가 맡은 일은 바위에 구멍을 뚫고 화약을 채워 넣은 뒤 모래로 덮고 쇠막대기로 다지는 일이었다. 그런 다음 도화선에 불을 붙이면 바위가 폭발했다. 게이지가 사용한 쇠막대기는 길이가 1미터 정도에 가는 쪽 직경이 0.6센티미터, 굵은 쪽 직경이 2.5센티미터쯤 되는 뾰족한 모양이었다.

그날 오후 4시 반쯤 게이지는 바위에 구멍을 뚫고 화약을 채워 넣었다. 수없이 해본 일이었지만 이번에는 모래 덮는 것을 잊어버렸다. 게이지가 화약을 꾹꾹 다져 넣는 순간 쇠막대기에서 불꽃이 일어나 화약이 폭발했다. 게이지가 쥐고 있던 쇠막대기는 그의 머리를 관통했다. 쇠막대기는 게이지의 왼쪽 광대뼈 밑으로 들어가 왼쪽 안구 뒤를 지나 정수리를 뚫고 나와 있었다.

사고 이후 게이지는 괜찮았지만 한편으로는 괜찮지 않았다. 동료들은 게이지가 살아 있고 말도 할 수 있다는 데 놀랐다. 게이지는 멀쩡하게 수레를 타고 가까운 시내에 가서 의사에게 유쾌하게 인사를 건넸다. "여기 일거리 왔습니다, 의사 선생님." 1800년대 중반에는 과학자들이 뇌의 작용을 확실히 알지 못했지만 뇌가 생명과 움직임에 중요하다는 인식은 있었다. 그런데 이 사람은 머리에 구멍이 났는데 어떻게 걸어 다니고 말도 하는 것인가. 얼마 후 게이지는 하버드 의대에서 검사를 받았고, 이후 뉴욕과 뉴잉글랜드 일대를 돌아다니며 호기심 많은 구경꾼에게 자기 이야기를 들려주었다.

시간이 지날수록 게이지가 어딘가 이상하다는 사실이 분명해졌다.[2] 주변 사람들은 게이지가 살아 있다는 데 너무 놀라 달라진 그의 모습을 한동안 알아차리지 못했다. 사고 전에 게이지는 친구들 사이에서 인기가 높았고 유능한 직원이었으며 절제 있고 반듯한 사람이었다. 하지만 사고 후 갑자기 미래를 생각하지 않고 되는 대로 살기 시작했다. 이제 그는 주위의 시선이나 행동의 결과에 아랑곳하지 않고 내키는 대로 말하고 행동했다. 그를 치료한 의사는 "지적 능력과 동물적 성향의 균형이 무너진 것으로 보인다"고 결론 내렸다. 친구들과 가족은 게이지가 너무 변해서 완전히 다른 사람이 되어버렸다고 했다.

　게이지의 변화는 뇌의 앞부분이 생명이나 호흡이 아니라 행동 방식과 관련 있을지도 모른다는 점을 시사했다. 과학자들이 그 원리를 이해하기까지는 그로부터 100년 이상이 걸렸다.

　게이지의 사고 이후 과학자들은 경쟁하듯 뇌의 구조를 연구했다. 사람을 대상으로 연구하기는 어려웠으므로, 의사들은 게이지와 같은 환자들의 부상과 질병 연구, 부검에 의존할 수밖에 없었다. 1970년대에 들어서면서 이 방식은 크게 변했다. MRI(자기공명영상) 기술의 발전으로 의사들은 뇌의 움직임을 관찰할 수 있게 되었다. 의사와 과학자들은 살아 숨 쉬는 인간 뇌의 신경학적 구조와 기능을 살펴볼 수 있게 되었고, 그에 따라 뇌의 작용을 더 깊이 이해할 수 있었다.

　이제 우리는 뇌가 아래에서 위로, 뒤에서 앞으로 발달한다는 사실을 안다. 이 순서는 뇌의 여러 부분이 진화해온 순서와 관련이 있다. 뇌에서 가장 오래된 부분은 척추 근처에 있는 뇌의 밑바닥에 발달했다. 인류의 조상과 동물들의 뇌에도 있는 이 부분은 호흡, 감각, 감정, 성욕, 쾌락, 수면, 허기, 갈증을 담당한다. 게이지가 부상당한 후에도 온전히 남아 있던 동물적 성향은 이곳에서 비롯한다. 간단히 말하면 이 영역은 감정적 뇌라고 여겨진다.

　말 그대로 머리 앞쪽에 있는 전두엽은 이마 바로 뒤에 있다. 가장 최근에 진화한 이 영역은 성장하는 동안 마지막으로 발달하는 영역이기도 하다. '실행 기능 센터'나 '문명의 자리'라는 별명이 있는 전두엽은 논리와 판단을 담당한다. 이곳에서 다루는 냉정하고 합리적인 생각들은 감정적 뇌의 열정적 감정과 충동을 조절하고 균형을 잡는다. 전두엽은 위험을 예상하고 합리적 결정을 내리는 등 고차원적 사고를 담당한다. 또한 오래되고 자동적인 생활방식이나 습관을 의식적으로 바꾸려는 의지를 불러일으키기도 한다.

하나 더 알아둬야 할 점은 전두엽이 확률과 시간을 다루는 동시에 불확실성과 씨름하는 곳이라는 점이다. 그래서 우리는 현재뿐만 아니라 미래도 생각할 수 있다. 전두엽에서 감정을 다스리는 동안 우리는 행동의 결과를 예상하고 그에 맞춰 미래를 계획할 수 있다. 비록 결과를 확신할 수 없고 미래를 알 수 없다 해도 말이다. 이처럼 전두엽은 우리가 앞날을 생각할 수 있게 해주는 부위다.

현대의 전두엽 손상 환자 몇 명에 대해서는 광범위한 기록이 남아 있다.[3] 이런 환자들의 특징은 지적 능력과 구체적인 문제 해결 능력이 그대로인 반면, 개인적·사회적 의사결정 능력이 심하게 손상됐다는 점이다. 이들은 자신에게 그리 이롭지 않은 친구, 배우자, 활동들을 선택한다. 생각이 구체적 수준에 머물러 추상적 목표를 인식하기 어려워하기도 한다. 그래서 며칠 후, 몇 년 후를 계획하는 데 어려움을 겪는다. 어디서 들어본 이야기 같은가? 그럴 만하다. 현대에 와서 과학의 발전과 환자 연구에 힘입어 피니어스 게이지의 수수께끼는 대부분 풀렸다. 1800년대 중반에는 뇌에 부상을 입고도 살아나 그 사건에 대해 말하고, 어떤 행동은 하고 어떤 행동은 할 수 없게 된다는 것은 믿을 수 없는 일이었다. 이제 우리는 신중하고 결단력 있던 피니어스 게이지가 쇠막대기에 전두엽이 뚫리는 사고 이후 무모하고 우유부단한 사람이 된 이유를 이해한다.

어쩌면 20대는 피니어스 게이지와 전두엽에 관심을 가질 필요가 없었을지도 모른다. 그런데 비교적 최근에 우리는 건강한 청소년과 20대의 수많은 뇌 MRI 영상을 통해 전두엽이 20대에도 계속 변화하고 발달한다는 사실을 알게 되었다.[4] 즉 20대에는 빠르고 열정적이고 충동적이고 재미를 추구하고 감정적인 뇌의 활동 준비가 끝난 반면, 느리고 냉정하고 합리적이고 앞날을 생각하는 전두엽의 발달은 끝나지 않았다는 말이다.

물론 20대의 뇌는 손상된 뇌와 다르지만 계속 발달하는 전두엽 때문에 심리학자들이 '불균등uneven'하다고 표현하는 상태가 될 수 있다. 좋은 대학을 나왔어도 어디서부터 경력을 쌓아야 할지 몰라 혼란스러워하는 내담자들이 수두룩하다. 이들은 대학을 수석으로 졸업하고도 데이트 상대를 선택하거나 그 이유를 생각하는 데 어려움을 겪고, 좋은 직장에 들어갔지만 도무지 차분하게 일할 수 없어서 그자리에 어울리지 않는다고 느끼기도 하며, 학교 성적이 썩 좋지 않았던 친구들이 인생에서 앞서가는 이유를 이해하지 못하기도 한다.

그것은 각각 다른 능력이기 때문이다. 학교 성적은 정답이 있는 문제를 시간 안에 얼마나 잘 푸는지에 달렸다. 하지만 성인으로서 한발 앞서 생각한다는 것은 불확실한 상황에서 생각하고 행동하는 능력과 관련이 있다. 전두엽은 앞으로 어떻게 해야 할지 냉정하게 결정하는 데만 관여하는 것이 아니다. 어른들의 딜레마, 즉 어떤 직업이나 배우자를 선택할지, 언제 가정을 이룰지 등의 문제에는 정답이 없다. 전두엽은 무의미한 흑백논리를 넘어 그 사이의 수많은 회색 영역을 받아들이고 그에 따라 행동하는 법을 배우도록 해준다.

전두엽이 늦게까지 성숙한다는 사실은 진짜 삶이 시작되는 30대까지 기다리며 행동을 미루는 이유로 적절해 보일지도 모른다. 최근한 신문기사에 뇌의 발달이 끝나지 않은 20대에게 특별한 서비스를 제공해야 한다는 의견이 제시되기도 했다.[5] 하지만 20대를 너무 단순화하는 것은 그리 좋은 생각이 아니다.

한 발 앞서 생각하는 능력은 나이를 먹는다고 저절로 생기지 않는다. 연습과 경험이 필요하다. 그래서 스물두 살이라도 놀라울 정도로 침착하고 미래지향적이어서 미지의 영역에 직면하는 법을 아는 사람이 있는가 하면, 서른네 살이라도 정반대인 사람이 있다. 사람마다 뇌가 얼마나 다르게 발달할 수 있는지 이해하기 위해 피니어스 게이지의 나머지 이야기를 들어보자.

뇌 손상 후 게이지의 삶은 많은 부분이 과장되어 알려졌다. 교재에서 게이지는 일을 내팽개치고 서커스단에 들어가 다시는 일반적인 삶으로 돌아오지 못한 패배자나 기인으로 그려지는 경우가 많다. 실제로 게이지는 한동안 바넘의 미국 박물관에서 쇠막대기와 자신의 모습을 보여준 적이 있다. 하지만 더 중요한 점은 잘 알려져 있지 않다. 사고 후 12년이 지나 발작으로 사망하기 전까지 게이지는 뉴햄프셔와 칠레에서 오랫동안 역마차의 마부로 일했다. 그는 일하는 동안 일찍 일어나 준비를 했다. 출발 시간인 새벽 4시에 맞춰 매일 말과 마차를 준비했고, 승객을 태우고 목적지를 향해 몇 시간씩 울퉁불퉁한 길을 달렸다. 이 이야기는 게이지가 죽을 때까지 충동적이고 게으른 사람이었다는 인식과 완전히 어긋난다.

역사학자 말콤 맥밀런Malcolm Macmillan은 피니어스 게이지가 일종의 '사회적 회복social recovery' 덕을 보았다는 의견을 제시한다.[6] 마부로서 규칙적인 일과를 보낸 덕분에 게이지의 전두엽이 사고로 잃을 뻔했던 능력들을 되찾을 수 있었다는 것이다. 게이지는 매일같이 쌓은 경험을 통해 개인적으로 사회적으로 다시 신중해졌고 앞날을 생각하게 되었다.

이와 같이 피니어스 게이지는 의사들에게 뇌의 영역별 기능에 대한 기초적인 지식뿐만 아니라 뇌의 가소성(경험이나 환경에 따라 뇌가 변화하는 특성—옮긴이)에 대한 초창기의 증거도 제공한 셈이다. 게이지의 사회적 회복과 이후의 수많은 뇌 연구를 통해 우리는 뇌가 환경과 경험에 반응하여 변한다는 사실을 알게 되었다. 이러한 변화는 특히 뇌가 두 번째이자 마지막 급성장을 이루는 20대에 더욱 두드러지게 나타난다.

20대가 되면 뇌는 커질 만큼 커지지만, 신경 연결망이 정교해지는 과정은 계속된다. 뇌는 약 1천억 개의 뉴런(신경세포)으로 구성되어 있고, 이 뉴런들은 각각 수천 가지 방식으로 연결망을 형성한다. 뇌 내부의 소통은 이 연결망을 통해 일어난다. 그런데 이 신경망들은 두 번의 결정적 성장기를 거치면서 힘들게 얻게 되는 중요한 결과물이다.

생후 18개월까지 첫 급성장기를 경험하는 동안, 뇌에서는 사용할 수 있는 양보다 훨씬 많은 뉴런이 생성된다. 아기의 뇌는 필요 이상으로 많은 준비를 함으로써 아기가 모든 상황에 대비할 수 있게 한다. 이를테면 귀에 들리는 어떤 언어로든 말할 수 있도록 준비하는 것이다. 그리하여 백 단어도 채 모르던 만 1세 아기들이 만 6세가 되면 만 개 이상의 단어를 이해하게 된다.

하지만 이렇게 필요 이상으로 많은 뉴런이 빠르게 만들어지다 보면 연결망이 너무 많아진다. 즉 환경을 효율적으로 인지하지 못해 적응이 어려워진다. 그래서 아기들은 스펀지처럼 정보를 흡수하지만, 몇 단어를 조합해서 문장을 만들거나 양말을 신은 다음 신발을 신는 데 서툴다. 그야말로 잠재력과 혼란이 지배하는 시기다. 첫 급성장기 이후에는 신경망의 효율성을 높이기 위해 '가지치기'라는 과정이 뒤따른다. 사용되는 뉴런과 연결망은 그대로 있고 사용되지 않는 연결망은 제거되는 것이다.

오랫동안 사람들은 평생 이 가지치기가 계속 이뤄지면서 신경망이 정교하게 다듬어진다고 생각해왔다. 그런데 1990년대에 미국 국립정신건강연구소의 연구자들은 과잉생산이 다시 한 번 일어난다는 사실을 발견했다.[7] 이 두 번째 결정적 시기는 청소년기에 시작되어 20대에 끝난다. 이때도 새로운 연결망이 무수히 생겨나 새로운 정보와 기술의 학습 능력이 기하급수적으로 높아진다. 물론 이번에는 학습 범위가 단어나 양말 신기에 그치지 않는다.

청소년기에 새로 만들어지는 무수한 연결은 주로 전두엽에서 일어난다.[8] 이번에는 성인기의 불확실성에 대비하기 위해서다. 진화생물학자들은 유아기가 언어를 준비하는 시기라면, 두 번째 결정적 시기는 성인기의 복잡한 과제들을 학습하기 위한 시기라고 말한다. 즉 이때는 어떻게 적절한 직업을 찾을지, 어떻게 짝을 선택하고 함께 살지, 어떻게 부모가 될지, 언제 어디서 권리를 주장하고 책임질지 배우는 시기다. 이 마지막 결정적 시기에 우리는 성인기의 삶에 빠르게 적응해나간다.

그런데 구체적으로 어떻게 적응하는 것일까?

어린아이가 영어든 프랑스어든 카탈루냐어든 중국어든 환경이 제공하는 정보를 학습하는 것과 마찬가지로, 20대 역시 주변의 모든 환경에 특별히 민감해진다. 그리하여 별 문제가 없다면 살면서 알아야 할 것들을 주변 환경을 통해 배운다.

20대에는 직장생활을 통해 성인기의 삶을 이루는 복잡한 사회적 상호작용 속에서 협상하고 감정을 조절하는 법을 배운다. 직장과 학교는 현대의 많은 직업에 필요한 복잡하고 전문적인 능력을 키울 절호의 기회다. 연애는 결혼 같은 동반자 관계의 준비 단계고, 계획은 가깝고 먼 미래를 내다보는 연습이며, 난관은 배우자, 상사, 아이들과 겪을 어려움에 대처하는 법을 배울 기회다. 20대가 되어 사회적 연결망의 범위가 넓어지면 더 다양하고 많은 사람과 교류하므로, 뇌는 더 나은 방향으로 변화한다.[9]

"함께 발화하는 뉴런은 연결된다"라는 말이 있다.[10] 전두엽은 어떤 일을 하고 어떤 친구들을 만나느냐에 따라 변화한다. 20대에 직장과 모임에서 일과 사랑의 영역을 오가며 이런저런 결정들을 내리는 동안, 일과 사랑, 뇌가 함께 얽혀 돌아가면서 30대 이후 되고자 하는 사람이 되어간다.

하지만 그러지 못할 수도 있다. 마지막 결정적 시기의 절정기인 20대는 한 신경학자가 말했듯 '막대한 위험과 막대한 기회'의 시기다.[11] 물론 20대 이후에도 뇌는 변하지만 새로운 연결망이 무수히 만들어지고 그 결과물을 지켜볼 수 있는 시기는 일생에 다시 오지 않는다. 새로운 것을 이토록 빠르게 배우고, 바라던 모습으로 쉽게 변할 기회 역시 다시 오지 않는다. 어떤 변화를 원하든 20대야말로 가장 쉽게 달라질 수 있는 시기다. 따라서 지금 당장 행동하지 않는 것이 곧 위험 요소다.

'사용하지 않으면 없어지는' 방식에 따라, 전두엽에 새로 생긴 연결망 중 사용되는 것들은 보존되고 정보 전달 속도도 빨라진다.[12] 사용되지 않는 연결망은 가지치기를 통해 제거된다. 우리는 매일 보고 듣고 행동하는 것에 따라 변한다. 매일 보지도 듣지도 행동하지도 않는 쪽으로는 변하지 않는다. 신경과학에서 이는 적자생존이 아니라 '가장 바쁜 자의 생존'으로 알려져 있다.

좋은 직업을 얻고 현실적인 연애를 하면서 현실세계를 살아가는 데 뇌를 사용하는 20대는 가장 적절한 시기에 성인의 언어를 배우는 셈이다. 앞으로 살펴보겠지만 이들은 그 시기를 어떻게 활용함으로써 어떻게 뇌가 재조정되는지 주의 깊게 지켜보는 법을 배운다. 일과 사랑의 영역에 차분히 임하는 법을 배움으로써 숙달과 성공을 경험하고, 인생의 흐름을 타고 앞서 나가는 법을 배움으로써 더 행복하고 당당해진다. 삶을 계획하는 법을 배움으로써 원하는 바를 모두 이루어가고 결정적인 시기가 지나가기 전에 앞날을 내다보는 법을 배운다. 뇌를 사용하지 않는 20대는 30대가 되었을 때, 직업인으로서, 누군가의 동반자로서, 인간으로서 뒤처졌다고 느낄 뿐만 아니라 아직 경험하지 못한 많은 기회를 놓치고 만다.

우리는 불확실성에 쉽게 압도된다. 그래서 뇌가 저절로 성숙해서 어느 순간 인생의 정답을 깨달을 때까지 도시 부족이나 부모님과 함께 가만히 기다리고 싶어 한다. 하지만 뇌는 그런 식으로 움직이지 않는다. 인생도 마찬가지다. 게다가 뇌는 기다릴 수 있더라도 일과 사랑은 기다려주지 않는다. 20대는 정말로 바빠져야 할 시기다. 이것이야말로 불확실한 시대를 살아가기 위한 '한 발 앞서 생각하기'다.

— ★★★ —

사회실험

A Social Experiment

————

짧은 시간을 소중히 여기면 긴 시간은 자연히 잘 흘러간다.

티베트 격언

나의 치유는 내 삶에 관심을 기울이는 데서 시작됐다.

언론계 거물 오프라 윈프리(Oprah Winfrey)

2020년에 나는 '바다 학기Semester at Sea'라는 프로그램에서 학생들을 가르치는 즐거움을 누렸다. 바다 학기는 호기심과 열정이 넘치고 유쾌한 500명의 20대와 함께 배를 타고 세계를 돌아보는 프로그램이다. 우리는 샌디에이고에서 암스테르담까지 세 개의 대양을 건너고 십여 개국을 거쳐 항해했다. 우리는 함께 먹고, 웃고, 배우고, 여행했으며, 큰 방에서 함께 지냈다. 그것은 경험을 통한 최고의 교육이었다.

학생들은 대개 익숙한 틀을 벗어나기 위해 이 프로그램에 지원한다. 쉽게 내릴 수 없다는 것을 알면서도 배에 오르고, 좁은 선실에서 모르는 사람들과 함께 지내며, 낯선 규범과 언어를 사용하는 새로운 장소들을 여행한다. 부모님과 수천 킬로미터 떨어져 이 모든 일을 하는 데는 용기가 필요하다. 학생들은 문화충격을 수없이 경험하고 기대한다. 어찌 보면 그것이야말로 그들의 목적이다. 이들은 타인에 대해 배움으로써 자신에 대해 알고 싶어 하고, 다른 삶과 생각을 접함으로써 자신의 삶과 사고방식을 돌아보고 싶어 한다.

많은 학생이 처음으로 예상치 못한 문화충격에 빠진 시점은 아마도 태평양을 건너면서였을 것이다. 배가 샌디에이고를 떠나 일본으로 향하는 동안 우리는 인터넷 없이 3주를 보내야 했다. 기껏해야 하루에 10분, 느려터진 무선인터넷에 접속할 수 있을 뿐이었다.

디지털 원주민이라고 불리는 20대에게 이는 큰일이었다. 인터넷을 하면서 자란 이들에게 무선인터넷과 단말기는 수돗물, 전기, 자동차처럼 삶의 일부다. 대부분의 20대가 인터넷과 단말기 없이 살아본 경험이 없을 정도로 그들에게 이는 필수적인 부분이다. 그래서 많은 학생에게 인터넷 없는 생활은 일본 선사禪寺에서의 명상수련이나 베트남 메콩강 삼각주의 공예마을 방문만큼 귀중한 경험이었다. 당연하게 여겨온 자신의 생활방식을 다시 생각해봐야 했기 때문이다.

한 학생은 대양 한가운데에서 보낸 이 기간이 일종의 사회실험이었다고 예리하게 지적했다. 무작위로 참가자를 선정하거나 다른 조건에 배정하는 과학적 실험이라는 의미가 아니다. 자료를 수집하지도 않았고 통계적으로 분석하지도 않았다. 그저 학생들이 인터넷 없는 생활이라는 특정한 생활방식을 체험해야 했다는 의미다.

물론 학생들은 가끔 힘들어하기도 했다. 인터넷 제한은 설탕이나 탄수화물, 마리화나처럼 몸과 마음에 익숙한 물질을 줄이는 것과 같다. 하지만 학생들은 거의 예외 없이 SNS와 핸드폰에서 멀어진 삶이 더 낫다는 것을 깨달았다. 이 일은 그들뿐만 아니라 나에게도 놀라운 경험이었다. 정신이 번쩍 들고 슬프기까지 했다.

다음 내용은 핸드폰 없는 생활이라는 사회실험을 겪은 학생들의 삶에 대한 통찰이다. 독자들이 이 주제에 관해 가장 들어봐야 하는 이야기는 내 의견이나 연구 결과가 아니라 같은 20대의 생각과 느낌일 것이다. 많은 사람이 SNS나 핸드폰 없는 삶이 어떨지 궁금해 한다. 바다 학기에 참여한 학생들과 나는 그것을 경험했다. 이들의 묘사를 자료 삼아 스스로 결론을 내려보기 바란다.

당연한 이야기지만 몇몇 학생들은 SNS의 영향에서 자유로워진 느낌, 인스타그램에서 좋은 모습만 보여줘야 한다는 걱정에서 벗어난 느낌에 대해 서술했다.

- 배 안에서 저는 전보다 훨씬 더 행복해졌어요. 만난 적도 없는 사람들을 포함해 저보다 더 멋지고 대단한 일을 하는 사람들을 끊임없이 지켜보지 않아도 되었으니까요.
- 처음에 배를 탔을 때는 스냅챗이나 인스타그램에 올려야겠다고 생각했어요. 제가 재미있게 지낸다는 걸 사람들에게 보여주려고요. 하지만 이 경험으로 배운 점은 모든 일을 인터넷으로 공유할 필요가 없다는 거예요. 전 제가 재미있게 지내는 걸 알고 있으니까요. 그리고 제가 하는 일을 세상에 보여줘야겠다는 생각 자체가 이젠 얄팍하게 느껴져요.
- 다 같이 원하는 대로 먹고 생활하며 즐겁게 지내서 좋고, 이걸

인터넷으로 전 세계 사람들과 공유할 필요가 없고 그럴 방법도 없다는 게 정말 좋아요.

요컨대 학생들은 '비교와 좌절'을 할 수 없는 삶이 더 낫다는 것을 깨달았다. 하지만 이 책은 SNS가 아니라 시간에 관한 이야기다. 20대에 시간을 보내는 방식과 시간에 대한 생각이 중요하다는 다소 급진적인 생각에 관한 책이다. 나는 무엇보다도 학생들이 핸드폰에 주의를 덜 뺏길 때 어떻게 시간을 활용했는지, 그에 대해 어떻게 생각하는지가 특히 궁금했다. 다음은 학생들의 의견이다.

- 밤에 인터넷을 할 수가 없으니 자는 것 말고는 할 일이 없더라고요. 모두들 푹 쉬고 더 행복해진 것 같아요.
- 실제로 학생들은 수업에 더 집중해요. 그래서 학습 분위기가 훨씬 더 활기차죠. 모두 적극적으로 참여해요.
- 인터넷을 못 하는 동안 깨달은 점이 있는데, 핸드폰을 들여다보느라 더 건강하고 행복해지는 일들을 못했다는 사실이에요. 운동하거나 야외에서 책을 읽는 것 말이죠.
- 핸드폰에 그렇게 많은 시간을 뺏기지 않는다면 대부분 더 생산적인 사람이 될 수 있고, 뭘 하면서 살고 싶은지도 알 수 있고, 더 행복해질 수 있어요.

거의 20년 전 금연에 성공한 20대 내담자가 있었다. 그녀가 금연 이후 가장 먼저 알아차린 점은 건강해졌다는 것이 아니라(흡연자의 건강 문제는 대개 한참 후에나 시작되므로) 시간이 많아졌다는 점이었다. 그녀는 하루에 담배 한 갑을 피웠고 한 개비 피울 때마다 5~10분 정도 쉬러 나갔다. 한 갑에 20개비가 들어 있으니 하루에 100분에서 200분, 즉 두세 시간을 담배 피우는 데 쓴 것이다. 그것도 매일.

이 이야기가 터무니없게 느껴지는가? 최근에 또 다른 내담자는 인스타그램 하는 시간을 줄이고 싶다고 말한 적이 있다. 그래서 나는 이렇게 물었다.

"인스타그램을 얼마나 오래하나요?"

내 질문에 내담자는 멋쩍게 대답했다. "세 시간 정도요."

나는 일주일에 세 시간이기를 바라며 대답을 이끌어내듯 물었다. "세 시간이라면…?"

그녀는 얼굴을 찡그리며 대답했다. "하루에 세 시간이요."

유해하고 주의를 흐트러뜨리는 습관이 다른 습관으로 바뀔 수는 있지만, 결과는 마찬가지다. 하루에 세 시간 담배를 피우든 인스타그램을 하든, 결국 그 시간들을 당신의 뇌와 몸, 인생에 이롭지 않은 활동에 쓰는 셈이다.

학생들은 항해하는 동안 남는 시간에 이런 활동들을 했다. 강당에서 함께 영화를 보고, 장기자랑을 하고(어쩌나 재능들이 넘치는지!), 꼭대기 갑판에서 별을 구경하고, 항해 중 들른 나라나 선상에서 열린 저녁 강의에 참석하고, 해돋이를 보며 요가를 하고, 북클럽 활동을 하고, 이 여행을 짧은 영상으로 만들어 상영하고, 보드게임을 하고, 패션쇼를 열어 세계 각국에서 사온 옷들을 보여주고, 내 아이들을 비롯하여 바다 위에서 홈스쿨링을 받는 교직원 자녀들의 공부를 도와주기도 했다. 학생들은 SNS와 핸드폰을 마음껏 사용할 수 있었다면 이런 일들이 일어나기 힘들었을 것이라고 거듭 말했다.

선상에서 강의하면서, 나는 학생들에게 서른 살까지 얼마나 달라지고 싶은지 물었다. 그때 우리는 20대에 뇌를 사용할수록 발달한다는 내용을 배우고 있었다. 그래서 나는 어떤 습관을 키우고 어떤 습관을 버리고 싶은지 물었다. 학생들은 더 많은 책을 읽고, 그림을 그리고, 규칙적으로 운동하고, 재능을 계발하고, 새로운 취미를 가져보고, 새로운 언어를 배우고, 더 많이 자고 싶다고 말했다. 반면 많은 학생이 '덜' 하고 싶다고 말한 것은 핸드폰 들여다보기 하나뿐이었다. 어떤 변화를 원하든 가장 쉽게 변할 수 있는 시간은 바로 지금임을 잊지 않길 바란다. 많은 20대에게 변화는 핸드폰을 내려놓는 데서 시작된다.

사실 나에게는 앞서 일어난 일들이 그리 놀랍지 않았다. 누구나 가끔 겪는 일을 학생들이 좀 더 오래 극단적으로 경험한 것뿐인데, 그것은 바로 핸드폰을 내려놓을 때 마주하는 현실세계다. 정작 학생들의 이야기에서 놀라운 점은 이 일로 그들의 삶에서 가장 크게 변화한 부분이 인간관계라는 점이었다. 이 디지털 원주민들은 이 정도로 사람들이 자신에게 귀 기울여 준다고 느끼거나 서로 연결되어 있다고 느낀 적이 없다고 날마다 말했다.

아이폰이 출시된 2007년, 서른일곱 살에야 처음으로 스마트폰을 만져본 나로서는 그런 말이 크게 와닿지 않았다. 내 20대 시절에는 다들 얼굴을 맞대고 친해졌다. 내게 가장 중요한 인맥 역시 직접적인 만남을 통해 형성됐다. 그런데 학생들에게 핸드폰과 인터넷 없는 삶에 대해 써보라고 하자 취미나 습관이 아니라 사람에 대한 이야기가 압도적으로 많았다. 지금부터 학생들의 의견을 소개하겠다. 너무 많아 보일 수도 있겠지만 공통된 의견을 충분히 전달하기 위해서이니 양해바란다.

- 전에는 친구들에게 뭔가 말하거나 물어보면 대답을 듣기 어려웠어요. 인스타그램을 보거나, 단체 채팅방에 뭔가 쓰고 있거나, 스냅챗으로 사진을 보내느라 바쁘기 때문이죠. 같이 있을 때 이런 일이 있으면 정말 짜증나고 외로워요. 여기서 만난 친구들과는 진정성 있는 대화를 나눠요. 대화하면서 핸드폰만 쳐다보지는 않아요.
- '현실세계'에서 SNS를 보느라 사람들과 멀어진 그 많은 시간이 얼마나 끔찍한 것인지 이제 알았어요.
- 핸드폰을 들여다보지 않는 사람들과 대화할 수 있어서 정말 좋아요. 우리는 기계가 아니라 서로에게 집중하죠.
- 어제 옆 사람들의 대화를 들어보니 '의미 있고 좋은 일을 하게 되는 원동력'에 대해 이야기하고 있더라고요. 이제 알고 지낸 지 2주밖에 안 된 사이인데 벌써 이렇게 진정성 있는 대화를 나눈답니다. 둘 중 하나라도 쉽게 인터넷에 접속할 수 있다면 그렇게 대화할 수 없을지도 몰라요.
- 대학 친구들과 함께 있을 때는 대화를 나누기보다 다들 아무 생각 없이 화면만 들여다보는 일이 잦아 속상했어요. 이런 식으로는 함께 시간을 보내도 서로에 대해 잘 모르고 배우는 점

도 없지요.

- 배에 오르니 SNS 프로필로 사람들을 판단할 수 없다는 점이 신선했어요. 서로 하나하나 알아가야 했죠. 여행을 시작한 지 얼마 안 되었지만 원래 알던 친구들보다 여기서 만난 사람들을 더 잘 알게 됐어요.

- 마주 앉았을 때 핸드폰을 보지 않기 때문에 서로 경청한다고 느껴요. 그리고 다른 사람들의 게시물을 안줏거리 삼거나 욕하지 않으니 더 긍정적인 기분이 들고요. 우리는 한눈팔지 않고 지금 이 순간에 함께 존재하죠.

- SNS와 핸드폰 사용이 거의 금지되다시피 하니 새로운 사람들과 교류하는 것이 얼마나 즐거운지, 그동안 얼마나 많은 시간을 핸드폰에 낭비했는지 새삼 깨달았습니다.

- 화면만 들여다보는 생활의 가장 큰 문제는 가까운 인간관계가 질적, 양적으로 저하된다는 점이에요.

- 인터넷 사용이 제한되면 나에게 연락하려고 애쓰는 사람과 그러지 않는 사람이 누구인지, 내가 누구의 연락을 기다리는지 생각해볼 수 있어요. 어찌 보면 인터넷 제한은 친구 관계와 SNS를 아주 단순하게 정리하는 방법이죠.

- 배에 탄 지 2주밖에 안 되었는데 여기서 맺은 의미 있는 관계들이 기존 인간관계보다 많다는 사실이 슬퍼요.

- 바깥세상에서는 친구와 가족보다 화면에 몰두하느라 사람들과 점점 더 멀어졌어요.

- 요즘 인간관계는 과거에 비해 얕아요.

- 부끄러운 이야기지만, 학교에 다닐 때 하루에 두 시간은 포르노를 봤어요. 이제는 그럴 시간에 여자들과 대화를 나누죠.
- 이 여행에서 사람들의 진솔한 모습들을 알아가는 것이 얼마나 귀중한지 배웠어요. 그들이 나에게 보여주려는 모습들은 인터넷상에서 보이는 모습과 정반대인 것 같아요.
- SNS를 통해 누구하고나 소통할 수 있는 건 좋지만 가까운 사람들에게 쏟을 에너지가 별로 중요하지 않은 관계로 흘러갈 수도 있어요. 나는 이런 식으로 사람들이 얄팍해진다고 생각해요. 중요한 사람에게 집중하는 대신 온 세상 사람에게 관심을 받으려고 하기 때문이죠.

10년 전쯤 《생각하지 않는 사람들: 인터넷이 우리의 뇌 구조를 바꾸고 있다The Shallows: What the Internet Is Doing to Our Brains》라는 책이 출간되었다. 이 책은 우리가 인터넷상에서 링크를 타고 이리저리 돌아다니면서 한 주제에 꾸준히 집중하거나 깊이 파고드는 능력을 잃어버리고 있다고 주장한다. 이번에는 '인터넷이 우리의 인간관계를 바꾸고 있다'라는 부제로 또 한 권이 나와야 할 듯하다. 바다 학기에 참여한 학생들처럼 오늘날의 20대는 SNS와 핸드폰, 인터넷이 있는 한 서로에게 크게 관심을 갖지 않게 되고, 대화와 친구관계도 얄팍해진다는 사실을 알아차리고 안타까워하고 있다.

인간관계는 우리 뇌와 몸에 필요한 요소이다. 인간관계는 정서적 면역체계를 형성하고 행복과 건강을 증진시킨다. 특히 놀라울 정도로 힘들고 외로울 때가 많은 20대 시절에는 더욱 그렇다. 그런데 바다 학기에 참여한 학생들, 내담자들, 독자들은 핸드폰을 비롯한 인터넷 기기 때문에 인간관계가 정신적 도움이나 행복의 근원으로서 제 기능을 못하고 오히려 스트레스를 준다고 입을 모아 말한다.

요즘 20대의 주된 정신 건강 문제로 불안이 많이 거론되지만,[1] 모든 유형의 불안이 늘고 있지는 않다. 20대에서 가장 흔하게 나타나는 불안 유형은 사회적 불안이다. 스스로 사회적으로 부적절하고, 고립되었고, 무능하고, 뒤처진 느낌이라고 말하는 젊은이들이 늘고 있다. 이들은 모르는 사람들과 함께 있을 때, 때로는 아는 사람들과 함께 있을 때도 초조하고 타인의 시선을 의식한다고 말한다.

나 역시 사회생활에서 문제를 겪는다는 사람들을 많이 본다. 최근 상담을 받으러 오거나 나에게 이메일을 보내는 20대가 유례없이 늘어남에 따라 이런 사례를 보게 되었다. "사람들과 깊게 친해지는 법을 모르겠어요." "제일 친하다고 할 만한 친구가 한 명도 없었어요." "데이트해본 적이 없어요." "남자와 키스해본 적이 없어요." "다른 사람들이 날 어떻게 생각할지 끊임없이 생각해요." 주변에 사람이 가장 많이 필요해지는 시기에 젊은이들의 사회적 삶에 끼치는 이런 해악이야말로 '사회적' 매체라는 SNS의 우스운 점일 것이다.

그렇다면 20대는 어떻게 해야 할까? 모두가 바다 학기에 참여할 수도 없고, 참여한 학생들도 언젠가는 일상으로 돌아가야 한다. 이런 이색적인 사회실험이 우리에게 도대체 무슨 도움이 될까?

우리는 이미 사회실험을 경험하고 있다. 선진국에서는 청년 10명 중 9명이 스마트폰을 가지고 있고,[2] 신흥경제국가에서도 그 수가 빠르게 증가하고 있다. 이들은 제한 없이 인터넷에 접속하여 서로 비교하고 주의를 빼앗기고 음란물과 혐오 발언, 가짜 뉴스를 접하고 쇼핑하는 등 무수한 경험에 노출되지만, 그 결과에 대해서는 잘 알지도 못하고 신경 쓰지도 않는다. 이 모든 일의 영향을 제대로 아는 사람은 아무도 없다. 좋든 싫든 알든 모르든 20대는 1세대 디지털 원주민으로서 사상 최대의 사회실험일지도 모르는 상황에 놓여 있다.

그럼 나만의 사회실험을 해보는 건 어떨까? 20대 이상의 많은 성인은 일할 때 화면을 봐야만 하지만, 자신이 오락적인 용도로 인터넷을 얼마나 사용하는지 관찰하거나 잠시 핸드폰을 멀리하고 지식을 활용하여 생활방식을 바꿔볼 수 있다. 바다 학기에 참여한 학생들은 인터넷 기기 없이 생활해본 뒤 다음과 같은 결론을 내렸다.

- 전 핸드폰 없이는 살 수 없다고 생각했어요. 우스운 얘기지만 핸드폰은 저의 전부였거든요. 핸드폰이 저를 이런 사람으로 성장시켜줬다는 말은 아니지만 그게 없으면 아무것도 못할 거라 생각했어요. 언제 일어나야 할지, 지금 어디 있는지, 어디로 가고 있는지도 모르잖아요. 사실 확인을 해봐야 할 때, 사진을 찍어야 할 때, 노래를 듣고 싶거나 세상에서 무슨 일이 일어나는지 알아야 할 때는 어떡해요? 누가 나에게 말을 걸고 싶을 때는요? 그런데 배에 오른 후에는 그런 걱정을 전혀 하지 않았어요. 핸드폰이 그리 필요 없다는 증거겠죠. 희한하게도 핸드폰이 없으니 스트레스를 덜 받아요. 그래서 집에 돌아가도 계속 이렇게 하고 싶어요.
- 인터넷 기기에서 멀어지는 경험은 눈이 번쩍 뜨일 정도로 놀

라웠습니다. SNS를 하는 습관이 그리 유익하지 않았다는 사실을 깨달았어요. 앞으로 이 습관을 꼭 바꾸고 싶네요.

- 팔로워들에게 기후 변화와 건강한 생활방식, 세계의 사건들을 알려주는 SNS 인플루언서들이 늘고 있어요. 저는 인스타그램과 유튜브에서 배운 점들과 새로운 습관에 감사해요. 하지만 SNS 없는 생활이 더 자유롭고 기분 좋다는 것도 깨달았어요. 각자 어떤 콘텐츠를 소비하는지, 인터넷과 실생활의 균형을 잡을 수 있는지가 중요한 것 같아요.

- SNS에 시간을 덜 쓸 때의 특징은 비로소 스스로 생각하게 된다는 점이에요.

- 핸드폰을 확인할 수 없어서 처음에는 불안했어요. 하지만 SNS를 못 하게 됐을 때 얼마나 마음이 놓였는지 몰라요. SNS를 할 수 있으면 핸드폰을 내려놓으려는 사람이 거의 없죠. '현실세계'로 돌아가려니 좀 걱정이 돼요. 거기선 모두가 핸드폰을 붙들고 제 댓글을 기다릴 테니까요.

- 이번이 생활방식을 바꾸고, 더 나은 습관을 길러서 돌아갈 기회라고 생각해요.

- 더 많은 사람이 온전히 현재에 존재한 적 없다는 걸 깨닫기 시작한다면 미래가 어떻게 달라질지 궁금해요.

인터넷 기기를 너무 오래 사용하는 것이 뇌에 해롭다는 연구 결과도 많다. 하지만 이 책의 중심 내용이자 이 장에서 내가 말하려는 핵심은 그보다 훨씬 간단하다. 요컨대 20대에게 시간은 가장 귀중한 자원이고 언제 어디서든 시간을 보내는 방식이 중요하다는 것이다.

　5분의 '담배 타임'처럼 아주 조금씩이라도 인터넷 기기를 사용하는 시간이 쌓이면 몇 시간, 며칠이 날아간다. 그 사이에 우리는 건강과 수면, 취미, 목표를 빼앗기는 셈이다. 서로 유대를 맺고 지지해줄 절호의 기회도, 인간관계도 빼앗긴다. 현재를 빼앗기므로 미래도 빼앗긴다. 가장 결정적인 시기와 삶 전체를 빼앗긴다. 자신의 현재 모습과 앞으로 원하는 모습에 집중하지 않고 한눈을 파는 것은 목적 있는 삶에서 완전히 멀어지는 길이다. 이 순간 하고 있는 일에 집중하지 않으면 시간은 그냥 지나가버린다.

자신을 다스리기

Calm Yourself

———

새로운 시도를 할 때는 자기가 뭘 하고 있는지 모른다.
그것이 가장 큰 난관이다.
디자이너 제프리 칼미코프(Jeffrey Kalmikoff)

비판의 바람이 불 때마다 이리저리 흩날렸다.
작가 새뮤얼 존슨(Samuel Johnson)

　"직업 소개란을 보면 정말 멋져 보이는데, 사실 저는 제 직업이 너무 싫어요." 수화기 너머에서 이런 말과 함께 훌쩍거리는 소리가 들렸다. "그냥 그만둬도 된다고 말해주세요. 그러면 하루는 더 버틸 수 있어요. 제발 그만둬도 된다고 해주세요. 이 일을 영원히 하고 있진 않을 거라고 말이에요."

　"절대로 그 일을 영원히 하진 않을 거예요. 당연히 그만둬도 되고요. 하지만 그러면 안 될 것 같아요."

　훌쩍이는 소리가 났다. 대니얼은 예전에 상담을 받던 내담자였다. 여러 임시직을 거쳐 쌓은 경험과 인맥을 통해 명성 높은 뉴스 진행자의 보조가 되었지만, 해냈다는 생각도 잠시뿐이었다. 대니얼은 몇 주 만에 그 어느 때보다도 상태가 나빠졌다. 우리는 다시 상담을 시작했다. 대니얼은 월요일 아침마다 뉴욕의 사무실로 출근하는 길에 전화 상담을 받았다.

대니얼의 상사는 거의 매일 하루에도 몇 번씩 소리를 질렀다. 대개 대니얼이 전지전능하지 못하다는 이유에서였다. 그는 A씨가 아무 때나 전화 연결이 된다는 것도 모르느냐, 상사인 자신이 1등석에서 쫓겨날 수 있다는 것을 왜 미리 내다보지 못했느냐는 식으로 책망했다. 최악의 사건은 상사가 무작정 차를 몰고 코네티컷인지 뉴저지인지 시내로 가다가 길을 잃은 일이었다. 그는 사무실에 있는 대니얼에게 전화로 "도대체 여기가 어디야!"라며 고래고래 소리를 질렀다. 공황 발작 직전의 상태로 앉아 있는 대니얼이 길을 안다는 듯 말이다.

대니얼의 상황은 너무 극단적이라 비현실적으로 보일 수도 있다. 그녀의 상사는 실제 인물이 아니라 영화 등장인물에 가까워 보였다. 하지만 그는 실제로 존재했고 대니얼도 마찬가지였다. 누구나 한두 번씩 이와 비슷한 일들을 겪는다.

내가 대학원생이었을 때 지도교수 중 한 명이 저명한 심리 분석가였다. 그 교수에게 배정받은 것은 영광이었지만, 들리는 이야기로는 그분이 너무 바빠서 여러 가지 일을 동시에 하려는 문제가 있다고 했다. 소문에 따르면 그 교수는 온 시내를 돌아다니며 세탁물을 찾거나 은행에 들르는 동안 차 안에서 학생들을 지도한다고 했다. 하지만 그 교수는 나에게 '올해는 다를 것'이라고 말했다. 학생 지도 시간에는 연구실을 떠나지 말라는 엄중한 지시를 받았다는 것이다. 나는 나빠 봐야 얼마나 나쁘겠느냐고 생각했다.

우리는 매주 화요일 점심시간 후 만났다. 교수는 보통 연구실에 늦게 도착했다. 손에는 내 말을 들으면서 처리할 일들을 가득 쑤셔 넣은 가방을 들고 있었다. 어떤 날은 뜨개질을 했고 팩스를 보내거나 연구실 청소를 할 때도 있었다. 한번은 사람을 불러 소파 천을 갈기도 했다.

어느 날 오후, 나는 마주 앉은 교수가 가방에 손을 뻗는 모습을 보고 이번에는 뭘까 생각했다. 그녀는 양파 한 자루를 꺼내더니 이어 도마를 꺼냈다. 그다음은 크고 번쩍이는 부엌칼이었다. 그녀는 더듬거리며 상담 기록을 설명하는 나에게 조언을 해주면서 내내 무릎에 도마를 놓고 양파를 썰어댔다. 그동안 내 쪽은 쳐다보지도 않다가 지도 시간이 끝나 "시간 다 됐구나!"라고 말하면서 나를 바라보았다. 교수는 그제야 내가 눈물을 줄줄 흘리는 것을 알아차렸다. 거의 양파 때문이었지만 감정이 북받친 까닭도 있었다. 그녀는 나에게 물었다.

"아, 이것 때문이구나?"

내가 할 수 있는 일은 미소를 지으며 "뭐 만드세요?"라고 말하는 것뿐이었다. 아마 무슨 파티라도 여는지 초저녁까지 지도 시간이 잡혀 있어서 연구실에서 음식을 준비하는 모양이었다. 나는 인사를 하고 나올 때까지 이것이 지극히 평범한 상황인 듯 행동했다. 실제로 그랬을 수도 있다. 누구나 이렇게 직장에서 스스로 헤쳐 나가야 하는 힘들고 괴상한 경험을 한다.

처음으로 직장생활을 하는 20대는 충격에 빠지기 마련이다. 쉽고 편한 일 말고 정식으로 직장인이 되었을 때 말이다. 신입 동기와 뭉쳐 다니기는커녕 뭐든 밑바닥에서 혼자 시작해야 한다. 꼭대기에는 대니얼의 상사 같은 윗사람이 있다. 그들이 그 자리에 있는 이유는 경영 능력이나 업무평가 점수가 아니라 재능이나 경험 덕분이다. 상사들 중에는 일을 가르쳐주려는 생각이 전혀 없는 사람도 있고, 방법을 몰라서 못 하는 사람도 있다. 하지만 20대에게 완전히 낯선 직장생활을 헤쳐 나가는 법을 가르치는 임무는 대개 그런 사람들에게 있다. 이런 상사와는 둘도 없는 원수지간이 될 수 있지만 원래 그런 것이다.

한 인사업무 담당자에게 이런 말을 들은 적이 있다. "20대에게 누가 좀 말해줬으면 좋겠어요. 회사에는 지금까지와 완전히 다른 문화가 있다고 말이에요. 이메일을 '저기요'라는 말로 시작하면 안 돼요. 승진할 때까지 아니면 칭찬 한마디 들을 때까지 한 가지 업무에만 매달려야 할 수도 있고요. 일과 관련된 트윗을 올려도 안 되고 어떤 복장을 피해야 한다는 말도 들을 거예요. 어떻게 생각하고 글을 쓰고 행동해야 할지도 고민해야 해요. 직장 경험이 없는 20대는 이런 점들을 모르죠. 일터에서 친구들과 잡담하면서 아르바이트하던 사람들도 마찬가지고요."

20대에게는 갑작스러운 일들이지만 매일 직장에서 일어나는 일은 중요하다. 오타도 중요하고 병가도 중요하다. 근로자에게만이 아니라 회사의 손익에도 영향을 미치기 때문이다. 대니얼은 이렇게 말했다. "학생 시절엔 이렇게까지 걱정하지 않았어요. 어차피 별일 아니라는 걸 알고 있었거든요. 학교를 그만두진 않을 거고 학점만 적당히 채우면 남들처럼 학위를 받고 나갈 테니까요. 끝은 다 똑같았어요. 하지만 지금은 제가 하는 일이 상사뿐만 아니라 여기서 일하는 모든 사람에게 영향을 미쳐요. 이 걱정에 잠을 못 이루는 거예요. 매일 잘릴 것 같다고 생각해요. 누군가를 실망시킬 것 같기도 하고요. 사람들은 제가 필요 없다는 걸 알아버릴 거예요. 여기 있을 사람이 아니라는 걸요. 제가 이력서를 부풀려서 썼다거나 어른인 척하는 걸 눈치챌 거예요. 그러면 어딘가에서 웨이트리스 일을 하면서 살겠죠."

하지만 대니얼은 잘리기는커녕 더 큰 책임을 맡았다.

대학 시절 TV 방송국에서 인턴으로 일했던 대니얼은 상사에게 커피를 나르지 않을 때면 아무도 보지 않는 짧은 뉴스 제작에 참여할 수 있었다. 이를테면 센트럴 파크에서 고양이가 나뭇가지에 걸린 일이나 독립기념일 불꽃놀이에 대한 뉴스였다. 친구와 가족들은 대니얼이 그렇게 좋은 직업을 가졌다니 정말 잘됐다고 말했다. 하지만 대니얼은 그리 기분이 좋지 않았다. 일은 좋았지만 평생 그토록 불안하고 무능하다고 느낀 적이 없었다. 대니얼은 스스로 '어쩌다' 잘된 사람이라고 여겼고 자신감이 항상 바닥이라고 말했다.

대니얼은 있어야 할 곳에 제대로 있었다. 20대가 직장에서 불안과 무능함을 느끼지 않는다면 대개 자만하거나 자기 능력보다 쉬운 일을 하고 있는 것이다. 방송 제작에 관심이 있던 대니얼에게 이 일은 기회였다. 문제는 대부분의 20대와 마찬가지로 대니얼이 실수를 한다는 점이었다. 대니얼은 윗사람에게 적절하지 못한 말투로 이메일을 보낸 적도 있고 마이크 위에 카메라 가방을 두는 바람에 소리가 제대로 녹음되지 않은 일도 있었다. 가끔 회의 때 목소리가 갈라져 나오기도 했다.

이런 일들이 일어나면 복도에서 쌩하니 지나가버리는 선배들도 있었다. 그제야 대니얼은 큰 실수를 했음을 깨달았다. 가끔 상사에게 불려가는 일도 있었다. 인터넷 기사 제목에 전 대통령의 이름을 틀리게 쓰는 식의 실수 때문이었다. 상사는 엄한 목소리로 말했다. "이 나라 절반을 열 받게 해선 안 돼. 특히 공화당 쪽은."

대니얼이 직장에서 느끼는 불안은 20대라면 근무시간에 으레 경험하는 자잘한 상처였다. 대니얼은 나쁜 일이 일어날 때마다 가슴이 철렁 내려앉았고 큰 타격을 입었다. 출근 전에는 속이 울렁거려서 아침을 거르기 시작했다. 밤에는 상사에게 들은 말을 곱씹거나 혼날 일을 생각하느라 잠을 이루지 못했다. "직장에서 돌아다닐 때 마치 독일군이 공습을 퍼붓는 런던 시내를 걸어 다니는 기분이에요. '아직까진 별일 없었어'라고 항상 생각하고, 하루가 무사히 끝날 때까지 몇 시간이나 버텨야 하나 세어보기도 해요."

대니얼은 내가 만나본 20대 중 좋은 직업을 가진 사람들과 많이 비슷해 보였다. 20대의 직장생활이 어떤지 알려면, 무엇보다 20대의 뇌에서 일어나는 정보처리 과정을 이해할 필요가 있다.

진화론에 따르면 뇌는 느닷없이 당하는 일에 특히 주의를 기울이게 되어 있다. 그래야 다음에 또 그런 일이 일어날 때를 대비할 수 있기 때문이다. 심지어 새로움을 탐지하는 영역이 따로 있어서 낯설고 색다른 일이 일어날 때 화학 신호를 보내 기억을 자극한다.[1] 연구를 통해 알려진 사례들을 잠깐 살펴보자. 사람들에게 평범한 물체(집)와 괴상한 물체(얼룩말 머리가 달린 자동차)의 사진을 보여주면 괴상한 물체의 사진을 더 잘 기억한다.[2] 마찬가지로 갑자기 뱀 사진에 놀란 사람은 뱀 바로 다음에 나온 슬라이드의 내용을 더 잘 기억해낸다.[3] 실험이든 실제 상황이든 사람들은 평범한 사건보다 강렬한 감정을 일으키거나 흔치 않은 사건들을 더 잘 기억한다.[4]

우리는 놀랍거나 화나는 일을 더 오래 생생하게 기억하는 경향이 있다. 연구자들은 이것을 '섬광기억'이라고 부른다. 마치 뇌가 사진을 찍듯 그 순간이 번쩍 하고 멈춘 상태로 저장되기 때문이다. 그래서 윗세대 사람들이 9.11 테러가 일어난 날 뭘 했는지 정확히 기억하듯 당신 역시 총기난사 사건이나 농구선수 코비 브라이언트의 사망 소식, 코로나19로 학교가 폐쇄된다는 소식을 들었을 때 어디에 있었는지 기억할 것이다. 충격받고 위험하다고 느낀 뇌는 미래를 대비하기 위해 사진 찍듯 기억을 남긴다.

20대에는 새롭고 색다른 일들이 무수히 일어나는 세상으로 들어간다. 이 시기의 삶은 놀라운 순간과 섬광기억으로 채워진다. 실제로 여러 연구 결과에 따르면 어떤 발달 단계보다도 성인기 초기의 기억이 가장 생생하다.[5] 꿈꾸던 직장에 들어간 일, 첫 데이트, 친구들과 스카이다이빙한 기억 등 유달리 행복한 기억이 있다. 한편 한 명에게 답장을 보내려다가 전체답장 버튼을 누른 일, 피임하지 않고 하룻밤을 보낸 후 꼬박 일주일 동안 성병검사 결과를 기다리느라 속을 태운 일, 문자 메시지로 차인 일 등 힘든 기억도 있다.

나는 스물여덟 살쯤엔가 맡은 첫 대학 강의에서 학생 300명의 시험 점수를 기록하지 않고 시험지를 돌려준 적이 있다. 이런 실수는 한 번뿐이다. 누구나 한번쯤 힘든 일을 겪고 나서야 교훈을 얻는다. 우리 뇌는 그 교훈을 깊이 새기기 위해 사진을 찍는다. 이것이 흔히

"절대로 잊어버리지 않을 교훈이야"라고 말하는 이유다. 이런 일들은 견디기 힘들지만 효율적이고 불가피한 성장 과정이다.

충격을 통해 교훈을 얻는 일은 어느 나이에나 일어나지만 20대는 이런 순간들을 특히 더 힘들다고 받아들인다.[6] 앞서 언급했던 20대의 '불균등한' 뇌를 떠올려보자. 열정적이고 감정적이며 활발히 반응하는 뇌는 완전히 발달했지만, 냉정하고 합리적이며 이성으로 감정을 다스리는 전두엽의 발달은 아직 진행 중이다. 20대는 이런 상태로 직장생활을 해야 한다. 그래서 대니얼 같은 젊은이들이 직장에서 문제가 생겼을 때 이성적으로 대처하지 못하고 감정적으로 반응하는 것이다.

미국 심리학의 아버지라 불리는 윌리엄 제임스는 이렇게 말했다. "현명함의 비결은 그냥 넘어가야 할 일을 아는 것이다." 이런 측면에서는 나이 든 사람들이 대개 젊은 사람들보다 현명하다. '긍정성 효과'로 알려진 이런 경향은 나이가 들면서 나타나기 시작한다.[7] 나이가 들면 긍정적 정보에 더 흥미를 느끼고 부정적 정보에 덜 반응하게 된다. 사람들 사이의 갈등에도 관여하지 않고 그저 흘러가는 대로 놔둔다. 특히 자기 주변 사람들이 얽혀 있을 때는 더욱 그렇다. 하지만 젊은 사람들은 긍정적인 정보보다 부정적인 정보를 더 쉽게 발견하고 속상해하며 더 오래 기억한다. MRI 연구에서도 20대의 뇌가 부정적 정보에 더 강하게 반응하는 것으로 나타났다.[8] 나는 대니얼에게 20대의 뇌가 갑작스러운 사건과 비판에 감정적이고 부정적으로 강렬하게 반응한다는 사실을 알려주었다. 그래서 (내 동료의 표현에 따르면) 많은 20대가 바람에 날리는 낙엽과 같은 기분을 느낀다고도 말했다. 일이 잘 풀리는 날은 구름 위를 떠다니는 것 같지만 상사에게 질책 한마디만 들어도 땅바닥에 내동댕이쳐지는 기분이 된다. 직장에서든 연애에서든 안 좋은 소리를 들으면 기분이 나아지지 않는 것이다.

"바람에 날리는 나뭇잎, 제가 딱 그런 기분이에요. 상사가 저에게 그런 영향을 미쳤으리라고는 전혀 몰랐어요. 그 사람은 지금 제 인생에서 누구보다도 중요한 사람이에요. 거의 신 같은 존재죠. 그 사람의 말은 최종 판결처럼 느껴져요."

나이가 들면 나뭇잎보다 나무에 가까운 기분을 느끼게 된다. 튼튼한 뿌리와 경험 덕분에 바람에 흔들릴지언정 부러지지 않고 단단히 서 있을 수 있다. 살다 보면 바람이 더 심해지기도 한다. 즉 주택 융자금을 갚아야 하는 상황에서 받는 해고 통지가 더 무서울 수 있다. 오타 정도의 실수가 아니라 수백만 달러짜리 계약을 날리거나 소프트웨어를 출시한 날 하루 종일 회사 홈페이지가 먹통이 되는 일도 일어날 수 있다. 하지만 열심히 일하는 젊은이들과 나이 든 사람들은 전에도 그런 태풍을 겪어보았기 때문에 문제가 해결되리라는 자신감, 적어도 견뎌낼 수 있다는 자신감으로 버틸 수 있다.

가끔 나에게 일 때문에 잠을 못 잘 정도로 속 태운 적이 있느냐고 묻는 내담자들이 있다. 물론이다. 이 책 초판을 쓰던 무렵 한밤중에 급히 옷을 걸치고 응급실로 달려간 적이 있다. 한 내담자가 자살 시도를 했기 때문이었다. 나는 구급차보다 빨리 도착해서 병원 진입로에 바람을 맞으며 서 있었다. 내담자의 부모님은 수천 킬로미터 떨어진 곳에서 내 연락만 기다렸다. 한 가지는 확실했다. 살아만 있다면 그 젊은 여성은 뭐든 헤쳐 나갈 수 있다는 것이었다. 하지만 운 좋게 살아난 그녀에게는 놀라울 정도로 고통스럽고 두렵고 슬픈 순간들을 헤쳐 나간다는 것이 가능해 보이지 않았다.

대니얼은 퇴사하고 싶은 마음을 일주일마다 참아냈다. "짓눌리는 것 같을 때는 그만두고 싶어요. 일은 계속 쏟아지는데 계속 실수할 때, 그리고 저를 아무것도 못하는 아기 취급하는 사람들과 영원히 일해야 한다고 느낄 때요. 그럴 땐 물러설 곳이 없는 것 같아요. 집에 일찍 갈 수도 없고 일을 망쳐도 안 돼요. 끔찍한 불안과 의심 속에 영원히 갇힌 느낌이 들어요. 항상 '싸우거나 도망쳐야 하는'fight or flight'(위험이나 스트레스를 감지했을 때 맞서 싸우거나 도망칠 수 있도록 신경계가 활성화되는 현상—옮긴이) 상태예요."

20대와 그들의 불균등한 뇌는 직업을 바꾸면 기분이 달라질 것이라고 종종 생각한다. 그래서 골치 아프고 불쾌한 일을 그만두거나 까마득한 윗사람에게 갑자기 달려들어 불만을 쏟아낸다. 그 사람의 뇌가 자기처럼 쉽게 흥분하지 않는다는 사실을 알지 못하기 때문이다. 대니얼이 일을 그만두면 잠깐은 기분이 나아질 것이다. 하지만 퇴사는 그녀의 두려움이 진짜였음을 증명해줄 뿐이다. 좋은 직업에 어울리지 않으면서 허세만 가득한 사람이라는 두려움 말이다.

대니얼은 1년만이라도 상사와 함께 지내보자고 마음먹었다. 하지만 이 새로운 전략도 역시 문제가 있었다. 이번에는 하루 종일 걱정하기 시작한 것이다. 대니얼은 상담시간에 자신이 저지른 실수, 해고당할 만한 이유, 잘못될 수 있는 여러 상황들을 이야기하느라 바빴다. 점심시간에 울면서 거리를 돌아다니며 부모님과 친구들에게 전화로 같은 얘기를 반복하다가 결국 사무실로 돌아가는 날들이 많았다. 대니얼은 이런 걱정들이 실제로 문제를 막아주지 못한다는 사실을 알았지만, 최악을 상상하면 갑자기 일이 잘못되었을 때 뒤통수가 얼얼한 기분을 느끼지 않을 수 있을 것 같았다. "폭격당하는 것 같은 이 끔찍한 기분을 느끼지 않을 수 있다면 뭐든 할 거예요."

대니얼은 걱정함으로써 갑자기 놀라는 일은 피할 수 있었지만 계속 긴장된 상태로 있어야 했다.[9] 걱정을 오래 계속하면 심장 박동수와 스트레스 호르몬 수치가 높아져 단기적으로는 불안증이 나타나고 장기적으로는 우울증에 걸릴 수 있다.

대니얼은 이렇게 말했다. "전 퇴보한 것 같아요. 대학 때 처음으로 진지하게 사귄 남자친구가 있었는데 제 옷차림이라든가 그런 문제로 절 싫어하게 돼서 헤어질까 봐 계속 걱정했거든요. 남자친구의 말 한마디 한마디를 항상 곱씹고 친구들한테 털어놓았어요. 아무 때나 전화할 수 있는 친구 서너 명에게 전화해서 하루 종일 남자친구 얘기를 했어요."

"지금 왜 그때와 똑같은 기분인지 알아요?"

"제가 일과 연애하고 있고 일에 학대당하고 있어서겠죠?"

나는 웃음을 터뜨렸다. "아니에요. 정말로 똑같은 상황이기 때문이에요. 이런 이야기를 똑같이 하는 20대 내담자들이 있어요. 사소한 일로 차일까 봐 끊임없이 걱정하죠. 몇 시간만 연락이 없어도 불안해하고요. 대니얼이 퇴사를 생각하듯 이 사람들도 예상치 못한 일을 겪기 싫어서 먼저 헤어지자고 하거나 싸움을 걸어서 끝을 보고 싶어 해요."

"이런 상황에 연애까지 감당하기는 버겁네요. 선생님은 그 사람들에게 뭐라고 하세요?"

"대니얼에게 한 것과 똑같이 말해요. 뿌리를 내리고 바람을 견뎌 내야 한다고요."

"나쁜 감정들을 그냥 꾹꾹 쑤셔 넣고 아무 일도 없던 것처럼 행동 하라고요?"

"아니에요. 감정을 누르는 건 뿌리를 내리는 게 아니에요. 그건 계속 걱정하는 것과 마찬가지예요. 감정을 억누르면 몸과 마음 둘 다 계속 스트레스를 받고 기억이 손상돼요. 그러면 안개 속에 있는 것처 럼 흐릿해지겠죠."

"그럼 마음을 어떻게 다스려야 해요?"

대니얼은 일과 불안, 의심 속에 갇혀 있는 느낌이라고 했다. 그런 데 꼭 그럴 필요는 없었다. 정신과 의사이자 나치 대학살 생존자인 빅터 프랭클Viktor Frankl의 영원한 명저《죽음의 수용소에서Man's Search for Meaning》에는 나치 강제수용소에서 보낸 시간들이 묘사되어 있다.[10] 그는 그곳에서의 경험과 주변 사람들을 통해 우리의 태도와 반응이 야말로 마지막까지 남는 인간의 자유라는 점을 배웠다고 적었다.

나는 대니얼에게 그 책을 읽었느냐고 물었다. 그리고 대니얼의 상황이 프랭클과는 분명 다르지만 그의 가르침이 많은 사람에게 의 미가 있다는 이야기를 나눴다. 프랭클이 자신에게 일어나는 일의 의 미를 다르게 해석하여 위안을 얻었다면 대니얼도 그렇게 할 수 있었 다. 직장에서 모든 상황을 통제할 수는 없지만 그에 대한 해석과 반 응은 바꿀 수 있었다. 그리고 감정적인 뇌의 영향력에서 벗어나 전두 엽이 활동하게 할 수도 있었다.

그 방법은 다음과 같다. 우선 대니얼은 힘든 순간들에 대한 사고 방식을 바꿔야 했다.[11] 대니얼은 일이 잘못되면 곧바로 최악을 상상했다. 심리학자들은 이를 '파국적 사고'라고 부른다.[12] 대니얼이 생각하는 파국은 직장에서 잘리고 웨이트리스로 일해야 하는 상황이었다. 이런 생각은 비합리적이었다. 경력과 인간관계는 그 정도로 쉽게 무너지지 않는다. 그리고 설사 해고된다 해도 꼭 웨이트리스가 되라는 법도 없었다. 대니얼은 이런 현실을 붙들고 버텨야 했다. 힘든 시간이 와도 그저 지나가는 바람으로 여기고 날씨가 좋아지리라고 스스로를 일깨워줄 필요가 있었다.

일에 대한 생각을 바꿀 수 있다면 태도와 감정도 바뀔 터였다. 나는 이렇게 말했다. "지금 대니얼은 부정적 감정을 부풀려서 당신 자신과 주변 사람들에게 광고하는 데 많은 시간을 쓰고 있어요. 실수할 때마다 일을 키우고 최악의 상황을 생각하죠. 이제 점심시간에 어머니께 전화하지 말아야 해요."

"하지만 엄마랑 통화하고 나면 기분이 나아지는데요."

"알아요. 그런데 그런 통화를 계속하면 스스로 마음을 다스릴 기회를 놓치는 셈이에요."

어머니와의 통화는 심리학자들이 '자아 빌리기borrowing an ego'라고 부르는 행동이다. 대니얼은 힘들 때 누군가에게 연락해서 자기 대신 그 사람이 전두엽을 사용하게 만들었다. 누구나 이럴 때가 있다. 하지만 자신의 고통을 남에게 넘기기만 하면 힘든 일을 스스로 감당하는 법을 배우지 못한다. 뇌가 새로운 능력을 키우기에 최적의 상태일 때 마음 다스리는 연습을 하지 않는 것이다. 마음 다스리는 법을 배우지 않는다는 그 자체로 자신감이 떨어지게 된다. 연구에 따르면 감정을 조금이라도 통제하는 사람들이 삶의 만족도, 목적성, 낙관성이 높고 인간관계도 더 원만하다. 나는 대니얼이 그 이상으로 잘되기를 바랐다. 그래서 머릿속에서 일어나는 일에 대해 더 책임감을 가지라고 격려하며 이렇게 제안했다.

"점심시간에 혼자서 견뎌내는 건 어때요?"

"어떻게 하는지 모르겠어요."

"아뇨, 알고 있어요. 여태 이 문제에 대해 다뤄왔잖아요. 전화기는 내려놓고 직접 일을 처리해요."

"제가 일을 처리하라고요?"

"그래요. 직장에서 힘든 일이 일어나면 감정적인 뇌에게 이성적으로 대답해줄 수 있어요. 알다시피 감정은 사실이 아니에요. 스스로 생각해봐요. '사실은 어떤가?'라고요."

대니얼은 시무룩한 얼굴로 말했다.

"다른 사람들을 아무리 둘러봐도 저만 일을 제대로 못해낸다는 게 바로 사실이에요. 제가 부족한가 봐요."

대니얼과의 통화는 계속되었다.

밖에서 안으로
Outside In

———

두려움을 이기고 싶다면 가만히 앉아서 두려움에 대해 생각만 하지 말고
나가서 바쁘게 움직여라.
작가 데일 카네기(Dale Carnegie)

지식은 기술이 아니다. 지식에 만 번의 연습을 더해야 기술이 된다.
스즈키 음악교육법의 창시자 신이치 스즈키(Shinichi Suzuki)

나는 대니얼의 말을 그대로 따라했다.

"그래요. 아마 부족할지도 모르죠. 그런데 그게 무슨 뜻인가요?"

"TV에선 늘 잘난 사람들 얘기가 나오잖아요. 어느 날 상사에게 제가 능력 있다고 생각하느냐고 물어봤어요. 그랬더니 '아니. 하지만 열심히 일하면 그럴 수 있겠지'라고 하더라고요."

"그 말을 어떻게 해석했나요?"

"약간 기분이 좋았어요. 제가 하는 일이 아주 무의미하지는 않은 것 같아서요. 하지만 상사는 제가 이 일에 재능은 없다고 보는 것 같아서 하찮아진 느낌도 들었어요."

"재능이라고요."

"네."

"그런데 다른 사람들에게는 있고 대니얼에게만 부족하다는 '그것'이 대체 뭔가요?"

"자신감이요." 대니얼은 간단히 대답했다.

나는 진심을 담아 말했다.

"당신이 어떻게 자신감이 있겠어요? 이제 막 직장생활을 시작했을 뿐인데."

대니얼은 동료 몇 명을 보고 그들이 원래 자신감 넘치는 사람이 었거나 대학을 졸업하면서 자신감이 붙었다고 확신했다. 하지만 사실 그들은 대니얼보다 나이가 많거나 오래 일한 사람들이었다. 그럼에도 대니얼은 일이 조금만 잘못돼도 자기가 자신감이 없는 탓이라고 여기기 일쑤였다. 그녀에게 실수는 자신이 어떤 사람인지 일깨우는 일이었다. 더 배워야 할 점을 알려주거나 경력이 어느 정도인지 보여주는 지표가 아니라, 능력 부족을 증명하는 사건이었다. 그래서 가끔은 퇴사하는 길밖에 없다는 생각도 들었다.

대니얼은 직장 동료들이 업무에 대한 자신감을 타고났거나 그렇지 못한 두 부류로 나뉜다고 생각했다. 심리학자 캐럴 드웩Carol Dweck은 이런 관점을 '고정형 사고방식fixed mindset'이라고 부른다.[1] 고정형 사고방식이란 일종의 흑백논리로 지능, 운동 능력, 사회성, 자신감 등의 능력이나 특성이 타고난 상태로 유지된다고 보는 것이다. 대니얼은 세상에 자신감 있는 사람과 없는 사람이 존재한다고 생각했고 일이 힘들어지면 스스로 자신감 없는 사람이라고 확신했다.

이와 반대로 '성장형 사고방식growth mindset'은 사람들이 성장하고 변화한다고 믿는 것이다. 누구나 뭐든지 될 수 있는 것은 아니지만 어느 한도까지는 배우고 발전할 수 있다. 성장형 사고방식으로 보면 실패는 쓰린 경험이기도 하지만 발전할 기회이기도 하다. 어떤 상황에서든 사고방식에 따라 앞날이 달라질 수 있다.

대학 신입생들의 사고방식을 고정형 사고방식과 성장형 사고방식으로 나누어 이후의 대학생활을 조사한 종단 연구가 있다. 이에 따르면 고정형 사고방식에 해당되는 학생들은 벅찬 과제나 낮은 시험 점수 같은 난관에 부딪히면 포기했다. 반면 성장형 사고방식을 가진 학생들은 더 열심히 노력하거나 새로운 전략을 시도하는 식으로 반응했다. 4년의 대학생활 이후 고정형 사고방식에 해당된 학생들은 상대적으로 자신감이 낮았고 대학생활과 관련된 느낌으로 주로 괴로움, 수치심, 좌절 등을 꼽았다. 성장형 사고방식에 해당된 학생들은 전반적으로 우수했고 졸업할 무렵의 느낌으로 자신감, 확신, 열정, 강함, 고양된 느낌 등을 꼽았다.

이 학생들과 마찬가지로 20대의 사고방식은 직장생활에 엄청난 영향을 미칠 수 있다. 일부 연구에 따르면 사람들은 고정형 사고방식이나 성장형 사고방식을 강하게 고수한다.[2] 하지만 대니얼이 성장형 사고방식이 아니라고 판단하기는 일렀다. 대니얼이 직장 동료들을 자신감 있는 사람과 없는 사람으로 나누는 건 자신감이나 일을 고정형 사고방식으로 보아서가 아니라 업무 현장에 대한 이해가 부족하기 때문인 듯했다. 일에 대한 자신감이 어디서 나오는지 더 알게 되면 사고방식은 달라질 수 있었다.

자신감은 안에서 밖으로 향하는 것이 아니라 밖에서 안으로 향

한다. 외면적으로 잘해낸 일을 내면에서 인식할 때 덜 불안해지고 자신감이 높아진다. 자기 의심을 억눌러서 얻는 자신감은 가짜 자신감이다. 점심시간마다 부모님께 똑같은 말을 늘어놓으면서 얻는 자신감은 공허한 자신감이다. 진짜 자신감은 특히 어려워 보이는 상황에서 실제로 성공을 겪으며 쌓은 숙달된 경험에서 온다.[3] 사랑에서든 일에서든 불안함을 뛰어넘게 해주는 자신감은 경험으로 얻을 수 있다. 다른 길은 없다.

상담으로 불안을 낮추고 자신감을 높일 수 있기를 기대하며 오는 20대 내담자는 드물지 않다. 내가 최면요법을 사용하는지, 최면이 효과가 있는지 묻는 사람도 있다(나는 최면요법을 사용하지 않는다. 아마 효과도 없을 것이다). 아니면 내가 한방치료나 처방약을 추천해주리라고 기대하는 사람도 있다(난 못한다). 일과 사랑의 영역에서 20대의 자신감을 높이기 위해 내가 사용하는 방법은 더 나은 정보를 주고 일터나 연인과의 관계로 돌려보내는 것이다. 나는 그들에게 감정을 더 능숙하게 다스리는 법을 가르쳐준다. 그래서 충분히 시간을 들여 숙달된 경험을 쌓을 수 있게 한다. 숙달된 경험을 쌓음으로써 불안함을 덜 느끼도록 도와준다. 그런 다음 진짜 자신감이 무엇인지 말해준다.

자신감은 말 그대로 믿음이다. 대중 강연이든, 영업이든, 교육이든, 보조 업무든 해낼 수 있다고 믿는 것이다. 이 믿음은 그 일을 여러 번 해본 경험에서만 온다. 나와 상담해본 모든 20대와 마찬가지로 일에 대한 대니얼의 자신감 역시 일을 잘해내는 데서만 얻을 수 있었다. 하지만 늘 잘해야 할 필요는 없었다.

가끔 대니얼은 '생각할 필요 없거나 실수하지 않을 쉬운 일'이라는 환상을 품었다. 하지만 20대가 자신감이 부족해서 수준 이하의 업무에 숨는다면 그것은 자신을 위하는 길이 아니다.

직업적 성공을 통해 자신감을 얻으려면 도전할 만하고 노력이 필요한 일을 해야 한다. 다만 도움이 너무 많이 필요해서는 안 된다. 매일 잘 풀리기만 해서도 안 된다. 쉬운 성공만 오래 경험한 사람들은 한 번의 실패로도 자신감이 무너지기 쉽다. 단단한 자신감은 실패를 견디고 스스로 진짜라고 느끼는 성공을 경험하는 데서 온다.

대니얼은 이렇게 불평했다. "직장에서는 감정을 다스리다가 시간이 다 가요. 가끔은 누군가를 후려치지 않는 게 다행일 정도예요. 제가 할 수 있는 일은 하루 종일 뛰쳐나가지 않고 버티는 것 정도죠."

"그게 바로 숙달된 경험이에요. 감정을 다스리면서 자신감이 붙는 거죠. 그다음엔 당신 말마따나 뛰쳐나가지 않고 버티면서 다른 성공들도 맛볼 수 있어요. 그러려면 시간이 걸려요. 숙달된 경험과 데이터가 더 많이 쌓여야 해요."

"정확히 얼마나 더요?"

"그런 법칙은 없어요."

"대충 어느 정도인지라도 말해주세요." 대니얼은 계속 물었다.

"그래요. 1만 시간 정도의 노력이 필요해요."

전화기 너머로 대니얼이 소리를 질렀다.

"윽! 그런데 그건 어떻게 아셨어요?"

나는 대니얼에게 안데르스 에릭슨Anders Ericsson의 연구[4]에 대해 말해주었다. 심리학자인 안데르스 에릭슨은 전문성이라는 주제에 관한 전문가였다. 에릭슨과 동료들은 오랜 연구를 통해 외과의사, 피아니스트, 작가, 투자자, 다트 선수, 바이올리니스트 등 다양한 분야의 전문가들을 관찰했다. 연구자들은 이들이 자기 분야에서 훌륭한 능력을 갖추게 된 비결이 주로 노력에 투자한 시간임을 발견했다. 대니얼이 생각하던 '타고난 재능'은 대부분 근거 없는 환상이다. 어느 분야에 특히 뛰어난 사람들은 타고난 성향이나 재주도 있겠지만 반복적 실행이나 연습에 1만 시간 정도를 쏟은 사람들이다.

모두가 전문가나 거장이 되고 싶어 하지는 않는다. 하지만 내가 아는 20대는 적어도 자기가 맡은 일을 잘해내고 싶어 한다. 그러기 위해서는 대부분 1만 시간 정도를 투자해야 한다. 흔히 20대란 도전하면서 앞으로 뭘 할지 알아가는 과정으로 여긴다. 그런데 한편으로는 진로를 정하기만 하면 갑자기 일이 쭉쭉 진행된다고 생각한다. 많은 사람이 직장에 들어가자마자 성과를 내고 성공하리라고 상상하지만 실제로는 그렇지 않다. 뭘 하고 싶은지 아는 것과 어떻게 하는지 아는 것은 다르다. 어떻게 하는지 알아도 실제로 잘하는 것과는 또 다르다.

20대에 맞닥뜨리는 진짜 도전은 일 그 자체다. 1만 시간은 하루 종일 집중해서 일할 경우 5년 동안 일해야 채울 수 있다(주 40시간×1년에 50주 근무×5년=1만 시간). 조금 덜 집중할 경우 10년이 걸릴 수도 있다(주 20시간×1년에 50주 근무×10년=1만 시간). 나는 7년 동안 대학원에 다니면서 1만 시간을 채웠다. 대니얼은 방송 제작 분야에서 5년에서 10년 정도 일해야 1만 시간을 채울 터였다. 지금은 참고 견딜 때였다.

"세상에, 그 미치광이 상사랑 5년을 더 일할 순 없어요. 1만 시간이라고요?"

"꼭 같은 직장에 다녀야 하는 건 아니에요. 게다가 이미 몇 시간은 채웠잖아요."

대니얼은 이미 이룬 성공을 간과한 채 1만 시간 중 일부와 자신감을 저버리려 하고 있었다. 그녀는 6개월째 힘든 직장에서 잘해오고 있었으므로 그때까지 1천 시간 정도는 확보한 셈이었다. 인턴 생활에서도 수백 시간의 경험을 쌓았다. 이제 자신이 가진 정체성 자본들을 살펴볼 때였다.

대니얼은 학교와 직장에서 쌓은 경험들 중 관련 있는 것들의 목록을 만들었다. 아파트 벽에는 학위증을 걸어뒀고, 격식 있게 차려입어 자신을 진지하게 받아들이기 시작했다. 점심시간에 더 이상 부모님께 전화하지 않음으로써 혼자서 하루를 헤쳐 나갈 수 있다는 것을 알게 되었다. 일과 관련해서 말하는 방식도 바꿨다. 그녀는 이렇게 선언했다. "자기비하적인 말은 더 이상 안 하겠어."

대니얼은 지적을 받으면 거의 공포에 사로잡힐 정도였기 때문에 일과 관련된 평가나 조언을 피하고 있었다. 하지만 이는 그녀 자신을 위한 일이 아니었다. 대니얼은 구체적인 정보가 없으면 금방 최악을 가정하는 습관이 있었다. 따라서 긍정적인 조언은 기분이 좋아질 기회였고 부정적인 조언은 더 나아질 기회였다.[5]

대니얼은 취업 후 첫해를 버텨냈다. 그리고 월요일 아침 상담시간마다 벼르던 끝에 드디어 1년 동안의 업무 평가를 요청했다. 늘 그렇듯 완고한 상사는 서류를 느릿느릿 소리 내어 읽었다. 그는 오랜 직장생활 중에 대니얼이 '최고의 보조'였고 '주말에도 나와서 자기 프로그램을 만드는 성실한 직원'이며 '일 욕심이 있고' '차분하게 문제를 해결하는' 사람이라고 적었다. (마지막 평가에 대니얼은 '하!' 하고 어이없어 했다.)

대니얼은 연말 보너스로 1천 달러를 받았고, 이것이 1천 시간만큼의 가치가 있다고 생각하기로 했다. 나는 이렇게 말했다. "그 정도면 괜찮네요."

시간이 흐르자 일은 조금씩 할 만해졌다. 평소처럼 문제가 생겨도 대니얼은 감정적이거나 부정적으로 반응하지 않았고 호들갑을 떨지도 않았다. 그녀는 감정을 느끼는 것과 그 감정에 따라 행동하는 것이 다르다는 사실을 깨달았다. 그래서 자신이 무능하다고 느끼거나 불안해지면 그동안 잘해온 일들을 생각하며 마음을 다스렸다.

이제 전화 상담에서 퇴사 이야기는 더 이상 하지 않았다. 계산해 보니 대니얼이 직업적 자신감을 얻기까지는 6천 시간 정도 남은 듯했다. 새로운 주를 앞둔 일요일 저녁이면 초조해지기도 했지만 대니얼은 최소한 더 나은 일자리를 찾을 때까지는 그 직장에 머물 것이라는 사실을 알았고 상사도 예전만큼 끔찍해 보이지 않았다. 1년 정도 지나 대니얼은 도시 건너편에서 일하는 뉴스 진행자 보조에게서 이메일을 하나 받았다.

"제작 책임자와 일하는 좋은 자리가 났습니다. 계속 제작 일을 하셨으니 바로 이쪽으로 오시면 됩니다. 아직 적임자가 없어서 채용 공고를 낼 것 같은데, 그 전에 오세요. 참고로 상사가 좋은 사람이에요!"

대니얼은 이직 제안을 받아들이고 퇴사했다. 그녀는 흥분과 안도가 뒤섞인 목소리로 말했다.

"다른 곳에서 1만 시간을 채울 것 같아요!"

"정말 잘됐네요."

"이제 무슨 얘길 할까요?"

"연애 이야기는 어때요? 작년에는 연애가 버겁다고 했잖아요."

대니얼은 재빨리 대답했다. "연애를 하고 싶기는 해요. 그런데 아직은 누굴 만날 시간은 엄두도 안 나고, 어떻게 연애를 해야 할지는 더 막막해요. 그건 나중에 이야기해도 될까요?"

"조금만 미루죠. 그런데 일과 연애는 동시에 할 수 있어요. 사실 그러는 편이 대니얼에게도 좋고요."

잘 지내기와 앞서가기

Getting Along and Getting Ahead

———

인생은 그 자체로 훌륭한 심리 치료사다.
심리 분석가 카렌 호나이(Karen Horney)

목표는 기한이 정해진 꿈이다.
작가 나폴레온 힐(Napoleon Hill)

성격 연구자들은 서른 살 이후 성격이 변하는지에 대해 오랫동안 활발히 논의해왔다.[1] 그리하여 무수한 연구 끝에 대체로 그렇지 않다는 사실이 밝혀졌다. 서른 살이 넘으면 생각, 감정, 행동이 놀라울 정도로 일정하게 유지된다. 비교적 외향적인 사람들은 계속 외향적이고 양심적인 사람들은 계속 양심적이다.

하지만 성격이 정확히 얼마나 일정하게 유지되는지에 대해서는 의견이 엇갈린다. 한쪽에서는 자연재해나 인위적 개입이 없다면 성격적 특질은 본질적으로 서른 살 이후에 변하지 않는다고 주장한다.[2] 다른 한쪽은 조금이지만 변하기는 한다는 낙관적인 관점이다.[3] 서른 살 이후 성격이 조금 변하든 전혀 변하지 않든, 이 논쟁에서 최근 모두가 동의하게 된 지점은 이미 많은 임상의가 알고 있던 점, 바로 인생의 그 어느 시점보다도 20대 시절에 성격이 가장 많이 변한다는 사실이다.

이는 중요한 소식이다. 대체로 아동기나 청소년기에 성격이 변한다는 통념이 있기 때문이다. 예수회 격언 중에 이런 말이 있다. "우리에게 아이를 일곱 살까지 맡기면 교인으로 만들어주겠다." 프로이트의 성격 발달 이론도 사춘기에서 끝나고, 매체에서도 청소년기를 새사람이 될 최적의 기회로 묘사한다.

하지만 이제 우리는 그 어느 시기보다도 20대가 변화하기에 가장 좋은 기회임을 안다. 뇌, 환경, 역할이 동시에 변하고, 이 변화들이 서로 영향을 주고받으며 일어나기 때문이다. 즉 이때는 행동이 성격에 영향을 주고 그렇게 형성된 성격이 행동에 영향을 주는 과정이 꼬리를 물고 반복된다.[4] 그래서 나는 몇 년 전 상담했던 20대를 서른 살에 마주친다면 그가 그대로일 거라고 가정하지 않는다. 그럴 리 없다고 생각한다. 그 사이에 많은 변화가 빠르게 일어날 수 있기 때문이다.

20대는 성격이 변화하기 위한 태세를 갖추는 시기다. 나는 인간 관계에서 불안을 많이 느끼던 20대가 비교적 짧은 시간 안에 자신 있는 사람으로 변하거나 불행했던 어린 시절을 극복하는 경우를 수없이 보았다. 이런 일들은 강의, 몇 달간의 심리 치료, 취업, 독서, 연애를 위한 노력 등을 통해 일어나기도 한다. 어쨌든 이런 변화는 장기 근무처나 지속적인 관계가 결정됨에 따라 일어나므로 변화 이후 완전히 다른 삶이 펼쳐지기도 한다. 그래서 내가 20대와 상담하는 것이다. 내면적으로든 외면적으로든 그들에겐 가능성이 있다. 하지만 모두가 이런 기회와 가능성을 알아보지는 못한다.

한번은 내가 지도했던 심리학과 대학원생이 20대와 상담하기 싫다고 한 적이 있다. 더 나이 든 사람과 상담할 때는 부검의가 된 느낌이 든다고도 했다. 자신의 역할이 그들의 인생에서 잘못된 곳을 찾아 끝맺어주는 데 있는 것 같다는 말이었다. 이 학생은 내담자의 이혼이나 직업적 실패 등 다양한 사적 영역들을 종말로 이끈 문제들을 찾아내면서 사망 원인을 조사하는 것 같다고 느꼈다.

그런데 그녀는 20대와 상담할 때 더 부담스럽다고 했다. 그들의 상태를 악화시킬까 봐 걱정되어서였다. 20대와의 상담에서는 생각해야 할 부분이 더 많은 듯했다. 이 학생이 나이 든 내담자와의 상담에 대해 제대로 이해하지 못했을 수는 있지만 한 가지는 제대로 파악하고 있었다. 바로 20대는 시신을 부검하듯 뒤늦게 문제를 파헤칠 시기가 아니라는 점이었다. 20대는 인생이 끝나는 시기도, 너무 늦은 시기도 아니다.

어느 토요일 아침, 샘은 시리얼을 먹으면서 부모의 이혼에 대해 알게 되었다. 열두 살이던 샘이 7학년 새 학기를 맞이하기 2주 전의 일이었다. 샘의 엄마는 바로 길 아래쪽에 집을 샀다면서 집만 두 개가 될 뿐 달라질 건 하나도 없다고 약속했다. 엄마는 이사를 도와달라고 명랑하게 말했다. 어린 샘에게 새 집으로 상자를 옮기는 일은 아기자기하고 신나는 일로 보였다. 나중에야 상황을 깨달은 샘은 이렇게 말했다. "엄마는 제가 기쁘게 돕도록 유도했어요. 그 일을 너무 재미있게 생각하게 했다고요." 샘은 속은 기분이었다.

샘의 부모는 어느 하나도 포기하려 하지 않았다. 샘은 매일 엄마와 아빠 집을 오가면서 지냈다. 아침이면 혹시 다음날 필요할지 모를 교과서와 옷을 챙겨 집을 나서야 했다. 그다음날도 마찬가지였다. 이후 6년 동안 유일하게 일관성 있었던 일은 두 가지뿐이었다. 놓고 온 물건이 없는지 걱정하기, 그리고 늘 무거운 짐을 들고 다녀야 했던 것에 대한 분노. 샘이 보기에 날마다 반복되는 헛짓은 자신이 아니라 부모를 위한 것이었다. 그들의 삶은 변하고 있었다. 그 과정에서 모두가 뭔가를 잃어버릴 터였다. 그중에서도 분명한 것은 그들이 샘을 잃을 것이라는 사실이었다. 하지만 이 사실을 부정하고 싶어 하는 부모 때문에 샘은 그런 생활을 계속해야 했다.

나는 여러 번의 상담에서 샘 부모의 이혼 이야기를 나눈 후부터 스트레스를 받기 시작했다. "이제 좀 넘어가요!"라고 말하고 싶은 충동마저 느꼈다. 하지만 그건 몰인정한 일이었다. 게다가 샘이 해야 했던 이야기들은 중요했다. 생각해보니 내 답답한 마음은 샘의 현재 삶을 잘 모르기 때문인 듯했다.

샘이 상담실에 온 건 부모의 이혼 이후 불안과 분노를 느꼈기 때문이었다. 결국 기분이 나아지기를 바라고 상담을 시작한 셈이다. 하지만 내가 볼 때는 과거 이야기를 해봐야 거기서 한 발자국도 더 나아갈 수 없었다. 그래서 나는 그리 순탄치 않아 보이는 샘의 현재 삶으로 대화의 방향을 돌리려고 의식적으로 노력했다.

샘은 매번 배낭을 메고 있었는데, 그 안에는 옷과 칫솔 등이 들어 있었다. 언제쯤 집에 가게 될지, 심지어 진짜 집이 어디인지조차 알 수 없었기 때문이다. 샘은 다섯 군데 정도를 오가며 살고 있었다. 엄밀히 말하면 어머니와 새아버지 집에서 살고 있었지만 친구 집에서 자는 일도 잦았고 특히 늦게까지 밖에 있던 날은 그 근처에서 자는 쪽이 편했다.

여러 곳을 오가는 생활처럼 샘의 이력서도 일관성 없이 들쭉날쭉했다. 샘은 대학 졸업 이후 거의 매년 직장을 옮겼다. 지금은 펀임플로이드fun-employed 상태라고 했다. 이 말은 실업수당으로 버티면서 즐기며 사는 것을 의미했지만, 그의 삶은 즐거움과는 거리가 멀어지고 있었다. 샘은 할 일이 없는 생활을 한탄했다. 외출도 전처럼 즐겁지 않았다. 주말 저녁에는 "무슨 일 하세요?"라는 질문을 받을까 봐 술을 한두 잔 마시고 집을 나서기도 했다. 파티에서 대화 주제가 일로 넘어갈 때마다 사람들의 시선이 신경 쓰여 독한 술을 들이켜기 일쑤였다.

샘은 이렇게 말했다. "이상해요. 나이가 들수록 제가 남자답지 못하다는 느낌이 들어요."

"샘이 스스로 남자답다고 느낄 만한 행동을 하는 것 같지는 않아요."

내가 보기에 샘은 여전히 떠돌이처럼 살고 있었다. 직업과 거처를 옮기는 행동은 '날마다 헛짓을 반복하던' 어린 시절을 20대의 방식으로 반복하는 것이었다. 불안하고 화가 나는 것도, 남자답지 못하다고 느끼는 것도 당연했다.

나는 샘이 상담을 받으러 와서 기쁘다고 말했다. 부모의 이혼이 어떻게 배낭 생활로 이어졌는지 이야기해보는 것도 의미가 있을 듯했다. 나는 샘에게 더 이상 배낭 생활을 할 필요가 없다고도 말했다.

사실 그런 생활을 계속할수록 같은 감정만 반복해서 느낄 뿐이었다.

어느 날 샘은 머리를 짧게 자르고 바로 온 모양인지 몸을 앞으로 숙이고 앉아 머리를 마구 문지르며 말했다. "상황이 완전히 절망적이에요. 전 달라질 수 없어요. 뇌 이식이라도 할까 봐요."

"당신의 뇌는 그런 식으로 행동하는 데 익숙해요. 하지만 난 희망이 전혀 없다고 생각하지 않아요. 오히려 꽤 희망적인데요."

"왜요?" 샘은 전에 말했던 불안과 분노가 담긴 말투로 빈정거리듯 물었다.

"20대이기 때문이에요. 당신의 뇌는 변할 수 있어요. 성격도 변할 수 있고요."

"어떻게요?" 이번에는 냉소보다 호기심 어린 말투였다.

"뇌 이식을 하고 싶다고 했죠? 생활을 바꾸면 가능해요. 세상으로 나가보면 기분이 훨씬 좋아질 수 있어요."

샘과 나는 퓨 리서치 센터에서 발표한 연구 결과에 대해 이야기했다. 매체나 인터넷에 떠도는 얘기와 달리, 일하는 20대가 실직 중인 20대보다 더 행복하다[5]는 사실에 대해서였다. 대화를 나눈 후 나는 상담을 받으면서 취업도 하고 한곳에서 잠을 자보라고 제안했다. 샘은 금방 다시 비꼬는 말투로 대답했다. 지루한 일을 해봐야 기분만 더 나빠지고, 방을 얻으면 잊고 있던 책임질 일만 하나 더 늘어난다고 했다. 안정적인 직장과 거처야말로 자기에게 가장 불필요한 것이라고도 했다. 하지만 이건 틀린 말이었다.

전 세계의 무수한 연구 결과에 따르면[6] 사람들은 20대를 거치면서 더 나아진 기분으로 살기 시작한다.[7] 평균적으로 스무 살에서 서른 살 사이에 인생의 굴곡에 덜 휘둘리고 감정적으로 안정적인 상태가 된다.[8] 더 책임감 있고 성실해지며 사회성도 높아진다. 삶을 더 수용하게 되고 사람들과도 잘 어울려 살게 된다. 무엇보다도 자신감이 생기고 더 행복해지며 샘이 말했던 불안과 분노를 덜 느끼게 된다. 하지만 모두가 이런 변화를 겪는 것은 아니다. 샘은 기분이 좋아지기를 기다리며 배낭을 메고 서성거리기만 해서는 안 된다. 그런 식으로는 문제가 해결되지 않는다.

연구자들이 언급하듯 20대의 긍정적 변화는 '잘 지내기와 앞서가기'[9]에서 시작된다. 이것은 우리가 주변 세상과 관계를 맺으면서 성장한다는 사회적 투자 이론의 개념이다. 20대에는 활동무대가 학교에서 직장으로 변하고, 가벼운 관계보다 진지한 관계를 추구하며, 샘처럼 임시 거처에서 생활하다가 제대로 된 집에 자리 잡게 된다. 이런 변화들은 상사, 동반자, 임대 계약, 룸메이트, 직장 동료, 대의명분, 공동체 등 대부분 성인기의 책임과 관련이 있다. 성인이 되어 책임져야 할 일이 생기면 삶의 방식과 내면이 모두 변한다. 각국의 많은 연구에 따르면 일과 사랑의 영역, 그리고 이 세상에서 책임져야 할 일들은 많은 20대가 원하고 그들에게 필요한 인격적 성숙의 계기가 된다.

따라서 기분 좋게 살려면 성인기의 책임을 회피해서는 안 된다. 오히려 여기에 투자할 필요가 있다. 일단 정착은 안정감을 느끼는 데 도움이 된다. 마지못해 출퇴근만 하는 것이 아니라 진심으로 책임의식을 느끼며 일할 때 더욱 그렇다.[10] 이와 반대로 잘 지내지 못하거나 앞서간다고 느끼지 못하는 20대는 샘처럼 스트레스를 받고 분노와

소외감을 느낀다.[11]

세상에서 책임질 일은 많고도 많다. 20대에는 정착이나 성공의 의미를 넓게 봐야 할 때도 있다. 진정한 사랑이나 자랑스러운 직업이 멀게 느껴질 수도 있지만 이를 위한 노력만으로도 행복해질 수 있다. 조금이라도 직장에서 성공을 맛보거나 경제적으로 안정된 20대는 그렇지 않은 사람에 비해 더 자신 있고 긍정적이며 책임감이 있다.[12] 그래서 나는 대부분의 상담을 일 얘기로 시작한다.

많은 연구에 따르면 성인기 초기에 성격 변화를 일으키는 가장 큰 원인은 일이다.[13] 아마도 깨어 있는 시간의 절반 정도를 일하면서 (혹은 안 하면서) 보내므로 그것이 현재와 미래의 성격에 큰 영향을 미칠 가능성이 높기 때문이리라. 마부로 일했던 피니어스 게이지의 성격 변화도 이런 맥락에서 이해할 수 있다. 아니면 대부분 배우자나 부모가 되기 전에 일을 시작하므로 결혼이나 육아를 할 때쯤이면 이미 자리 잡고 어른의 삶을 살고 있기 때문일지도 모른다. 어쨌든 내 경험상 대개 '잘 지내기와 앞서가기'가 시작되는 지점은 취업이다. 단순히 책임감 강한 사람들이 주로 세상에 나가 취업하기 때문이라고 보기는 어렵다. 책임감이 가장 강해지는 때는 일을 시작한 다음이니 말이다.[14]

게다가 일과 관련이 있든 없든, 목표가 있는 것만으로도 더 행복하고 자신감이 생긴다.[15] 그리고 앞으로도 그렇게 될 가능성이 높다. 약 500명의 성인을 대학시절부터 30대 중반까지 추적 조사한 연구 결과에 따르면, 20대에 목표가 점점 늘어난 사람들은 30대에 더 큰 삶의 목적, 전문성, 능력, 행복을 경험했다.[16] 목표는 삶의 모든 영역에서 자신이 어떤 사람인지, 어떤 사람이 되고 싶은지 선언하고 미래의 계획과 삶의 우선순위를 정하는 것이다. 목표는 성인기의 성격을 형성하는 벽돌이라고 불린다.[17] 따라서 오늘 세우는 목표에 따라 30대 이후 어떤 사람이 될지 결정된다는 생각은 해볼 만한 가치가 있다.

마지막으로, 다른 사람들에 대한 헌신과 책임감 역시 변화와 행복의 원인이다. 미국과 유럽에서 진행된 여러 연구 결과에 따르면 지속 기간과 상관없이 20대에 안정적 관계를 형성하는 것만으로도 안정감과 책임감을 느끼는 데 도움이 된다.[18] 지속적인 관계는 사회적 불안과 우울을 줄여주고 외로움을 덜 느끼게 한다. 대인관계 기술을 연습하는 기회도 된다. 우리는 연애하면서 감정을 조절하고 갈등을 해결하는 법을 배운다. 동반자와의 관계를 통해 성인 사회에서 더 인정받는다고 느끼기도 한다. 그리고 이런 관계들은 20대의 삶이 힘들다고 느낄 때 안정과 지지의 근원이 되어줄 수도 있다.

언론에서는 젊은 시절 혼자만의 삶을 종종 미화한다. 하지만 20대 내내 혼자 지내는 것은 일반적으로 그리 기분 좋은 일이 아니다. 20대 초반의 남녀를 20대 후반까지 추적 조사한 연구 결과에 따르면, 가벼운 만남이나 데이트만 하면서 진지한 관계를 피하고 계속 혼자서만 지내온 사람들 중 80퍼센트가 연애 생활이 불만족스럽다고 느꼈다. 동반자를 만나고 싶지 않다고 답한 사람은 10퍼센트에 불과했다. 20대 내내 혼자 지낸 남성들이 서른 살쯤 자존감이 크게 떨어지는 경험을 한 것으로 보아 지속적인 싱글 생활은 특히 남성에게 부정적인 영향을 미치는 것으로 보인다.[19]

샘은 이런 모든 측면에서 뒤떨어져 있었다. 그는 스스로 남자답다고 느낄 때까지 세상에 나갈 수 없다고 생각했다. 하지만 사실은 세상에 나가야만 남자답다고 느낄 수 있었다. 샘은 현실세계가 문제만 더해준다고 생각했지만, 불안과 분노를 덜 느끼고 싶다면 목표를 세우고 책임질 일을 만들어야 했다. 그것이 검증된 방법이었다.

샘은 지낼 곳을 알아보기 시작했다. 처음에는 단기임대로 나온 방만 찾아다녔다. 몇 달은 잠잠했지만 금세 배낭 생활로 돌아가기를 반복했다. 샘은 거처를 정해야 할 마땅한 이유가 없다고 생각했다. 자신이 가장 원하는 것이 반려견이라는 사실을 깨닫기 전까지는 말이다.

샘은 부모가 이혼하기 전 개를 키웠다고 말하면서 지나칠 정도로 부끄러워했다. 부모의 이혼 후에는 누가 개를 돌볼지 확실치 않은 상황이 되었다. 돌봐주는 사람이 없어지자 개는 깔개를 씹거나 사람들에게 으르렁거리는 등 문제를 일으키기 시작했다. 오래지 않아 개는 다른 곳으로 가게 되었다. 샘은 개에게 더 잘해주지 못했다고 자책했다. 나는 그 개와 샘에게 일어난 일이 부모 탓이지 그의 잘못이 아니라고 설득하려 애썼다. 샘은 그 일을 언급하는 것만으로도 견딜 수 없이 괴로워 보였다.

샘은 아파트를 얻어 개를 한 마리 데려오고 나서야 비로소 활기를 띠었다. 그는 개를 돌보고 함께 산책하면서 오랫동안 놓쳐온 생활의 리듬과 의미를 되찾았다. 샘은 나에게 개와 관련된 웃긴 이야기를 해주고 사진도 보여주었다. 마주 앉은 나에게도 그의 성격과 삶이 달라지는 것이 보였다. 샘은 돈을 받고 개를 산책시켜주는 일을 하다가 곧 훈련사로 일하게 되었다. 그리고 금방 돈을 모아 도그 데이즈라는 반려견 돌봄 시설을 열었다. 이 일은 그가 말했듯 인생을 다르게 살아볼 기회였다.

도그 데이즈를 열고 얼마 안 되어 샘은 상담을 그만뒀다. 일하느라 정기적으로 상담실에 오기 힘들어졌기 때문이다. 몇 년 후 샘에게서 더 행복해지고 자신 있어졌다는 이메일이 왔다. 샘은 그 아파트에 그대로 살면서 도그 데이즈 사업을 위해 커다란 창고 부지를 빌려 썼다. 그리고 도시 건너편으로 옮겨 사업을 확장하는 등 사업 계획을 세워놓은 상태였다. 진지하게 만나는 사람도 있었고 맹인안내견을 기르는 자원봉사도 하고 있었다.

샘은 결혼할 준비가 되지는 않았지만 부모가 되는 것에 대해서는 많이 생각해봤다고 말했다. 오랫동안 부모에게 보살핌을 받으면서도 화가 나 있던 그는 누군가를 돌봐주는 일이 자신의 진짜 장점이라는 사실을 깨닫지 못하고 있었다. 샘은 누군가를 돌보는 데 재주가 있었고, 그 일을 하면서 기분이 좋아졌다. 그는 아빠가 되는 것이야말로 놓치고 싶지 않은 경험이라고 생각했다.

몸과 인생

Every Body

출산 능력 관리는 성인기의 가장 중요한 기능 중 하나다.
성평등주의 이론가 저메인 그리어(Germaine Greer)

유감이지만 사실입니다. 아이가 생기면 이런 일들에 대한 관점이 완전히 달라지죠.
우리는 태어나서 짧은 인생을 살고 죽습니다.
기술이 이런 일들을 바꾸더라도 많이는 바꿔놓지 못합니다.
애플 공동창업자 스티브 잡스(Steve Jobs)

이 장은 가족계획과 임신 그리고 출산에 관한 이야기다. 아이 생각이 전혀 없다면 건너뛰어도 되지만 확신이 없거나 여자들을 위한 주제라고 생각하는 사람은 계속 읽기 바란다. 20대에게 아이 이야기를 하는 것이 시대역행적이라고 생각한다면 반드시 계속 읽어야 한다. 조금만이라도 읽어보기 바란다. 나 역시 그렇게 생각했으니 말이다.

나는 UC 버클리 대학원에서 임상 심리학과 여성학을 전공했다. 당시 내 논문을 심사한 교수 한 분이 유명한 페미니스트이자 심리 분석가인 낸시 초도로우Nancy Chodorow였다. 모성에 관한 획기적인 저서의 저자로도 유명하다. 너무 단순화한 얘기지만 간단히 말하면 그 책의 핵심은 많은 여성이 엄마가 되고 싶어 하고 엄마로서 큰 즐거움마저 느끼는 이유에 대한 페미니즘적 주장이다. 1978년에 30대 초반이었던 초도로우 교수가 쓴 이 책은 당시 1970년대의 고정관념에 어긋나는 주장을 담고 있었다. 즉 페미니스트는 일하고 싶어 하고 페미니스트가 아닌 여성은 아이를 갖고 싶어 한다는 통념과 반대되는 내용이었다. 늘 시대를 앞서가던 초도로우 교수는 모든 여성이 일과 자녀를 둘 다 원할 수 있고 가질 수 있다고 주장했다.

25년쯤 지나 나 역시 30대 초반이 되었다. 나는 초도로우 교수의 연구실에 앉아 있었고 그녀는 내 논문 초안을 읽고 있었다.

"멕, 자네 몇 살이지?"

그녀는 논문을 훑어보며 물었다. 나는 어색하게 대답했다.

"서른네 살입니다."

"아이를 갖고 싶은가?" 이번에는 그녀가 안경 너머로 나를 바라보며 물었다. 나는 자신 없는 말투로 대답했다.

"그런 것 같습니다."

"그럼 그러는 게 낫겠어!"

그녀는 내 논문을 내려놓고 의자 끝에 걸터앉으며 소리쳤다.

나는 반사적으로 이 말이 페미니스트답지 않고 차별적인 말이라고 인식했고 너무 놀라 방어적인 상태가 되었다. 내가 보기에 21세기에 여성에게 아이를 낳으라느니 말라느니 하는 얘기는 구시대적 발언이었다. (사실 구시대적인 것은 똑똑하고 야심찬 여성이 엄마가 될 수 없다는 내 이분법적 생각이었다.) 페미니스트가 아이를 가지는 문제에 대해 책까지 써낸 여성 학자에게 내가 보인 반응은 이상한 것이었지만 당시의 나는 그랬다. 나는 이 불편한 대화가 끝나기를 바라면서 당당하게 대꾸했다.

"한 명밖에 안 낳을 거예요."

초도로우 교수는 내 말에 신경 쓰지 않고 꿋꿋이 밀어붙였다.

"그건 모르는 일이지."

그로부터 18개월 후에 나는 졸업했고 몇 달 후 내 스승이었던 초도로우 교수는 은퇴했다. 은퇴 기념식에서는 초도로우 교수의 전 동료들과 나를 비롯한 대학원생들이 단상에 올라 그녀와 그 업적에 대해 말했다. 나는 둘째를 임신한 몸으로 첫 아이를 안고서 단상에 섰다.

그날 한 말은 기억나지 않는다. 하지만 확실한 것은 그때 했으면 좋았을 말을 안 했다는 사실이다. 바로 내 경력과 아이들에 대해 초도로우 교수에게 감사하다는 말이다. 그분은 나를 임상 심리학자, 작가, 사상가로서 옹호해줬고, 내가 일 이외의 영역에서도 삶을 꾸려가는 것을 지지해주었다. 그리고 페미니즘은 가족을 원하면 안 된다는 사상이 아니며 페미니스트도 가족을 원한다는 점을 가르쳐주었다. 오히려 그것이 더 많은 페미니스트를 양성하는 길임을.

평균 수명이 늘어나는 한편 젊은이들이 결혼을 미루고, 학업, 일, 연애, 자기 관리에 더 많은 시간을 보내게 되면서 (페미니스트이든 아니든) 첫 아이를 30대, 심지어 40대에 낳는 사람이 늘고 있다.[1] 그래서 21세기의 부모들은 이전 세대에 비해 나이가 많고 교육 수준이 높은 경향이 있다. 1970년대에는 첫 아이를 낳는 시기가 여성은 21세, 남성은 27세 정도였다. 현재 부모가 되는 평균 연령은 여성의 경우 26세, 남성의 경우 31세에 달한다. 대졸 이상의 도시 거주민들 사이에서는 이런 현상이 더욱 두드러져 첫 아이를 30세 이상에 낳는 경우가 많다.

미국에서는 여전히 대다수의 아이들이 20세에서 34세 사이의 '출산 적령기' 여성들에게서 태어난다. 그런데 이 나이에 해당되지 않는 여성들의 출산 경향은 크게 달라졌다. 여러 인종에서 10대의 출산은 줄어들고 34세 이후의 출산은 늘어났다.[2] 35세에서 39세 사이의 산모는 지난 30년 동안 50퍼센트 정도 늘었고, 40세에서 45세 사이의 산모는 80퍼센트 늘었다. 35세 이상인 여성이 출산한 아기는 10대가 출산한 아기보다 많다.

변화에 못지않게 유지되는 현상도 많다. 2018년 미국 인구조사국 발표 자료에 따르면 산모의 나이는 많아졌지만 출산은 여전히 지속되고 있다.[3] 선진국 중에는 미국 여성의 출산 가능성이 가장 높다. 이것은 기혼이나 미혼 여성 모두에게서 나타나는 현상이다. 1976년에는 90퍼센트 이상의 여성이 45세 이전에 한 명 이상의 아이를 낳았다. 2006년에는 이 비율이 80퍼센트까지 떨어졌고, 2016년에 86퍼센트로 다시 올랐다. 평균 출산 자녀수도 비슷한 추세를 보였다. 1986년에는 2.7명이었다가 2006년에 2.3명까지 떨어졌고 2016년에 2.4명으로 조금 높아졌다. 퓨 리서치 센터에서 발표한 자료의 제목에는 이런 경향이 요약되어 있다. "오늘날 미국 여성들은 더 오래 기다렸다가 아이를 낳지만 10년 전에 비해 아이를 낳을 가능성은 높아졌다."

이제 중요한 지점이다. 요즘 엄마들이 과거와 가장 크게 달라진 부분은 학력이 높아졌다는 점이다. 대학에 가지 않고 엄마가 되는 여성의 비율은 그대로인 반면, 대졸 이상의 학력을 갖춘 엄마들의 수는 늘어났다. 30년 전에는 박사학위를 받은 여성 중 65퍼센트만이 아이를 낳았지만, 지금은 그 비율이 80퍼센트에 이른다. 요컨대 교육받고 일하는 여성들이 엄마가 되는 경우가 더 흔해졌고 엄마들에게 교육과 직업이 더 필요해졌다.

이 모든 사실이 의미하는 바는 초도로우 교수가 나에게 말해주려 했던 것이다. 21세기의 여성들은 교육받을 가능성이 높고 엄마가 될 가능성도 높으며 그 어느 때보다도 늦은 나이에 엄마가 될 가능성이 높다. 진로나 직업이 결정되기 전에 아이를 낳는 것 자체가 어렵고, 거듭된 연구 결과에 따르면 나이가 많고 교육받은 부모들이 더 안정적이고 자원이 풍부하며 아이에게도 이롭다. 2020년 현재 직장에서 여성의 수가 남성을 앞질렀는데[4] 이는 여성들이 일과 가족생활을 균형 있게 유지하고 있을 가능성이 높다는 의미다. 하지만 모든 변화에도 불구하고 인간의 몸이 작용하는 방식은 달라지지 않았다. 가족계획에 대해 생각해보고 임신과 출산에 대해 알아야 할 필요성이 커졌을 뿐이다.

출산은 30대나 40대가 읽는 책에서 다룰 주제일 것 같지만 그렇지 않다. 퓨 리서치 센터의 조사에 따르면 20대의 90퍼센트 정도가 인생에서 원하는 것들을 얻게 되리라 생각한다고 응답했다. 나 역시 그들이 그러기를 진심으로 바란다. 그럼 이제 그들이 뭘 원하는지 말해보자. 20대 전체 응답자의 절반이 넘는 52퍼센트가 성인기에 가

장 중요한 일 중 하나로 '좋은 부모 되기'를 꼽았다.[5] '성공적인 결혼'
이라고 응답한 사람은 전체의 30퍼센트였다. 이에 비해 고소득 직업
이라고 응답한 사람은 15퍼센트, 자유시간이라고 응답한 사람은 9퍼
센트, 명성이라고 응답한 사람은 1퍼센트에 불과했다. 이를 통해 우
리는 많은 20대가 가장 원하는 것이 궁극적으로는 행복한 가족임을
알 수 있다. 20대는 앞으로 10여 년 정도가 자손을 남기기에 가장 적
합한 시기임을 알 권리가 있다. 출산을 마치고 통계 자료에 포함되기
전에 출산과 관련된 통계에 대해 알아야 마땅하다. 확실히 하나 짚고
넘어갈 점이 있다. 20대는 준비도 안 된 상태에서 서둘러 아이를 가
질 때가 아니다. 그보다는 자신의 몸과 미래의 선택지에 대해 더 배
워야 할 때다.

그렇다면 이번에는 35세 이후의 출산에 대해 솔직한 이야기를
해보자. 의학은 '불확실성의 과학이자 가능성의 기술'이라 불린다.[6]
이 말은 특히 생식의학reproductive medicine에 해당된다. 임신과 출산에
관한 영역은 과학으로 완벽하게 통제할 수 없는 분야다. 35세 이하의
여성이라고 다 쉽게 아이를 가질 수 있는 것도 아니고 35세 이상의
여성이라고 무조건 안 되는 것도 아니다. 하지만 나이에 따라 조금씩
차이는 있다. 이것은 성별이나 성적 지향(동성애 혹은 이성애), 정치적 성
향에 상관없이 아이를 원하는 사람이라면 누구나 알 필요가 있는 지
식이다.

나는 30대에 두 아이를 낳았다. 더 구체적으로 말하자면 첫째는
35세, 둘째는 37세에 낳았다. 많은 20대와 마찬가지로 나는 아이를
낳기 전에 경력을 쌓고 싶었고 그렇게 했다. 스승인 초도로우 교수가

"아이를 낳는 게 낫겠다"라고 말한 후 얼마 안 되어 나는 첫째를 낳고 박사학위를 따기 위해 만삭의 몸으로 뒤뚱거리며 강단에 섰다. 첫째 출산 후 2년도 안 되어 둘째가 곧 태어나려 할 때 상담소를 열고 대학에서 강의도 하게 된 것이다.

솔직히 30대에 아이들을 출산하는 과정은 생각만큼 순조롭지 않았다. 첫째는 35세였던 내가 임신 기간 내내 정신의학과 병동에서 일한 후 무사히 태어났다. 37세에 둘째를 임신하고 있던 나는 출산 직전까지 진료하고 강의해야겠다고 생각했지만 결국 침대 신세를 지며 병원을 들락거리다 조산했다. 39세에 두 번의 유산을 겪은 후 남편과 나는 이 정도면 충분하다고 결론 내렸다. 총 네 번의 임신, 두 아이와 두 번의 유산, 두 개의 학위, 두 개의 경력, 세 번의 업무상 해외 이주와 타지 생활. 두 사람이 4년 동안 겪기에는 정말 많은 일이었다. 우리는 가진 것에 만족하고 감사하기로 했다. 나는 더 늦기 전에 아이를 가지라고 말해준 스승이 있었다는 데 감사했다. 건강한 두 아이를 그토록 무사히 낳을 수 있었던 것은 정말 행운이었다. 하지만 모두가 이렇게 운이 좋은 것은 아니다. 지금부터 이야기할 케이틀린도 그랬다.

케이틀린은 벤을 만났을 때 서른네 살이었다. 이들은 2년의 연애 끝에 결혼에 대해 상담하러 나를 찾아왔다. 둘 다 초혼이었기 때문에 결혼이란 정말 먼 미래의 이야기 같았다고 케이틀린은 말했다. 그녀는 결혼식에 대해 많은 이야기를 했지만 아이에 대해서는 한마디도 언급하지 않았다. 나는 케이틀린이 아이를 원하지 않는다고 간주하려다가 직접 물어보기로 했다. 아마도 스승에게 배운 점 덕분이었을 것이다.

"아이 생각은 없나요?"

"모…르겠어요. 아직 생각해본 적이 없어요."

내 질문에 당황한 케이틀린은 더듬거리며 말했다.

나는 짜증이 났다. 케이틀린 때문이 아니라 서른여섯 살에도 아이를 낳을지 서둘러 결정할 필요가 없다는 문화 때문이었다. 나는 최근에 읽은 기사가 떠올랐다. 38세나 40세 전에만 시작하면 임신이 된다는 잘못된 믿음에 현혹된 느낌이라고 말하는 여성의 이야기였다.[7] 케이틀린도 그런 잘못된 믿음에 빠진 듯했다.

"그럼 지금이 생각해볼 때예요. 아이를 낳을 수 없을 때가 돼서야 아이가 중요하다는 걸 깨닫고 싶지는 않잖아요."

"지금 낳아 봐야 무슨 좋은 일이 있겠어요? 결혼도 안 했는데…."

"결혼은 쉽게 할 수 있어요. 아기부터 낳아도 되고요. 동반자를 찾았잖아요. 결혼은 금방이지만 아이는 그렇지 않을 수도 있어요."

"하지만 전 친구들이 전부 다 참석하는 성대한 결혼식을 하고 싶어요. 드레스를 입고 사진도 찍고요. 제가 혼자서 얼마나 많은 결혼식에 갔는지 아세요? 결혼 선물은 또 얼마나 많이 샀고요? 그래도 일단 2년간 약혼이나 결혼을 하지 않으려고 해요. 아이가 없을 때 둘만의 시간을 즐기는 것도 좋고요."

"다 좋겠죠. 성대한 결혼식은 정말 특별할 거예요. 하지만 아이를 더 중요하게 여기게 되진 않을지 확실히 했으면 좋겠어요."

이제 케이틀린은 나에게 짜증이 난 듯했다.

"40대에도 아이를 낳잖아요. 예전보다 흔한 일이기도 하고요. 마혼 살인 친구가 두 명 있는데 아이를 낳은 지 얼마 안 됐어요. 할리우드에서는 다들 그러던데요."

"옛날보다는 그런 사람이 많아졌죠. 그건 사실이에요. 그런데 그렇게 못하는 사람도 많아요. 40대 연예인들이 아기를 낳는다는 소식을 많이 듣기는 하지만 자세한 이야기를 들어보면 불임 치료를 여러 번 받았다는 걸 알게 될 거예요. 아이를 낳고 싶어도 못 낳는 평범한 40대 여성들에 대한 통계도 있어요. 기삿거리가 안 될 뿐이죠."

케이틀린은 가용성 휴리스틱availability heuristic(혹은 가용성 편향)이라는 오류를 범하고 있었다. 가용성 휴리스틱이란 쉽게 떠올릴 수 있는 사례를 바탕으로 어떤 일의 가능성을 판단하는 일종의 정신적 지름길이다. 과거에 비해 나이 든 여성들이 아이를 낳는 일이 흔해졌다는 케이틀린의 말은 옳았다. 40세에 아이를 낳은 친구들도 있었고 그와 비슷한 유명인도 많이 떠올릴 수 있었다. 케이틀린이 몰랐던 것은 40세에 가까워지면서 아이 낳기가 얼마나 어려워지는지에 대한 통계였다. 그녀는 현실을 모르고 있었다.

먼저 여성에 대한 이야기를 한 뒤 남성에 대해 말해보자.

여성의 생식력, 즉 출산 능력은 20대에 최고점에 도달한다.[8] 생물학적으로 20대는 여러모로 아이를 낳기 가장 좋은 시기다. 30세 전후로 생식력이 떨어지기 시작해서 35세쯤에는 임신에 성공하고 유지하는 능력이 현저히 떨어진다. 40세에는 임신과 출산 능력이 급격히 저하된다.

이런 현상은 모든 여성이 30~40대에 접어들면서 겪으리라 생각하는 두 가지 변화 때문이다. 우선 난자의 질이 낮아진다. 두 번째로는 호르몬을 조절하고 임신을 유지하도록 신체에 지시를 내리는 내분비선의 효과가 약해진다. 이 두 가지 변화 때문에 임신이 어려워지고 유산 가능성이 높아진다. 질 낮은 난자는 착상하고 성숙하는 데 어려움을 겪는다. 건강한 난자 혹은 난자 기증을 통해 얻을 수 있는 '젊은' 난자도 호르몬이 제대로 분비되지 않으면 자리 잡지 못할 수 있다.

하지만 출산이 여성의 문제라고 결론내리기는 이르다. 생물학적 시계는 남성의 몸에서도 돌아간다.[9] 나이가 들면 고환의 기능과 정액의 질 역시 떨어진다. 그러나 아빠의 나이에 대한 연구는 엄마의 나이에 대한 연구에 비해 뒤떨어져 있다. 과학자들의 말처럼 생식에 대한 이해가 아직 부족하다는 의미다. 하지만 여러 연구를 통해 여성뿐만 아니라 남성도 나이가 들수록 임신 성공률이 떨어진다는 사실이 드러나고 있다.

나이가 많은 남성의 상대 여성은 임신하기가 더 어렵다. 성공하더라도 임신을 건강하게 유지하기 힘들 가능성이 있다. 연구자들은 나이 많은 정자가 조산이나 사산과 더불어 유전적 기형, 암, 자폐, 조현병, 조울증 등의 정신과적 문제와 관련 있을 가능성을 발견하기 시작했다. 앞서 언급한 이유들로 남성과 여성 모두 출산 시기에 대해 생각해봐야 한다.

결국 케이틀린은 성대한 결혼식을 올렸다. 그 후 서른여덟 살이 되어 임신을 시도하기 시작했지만 잘 안 됐다. 1년 동안 임신을 시도하고 유산을 여러 번 겪은 뒤 케이틀린과 남편은 난임 치료 전문가를 찾아갔다. 케이틀린은 치료만 잘 받으면 곧 아기를 가지게 되리라 확신했다.

　출산 능력이 저하되었다는 첫 번째 신호는 임신과 유지가 어렵다는 점이다. 여성의 경우 35세까지는 자연 임신, 즉 배란기에 관계를 맺는 방법으로 성공할 확률이 생리주기 한 번마다 25퍼센트쯤 된다. 따라서 젊은 여성은 임신하려면 평균 4개월 정도가 걸린다. 35세가 넘으면 성공률이 급격히 낮아져 40세에는 5퍼센트까지 떨어진다. 그러면 임신까지 평균 20개월이 필요한데, 임신을 시도하는 기간이 길수록 성공률이 낮아진다. 게다가 35세 이상 산모의 25퍼센트, 40세 이상 산모의 50퍼센트는 유산을 겪는다. 그래서 35세 이후에는 케이틀린과 벤처럼 기대와 좌절을 반복하는 일을 겪을 수 있다.

　임신을 시도하지만 잘 안 될 때 케이틀린과 벤 같은 많은 부부가 흔히 불임, 난임 치료라고 하는 보조생식술의 도움을 받는다. 치료에 성공하면 주변에 이야기하지만 그보다 많은 사람이 치료에 실패하고 나서 주변에 말하지 않는다. 난임 치료는 마법이 아니다. 나이와 상관없이 성공보다 실패하는 경우가 많다. 특히 부부의 나이만큼 난자와 정자도 나이가 많으면 더욱 그렇다. 정자를 여성의 생식관에 주입하는 인공수정[10]은 20대 여성이라도 성공률이 15퍼센트에 불과하다. 30대에는 성공률이 10퍼센트, 40세에는 5퍼센트 정도로 떨어진다. 인공수정은 비용이 비교적 적게 들고 비침습적 방식(치료 장비나 미생물 등이 인체를 관통하여 치료하지 않는 방식―옮긴이)이지만 성공률이 낮은 편이다. 그래서 대부분의 여성은 시간 낭비를 피하기 위해 바로 체외수정으로 넘어간다.

　체외수정은 난자와 정자를 외부에서 수정하여 자궁으로 이식하는 시술이다.[11] 35세 이전에는 체외수정 성공률이 회당 33퍼센트 정도다. 35세가 되면 성공률은 약 25퍼센트가 되고 40세에는 15퍼센트까지 떨어진다. 따라서 통계적으로 나이가 많을수록 체외수정을 여러 번 해야 할 가능성이 높아진다. 체외수정 시술의 1회 평균 비용은 3만 달러 정도이며 시술이 거듭되는 만큼 비용은 더 든다.[12]

안타깝게도 케이틀린과 벤은 아이를 갖지 못했다. 케이틀린은 호르몬 치료, 인공수정, 몇 번의 체외수정 시술을 받았지만 모두 효과가 없었다. 의료진은 43세가 된 케이틀린에게 난자를 기증받거나 입양하는 방법을 권했지만, 그러기엔 두 사람의 체력과 경제력이 바닥난 상태였다. 케이틀린이 아이 갖는 법을 찾는 동안 계속된 상담은 이제 슬픔에 대해 이야기를 나누는 시간이 되었다.

1970년대에는 가임기가 끝날 때까지 자녀가 없는 성인이 전체의 10퍼센트 정도였지만 오늘날에는 15퍼센트가 되었다.[13] 사실 요즘은 아이를 낳지 않기로 선택하는 사람이 많아지고 있다. 부모가 된다는 것은 미화할 일이 아니다.[14] 의미가 깊은 만큼 끝없이 힘든 일이다. 일종의 정서적 감옥이 될 수도 있다. 그래서 사람들은 일이나 자기 자신을 비롯한 다른 분야에 집중하기 위해 부모가 되지 않기로 결정한다.

하지만 2017년에 발표된 보고서에 따르면 자녀가 없는 성인 중 3분의 1은 자의로 선택한 것이 아니라 케이틀린과 벤처럼 아이를 낳지 못한 경우다.[15] 30~40대 남녀인 이들은 출산에 대해 더 빨리 고려해보지 못했다고 느낀다. 가령 20대였다면 아이를 낳을 준비가 안 되었더라도 일과 가족에 대한 계획을 세워 다른 결과를 얻을 수 있었으리라고 생각하는 것이다.

임신과 출산이 주로 여성에 관한 문제라고 생각할 수 있다. 하지만 30~40대에 첫 아이를 낳는 부부가 늘어남에 따라 임신과 출산 시기는 모든 사람에게 영향을 미친다. 30~40대에 자녀를 얻기는 했어도 그 힘든 과정을 겪으면서 놀라는 사람들이 무수히 많다. 난임 치료 전문가들은 모르겠지만 심리학자들은 늦어진 출산과 양육 시기가 현대의 결혼과 동반자 관계에 어떤 영향을 미치는지 들어서 안다.

늦은 출산과 육아 시기는 남녀 모두에게 어떤 영향을 미칠까? 신혼부부는 신혼여행에 배란일 테스터를 들고 가거나 숙제처럼 일정에 맞춰 섹스를 한다. 많은 사람이 거듭되는 난임 치료와 답답한 결혼생활, 임신, 불안과 스트레스로 가득한 육아기를 거치면서 힘들어한다. 생물학적 자녀를 원하는 레즈비언 커플이나 혼자인 여성은 어떤 식으로든 임신 및 출산 관련 시술 등 외부의 개입이 필요한데, 시기가 늦어질수록 그 과정이 까다롭고 비용도 많이 든다. 20대 시절의 선택 때문에 원하는 만큼 아이를 낳을 수 없거나 아이에게 동생들을 낳아주기에 너무 늦었다는 것을 깨닫고 슬퍼하는 사람도 많다.

원하는 만큼 많은 아이를 무사히 얻는다 해도 늦은 결혼과 출산만으로도 가족들은 스트레스를 받을 수 있다.[16] 아이를 빨리 가져야 하는 신혼부부는 결혼생활에서 가장 힘들다고 알려진 시기로 곧장 뛰어드는 셈이다. 특히 한창 일할 시기와 육아기가 겹칠 때 더욱 그렇다.

현대 부모들의 시간 관리에 대한 종합적 보고서에 따르면 부모들은 가족 모두에게 일일이 신경 쓸 만한 시간이 없다.[17] 부모들 중 절반은 막내아이에게 할애할 시간이 너무 부족하다고 응답했다. 배우자와의 시간과 혼자만의 시간이 부족하다고 답한 사람도 각각 전체 응답자 중 3분의 2를 차지했다. 또 다른 문제를 감안하여 이 주제를 다룬 기사에는 이런 내용이 있다. "많은 남녀가 완전히 독립하지 않은 20대 자녀를 도와주느라 엄청난 스트레스를 받는 동안 80대 부모의 건강이 망가지고 있다."[18]

나는 이 기사를 읽으면서 생각했다. "20대 자녀라고?" 요즘은 대학생 자녀와 노인이 된 부모에게 양쪽으로 시달리는 일이 흔해졌다. 결혼과 출산을 미루는 광범위한 유행을 따른 세대가 여기에 해당할 것이다. 좀 더 멀리 내다보자. 학력이 높고 출산을 최대한 미루려는 요즘 부모들이 35세에서 40세 사이에 아이를 낳고 그 아이들이 35세에서 40세 사이에 아이를 낳는다면 20대 자녀와 80대 부모가 아니라 영유아인 자녀와 80대 부모 사이에 끼는 일이 흔해질 것이다. 머잖아 우리는 한창 일해야 할 시기에 사랑하는 가족이지만 손이 가장 많이 가는 두 집단을 돌봐야 하는 상황에 직면하게 된다.

그뿐만 아니라 조부모가 손주를 키워주거나 부부끼리 주말을 즐기라고 아이들을 맡아주지 못하게 되면서 또 상황이 달라진다. 세대 간의 간격이 넓어짐으로써 나타나는 슬픈 영향은 이 정도에 그치지 않는다. 80세 할머니가 갓 태어난 손주를 보러 병원에 오는 모습은 서글프기 짝이 없다. 화창한 날 호숫가에서 다정한 할머니 할아버지와 함께 휴일을 보낼 시간이 얼마 남지 않았다는 사실을 깨닫는 것도 참담한 일이다. 아이들이 할머니 할아버지와, 심지어 부모와 얼마나 오래 같이 살 수 있을지 생각하는 모습을 볼 때면 뭔가 잘못되었다는 느낌마저 든다.

앞으로는 출산을 미루는 이유가 더 늘어나기만 할 것이다. 대부분의 보조생식술은 이런 상황에서 생물학적 시계를 거꾸로 돌려 어떻게든 아이를 갖게 하려는 기술이다. 하지만 아기는 도착점이 아니라 출발점이다. 그리고 아기가 생기면 부모들은 최대한 많은 시간을 아기와 함께 보내고 싶어 한다.

빌리의 이야기는 이런 일들을 설명하기에 가장 적절한 사례다. 빌리는 무난한 인생을 살아온 편이다. 똑똑하고 대학 교육도 받은 빌리는 20대야말로 재미와 모험을 즐길 마지막 기회이며, 후회할 일을 적게 만들고 추억을 많이 쌓는 것이 20대의 목표라는 이야기를 들으며 살아왔다. 하지만 그런 20대를 보내지는 못했다. 그는 20대 시절에 중요하고 기념할 만하다고 생각했던 일들이 사실 그렇지 않았다는 것을 나중에야 깨닫고 수없이 후회했다.

나에게 상담을 받으러 왔을 때 빌리는 30대 중반에 아들이 하나 있는 유부남이었고 한창 일에 몰두하고 있었다. 모든 일을 동시에 처리하려니 스트레스가 심했다. 빌리는 무리해서라도 일과 가족에 더 신경 써야 한다고 느꼈다. 어느 날 빌리는 업무 중 가슴과 머리에 통증을 느끼고 아내에게 병원에 데려다 달라고 전화했다. 다행히 별 이상은 없었지만 빌리의 머릿속은 복잡했다.

다음 상담 시간에 나는 아무 말도 하지 않았다. 빌리는 계속 말했고 나는 묵묵히 들었다. 그의 말이 마음에 깊이 와닿아서 감히 끼어들 수가 없었다. 모든 20대가 그 이야기를 들었으면 좋겠다는 생각이 들었다. 그래서 이 장은 빌리의 말로 마무리하려 한다.

MRI를 찍으러 갔는데 너무 무서운 물건이더라고요. 웅웅거리면서 돌아가는 자석 관 안에 꼼짝없이 갇혀 있었죠. 뻑뻑거리는 소리가 계속 났어요. 그 커다란 무균실에 기계만 덜렁 있고 기사는 벽 뒤에 앉아 있었어요. 아침 7시 반이었는데 너무 추웠어요. 소음 차단용 헤드폰을 주고 음악을 틀어주는데, 글쎄 헤비메탈을 틀더라고요. 웃긴 일일 수도 있었지만 얄궂고 쓸쓸하게만 느껴졌어요. 그 순간 들리던 헤비메탈 음악만큼 내 인생과 상관없는 일이 있었을까요? 큰 병이라도 발견될까봐 너무 무서웠는데 말이죠.

웃긴 점, 아니 슬픈 점은 인생이 주마등처럼 스쳐가지 않았다는 거예요. 전혀요. 서른여덟 해를 살았는데 머릿속에 떠오른 건 두 가지였어요. 아들의 조그만 손을 잡았을 때의 느낌, 그리고 아내가 그 많은 일을 떠안도록 혼자 두고 갈 수 없다는 마음이었죠. 분명한 건 과거를 잃을까 봐 두렵지는 않았다는 거예요. 미래를 놓치는 게 두려웠어요. 몇 년 전까지만 해도 인생에 중요한 게 거의 없다고 느꼈는데 지금은 앞으로 좋은 일들이 계속 생길 거라는 사실을 깨달았어요. 아픈 곳이 생기니까 나중에 아들이 커서 자전거를 타고, 축구를 하고, 학교를 졸업하고, 결혼하고, 아이를 낳는 모습을 못 볼지도 모른다는 생각에 겁이 났어요. 일도 한창 잘되고 있었고요.

큰일이 아니어서 신께 감사해요. 하지만 이 일로 몇 가지 변화가 생겼어요. MRI를 찍고 며칠 지나 단골 병원에 가서 최소한 20년은 건강히 살게 해 달라고 말했죠. 의사는 요즘 저 같은 사람이 많다고 했어요. 스물두 살에 아이를 낳던 시절엔 할 일을 마치고 세상을 뜰 수 있었어요. 그런 걸 걱정하는 사람은 없었죠. 그런데 요즘은 이렇게 말하는 사람이 많이 온대요. "애들이 대학 갈 때까진 제가 건강해야 돼요. 그때까지 건강하게 살 수 있다고 말해주세요." 이게 무슨 난리랍니까?

지금도 좀 아쉬워요. 왜 그렇게 쓸데없는 일들에 많은 시간을 보냈는지 모르겠어요. 그 많은 시간 동안 사람들과 어울리면서 했던 일들이 지금은 추억도 못 돼요. 왜 그랬을까? 20대에 재미있게 지내긴 했지만 8년이나 그럴 필요가 있었을까요? MRI 기계에 누워서 생각했어요. 일찍 철이 들었더라면 커피 마시고 파티하면서 노닥거리는 대신 아들과 지낼 시간이 5년 늘어났을 거라고요. 제가 인생을 낭비하고 있다고 직설적으로 말해주는 사람이 왜 아무도 없었을까요?

삶을 계산하기

Do the Math

우리가 미래의 자신을 방치하는 까닭은
믿음이나 상상력이 부족하기 때문이다.
철학자 데렉 파핏(Derek Parfit)

위대한 일을 이루려면 두 가지가 필요하다.
계획 그리고 넉넉지 않은 시간.
작곡가 레너드 번스타인(Leonard Bernstein)

　　1962년에 23세의 프랑스인 동굴 탐험가 미셸 시프르Michel Siffre[1]는 동굴 안에서 두 달을 보냈다. 빛, 소리, 온도의 변화를 차단하고 시간을 떠나 살아보기 위해서였다. 시프르는 눈에 보이는 지표가 없을 때 사람들이 시간을 어떻게 인식하는지 알고 싶었다. 동굴에서 나온 그는 그 안에서 25일을 머물렀다고 생각했지만, 실제로는 그 두 배의 시간이 흐른 상태였다. 시프르는 시간 감각을 잃었던 것이다. 이후 수십 년 동안 비슷한 연구들이 진행되었다. 이제 우리는 시간을 일정한 단위로 끊어주지 않으면 뇌가 시간 감각을 오래 유지하기 어렵다는 사실을 알게 되었다. 단위나 지표가 없는 시간은 짧게 느껴진다. 며칠이 지나고 몇 년이 지나면 우리는 이렇게 말한다. "시간이 왜 이렇게 빨리 갔어?"

　20대도 어찌 보면 시간 감각이 없어지는 시기다. 대학을 졸업하는 순간 그때까지 익숙했던 생활을 벗어나기 때문이다. 대학 시절까지는 시간이 학기로 구분되고 그 학기도 작은 단위와 목표들로 나뉘어 체계적으로 짜여 있다. 강의계획서, 시험, 과제도 시간 감각을 유지하게 해준다. 뭘 해야 할지 말해주는 교사와 부모도 있다. 하지만 학교를 벗어나는 순간 매우 긴 시간을 마주하게 되고, 언제, 왜, 무슨 일이 일어날지 확실히 알 수 없게 된다. 동굴 속에서 지내듯 시간 감각을 잃어버리기 쉽다. 어떤 20대는 이런 상태를 예리하게 표현했다. "20대에는 시간 개념이 완전히 뒤집혀요. 긴 시간이 통째로 주어지고 해야 할 일들이 산더미처럼 생기니까요."

　로라 카스텐슨Laura Carstensen이 스탠퍼드 대학교에서 시간을 연구하게 된 건 20대 시절의 경험 때문이었다. 그녀는 스물한 살 때 심각한 교통사고로 여러 달 동안 입원해야 했다. 어린 나이에 죽음의 문턱에 선 그녀는 생각할 시간이 많았기 때문에 젊은 사람들과 나이 든 사람들이 남은 인생을 어떻게 인식하는지 생각하기 시작했다. 그리고 이 생각들을 발전시켜 인간이 나이와 시간을 어떻게 다루는지, 이것이 삶에 어떤 영향을 미치는지 연구하는 길을 택했다.

　최근 카스텐슨은 사람들이 노후를 대비해 저축하지 않는 이유를 이해하기 위해 20대를 대상으로 연구를 진행했다.[2] 솔직히 말하면 내가 20대와 상담한 그 긴 세월 동안 노후 대비 이야기는 거의 나온 적이 없다. 20대에 저축을 하면 좋겠지만 그때는 대개 카드 대금을 지불하거나 대출을 상환하느라 허덕인다. 그래서 나는 카스텐슨이 주목한 노후 대비라는 주제보다 그녀의 연구 방법에 더 관심이 있었다.

카스텐슨은 가상현실을 이용하여 20대가 미래의 자신을 최대한 생생하게 상상하도록 했다. 한 실험 조건에서는 25세의 참가자들이 가상 거울을 통해 노인이 된 자신의 모습을 보았고, 다른 조건에서는 현재 자신의 모습을 보았다. 그런 후 가상 노후대비 계좌에 저축액을 입금하게 했는데, 거울로 현재의 모습을 본 참가자들은 평균 73.90달러를 입금한 반면, 미래의 모습을 본 참가자들은 그 두 배인 평균 178.10달러를 입금했다. 미래의 자기 모습을 본 참가자들은 미래의 자신을 돌보려는 마음이 더 강했고 이를 행동으로 옮겼다.

이 연구는 가상으로나마 인간 행동의 핵심적인 문제, 즉 현재 편향present bias을 보여준다.[3] 현재 편향은 미래의 보상과 결과보다 현재의 보상과 결과를 선호하는 경향이다. 우리는 내년에 150달러를 받는 것보다 지금 100달러를 받는 쪽을 선호한다. 초콜릿은 지금 먹고 헬스장은 내일 가겠다고 말한다. 오늘 새 바지를 사고 카드값은 다음 달에 지불하겠다고 한다. 이는 20대만의 문제가 아니라 모든 인간의 문제이며, 중독, 미루는 습관, 건강 악화, 석유 소비, 기후 변화, 그리고 노후 대비 문제를 야기하는 근본적 원인이기도 하다. 나중에 일어날 일을 그려보고 그것을 중요하게 여기기 어려울 때가 많다.

특히 20대는 현재 편향으로 기울어지는 경향이 높다. 아직 발달이 끝나지 않은 20대의 뇌는 한 발 앞서 미래를 예측하고 계획하기가 쉽지 않다. 게다가 친한 친구나 연장자에게 인생에 대한 불안을 토로하거나 질문하면 식상한 위로가 돌아오기 일쑤다. "잘될 거야. 너에겐 시간이 아주 많으니까.”

하지만 그와 동시에 20대는 “젊음은 한 번뿐이다”, “즐길 수 있을 때 즐겨라”라는 뻔한 말로 치켜세워지기도 한다. 이런 메시지는 지금이 아니면 못 한다는 심리를 부추기고 위험을 무릅쓰게 하여, 파티, 여러 파트너와의 성생활, 책임 회피, 게으름, 되는 대로 대충 일하는 생활 등에 빠지게 한다.[4] 하지만 이런 행동들로는 지속적인 행복을 누릴 수 없다.

20대는 두려운 어른의 삶을 시작하기까지는 무한한 시간이 있지만 즐거운 일들을 할 시간은 부족하다는 말을 수없이 듣는다. 그래서 더 현재만 보며 살게 된다. 현재와 미래를 연결하는 데는 노력이 필요하다.

어느 날 오후 옷가게를 둘러보다가 20대 직원 두 명이 옷을 개면서 나누는 이야기를 잠깐 듣게 되었다. 남자 직원이 여자 직원에게 이렇게 말했다. “다들 나보고 담배를 끊으래. 내가 왜? 여든다섯 살까지 살 걸 아흔다섯 살까지 살아서 어쩔 건데? 꼬부랑 할아버지가 되면 친구들은 다 죽고 사는 낙이 없을 텐데 10년을 더 살고 싶겠어? 금연해서 스무 살로 돌아갈 수 있다면 끊지. 그런데 난 이제 스물여덟 살이야. 내가 왜 90대까지 살려고 이 좋은 걸 끊어야 해?”

대화를 엿듣던 나는 그 직원을 가상 거울 앞에 세우고 몇 살이든 폐암에 걸리면 얼마나 끔찍한 일을 겪게 되는지 보여주고 싶었다. 하다못해 서른한 살까지 옷을 개고 있다면 어떤 기분일지라도 말해주고 싶었다. 하지만 나는 일하는 중이 아니었으므로 입을 다물었다.

그날 이후 며칠이 지나서도 그 직원의 말이 떠올랐다. 담배나 건강 문제가 아니라 시간에 관한 문제였다. 현재를 즐기는 게 어떤 건지 나도 알지만 내가 주목한 점은 스물여덟 살에서 여든다섯 살까지의 삶이 시시할 것이라는 그 직원의 태도였다. 그에게 인생은 20대밖에 없고 그 이후엔 죽은 것이나 마찬가지였다. 30대, 40대, 50대, 60대, 70대가 어떨지에 대해서는 아무 말도 없었다. 그 나이가 되면 어떻게 되고 싶다거나 잘살고 싶다는 생각조차 없어 보였다. 친구들에 둘러싸인 20대의 자기 모습 말고는 상상할 수가 없고, 그 이후의 삶은 다 똑같을 것이라고 생각하는 듯했다.

여러 문화에서는 인간이 언젠가 죽는다는 사실을 일깨우기 위해 해골이나 시든 꽃 등 죽음의 상징을 이용한다. 과거에는 시든 장미를 든 모습으로 초상화를 그리거나 남은 시간이 점점 줄어든다는 의미로 해골 모양의 시계를 차는 일이 흔했다. 하지만 상담을 해보니 많은 20대, 특히 또래에게 둘러싸여 사는 20대는 죽음의 존재보다는 앞으로의 '삶'을 상상하지 못하는 듯했다. 이들에게는 앞으로도 살아갈 날들이 있음을 일깨워줄 삶의 상징이 필요하다. 이들은 20대 이후에도 계속 살아가야 하고 그때도 멋진 삶을 살고 싶으리라는 사실을 상기할 필요가 있다.

레이첼은 공중보건학 석사과정을 그만두고 술집에서 일하고 있었다. 미국학을 전공한 그녀는 보건 연구보다 법률 쪽이 자기에게 더 맞는다고 생각했다. 문제는 대학원을 그만둔 지 2년이 지나는 동안 로스쿨 준비를 전혀 안 했다는 점이었다.

레이첼은 야간 근무자였기 때문에 가게 문을 닫고 다른 직원들과 파티를 열고 노는 일이 잦았다. 오후까지 늦잠을 자고 일어나서는 직장에 다니지 않는 친구들을 만나러 다녔다. 어느 날 레이첼의 집에서 늦게까지 놀고 같이 잔 친구가 아침 10시에 침대에서 튀어오르듯 일어나더니 이렇게 말했다. "어떡해! 이 시간까지 자다니! 할 일이 산더미 같은데. 나 갈게!" 그날 레이첼은 늘 점심때까지 잤다는 사실에 마음이 불편해진 상태로 상담을 받으러 왔다. "전 너무 정신이 없어요. 시간 개념이 없는 것 같아요."

왜 그렇게 정신이 없느냐고 물으니 레이첼은 야간 근무를 하느라 세상과 박자가 안 맞는다고 투덜거렸다. 누가 시킨 일들을 처리하느라, 남자 문제로 속 썩느라, 법률 드라마를 여러 편씩 몰아보면서 황홀한 상상에 빠지느라 정신이 없다고도 말했다. 뭔가 해보려고 해도 잘 안 된다고 했다. "예전 조교에게 로스쿨에 제출할 추천서를 써달라는 이메일을 쓰려고 컴퓨터 앞에 앉긴 해요. 해야 하는 건 알겠는데 누가 메신저로 말을 걸거나 문자가 오면 마음이 풀어져버려서 딴생각을 하게 돼요."

어느 날 오후 레이첼은 누군가를 대신해서 점심 근무를 한 후 상담실에 와서 가방을 소파에 던지면서 꿍얼거렸다. "식당 일은 지긋지긋해요. 점심에 몰려오는 사람들도 끔찍하게 싫고요. 이런 사람들은 꼭 와서 직원들을 하인 대하듯 한다니까요. '나도 마음만 먹으면 그 사람들 같은 직업을 가질 수 있을 텐데.' 이런 생각만 해요."

내담자들이 무언가를 지겨워하거나 나 역시 어떤 이야기를 듣기가 지겨워지면 그것은 변화가 필요하다는 의미다. 나는 이렇게 말했다. "그 이야기를 해볼까요? 어떤 직업을 가질 수 있을까요?"

"변호사요. 저보다 똑똑하지도 않은데…."

"좋아요. 아마 그 사람들은 레이첼보다 똑똑하지 않을 거예요. 그런데 지금 그 사람들이 좋은 대우를 받는 데는 이유가 있어요."

"알아요. 로스쿨을 나왔으니까요."

"그뿐이 아니에요. LSAT(미국 로스쿨 입학시험−옮긴이) 예비시험이 있고, LSAT도 있고, 지원서, 추천서, 면접 준비도 해야 해요. 3년간 로스쿨을 다니고 여름 인턴십에도 지원하고 변호사 시험도 봐야죠. 그런 다음에야 직장생활을 시작하는 거예요."

"알아요, 안다고요." 레이첼이 퉁명스럽게 말했다.

나는 레이첼의 짜증이 가라앉기를 잠시 기다렸다가 말했다. "내가 몰아세우는 것처럼 느껴질 거예요."

"할 일을 하시는 것뿐이죠, 뭐. 하지만 요즘은 뭘 하더라도 옛날보다 늦은 나이에 하잖아요. 이제 진짜 인생은 30대부터예요."

"30대에 인생을 살고 있는 것과 30대에 시작하는 건 완전히 달라요."

나는 내 책상으로 걸어가서 서류판과 종이, 연필을 꺼냈다.

"내가 계획표를 만들게요. 나랑 같이 빈칸을 채워봐요."

레이첼은 겁에 질린 얼굴로 느릿느릿 말했다.

"계획표는 됐어요. 애인도 없는데 약혼반지부터 보러 다니는 여자가 되지는 않을 거예요. 전 마흔 살에 결혼해서 마흔다섯 살에 첫아이를 낳겠다고 모두에게 말하고 다녀요. 계획표를 만들고 싶진 않아요."

"하나 필요해 보이네요." 내가 말했다.

현재 편향은 현재와 미래의 심리적 거리가 특히 먼 20대에게서 강하게 나타난다.[5] 레이첼이 취업과 결혼을 한참 후로 미루듯 이들에게는 일과 사랑이 까마득히 멀어 보일 수 있다. 미래에 대해 말하지 않는 사람들하고만 어울린다면 미래가 자신과 상관없어 보일 만큼 멀게 느껴질 수 있다. 언젠가 지금과 다른 곳에 정착한다고 상상한다면 미래는 공간적으로도 멀게 느껴질 수 있다.

미래를 멀게 느낄 때 생기는 문제가 있다. 미래를 추상적으로 보게 되고, 추상적으로 보면 미래가 더 멀어 보이는 일이 반복된다는 점이다. 일과 사랑이 멀게 느껴질수록 그것에 대해 생각하지 않아도 되고, 덜 생각할수록 더 멀게 느껴진다. 나는 미래를 가까이 가져와 레이첼이 더 구체적으로 생각하도록 계획표를 대충 그리기 시작했다. 나는 연필을 잡고 쓸 준비를 한 채 물었다.

"지금 스물여섯 살이죠. 언제쯤 로스쿨 준비를 제대로 해볼 건가요?"

레이첼은 웃으며 대답했다. "정확히는 모르겠어요. 선생님이 만든 계획표 때문에 불안해지잖아요. 내년이라든가 언제라고 딱 정하기는 정말 싫어요. 하지만 서른 살엔 분명히 시작하겠죠. 서른 살까지 바텐더 일을 하고 있지는 않을 테니까요."

나는 말하면서 계획표를 채워 넣었다. "좋아요. 로스쿨 과정을 서른 살에 시작한다 치고, 일단 3년은 로스쿨에 다녀야겠죠. 적어도 1년 전부터는 LSAT 공부를 하고 지원서와 추천서도 준비해야 해요. 그다음에 변호사 시험에 통과하고 업무를 시작하려면 1년 정도 더 필요할 거예요. 여기까지 최소 5년이에요. 그럼 서른 살에 시작해서

5년쯤 뒤엔 식당에 오는 변호사들처럼 일하게 되겠네요. 서른다섯 살에요. 어때요?"

"괜찮을 것 같네요."

"언제쯤 결혼하고 싶다고 했죠? 마흔 살?"

레이첼은 머뭇거리는 듯했다.

이번에는 나이를 적는 칸 위에 연필을 갖다 대며 물었다. "아기는 마흔다섯 살에 낳는다고요? 맞아요?"

"아뇨, 아니에요. 그냥 그런 일들은 아직 멀었다는 뜻이었어요. 지금은 그런 걱정을 하고 있지 않으니까요."

"바로 그거예요. 당신은 이런 일들을 추상적인 곳에 멀리 밀어놨어요. 실제로 언제쯤 결혼하거나 아이를 낳고 싶나요?" 나는 조금 전에 적은 것을 지웠다.

"분명히 첫 아이는 서른다섯 살 전에 낳고 싶어요. 아마 결혼은 그전에 하겠죠. 나이 많은 엄마가 되고 싶지는 않거든요."

나는 계획표를 고치며 말했다. "이제 좀 그럴싸하네요. 그럼 서른 살에서 서른다섯 살 사이에 로스쿨, 결혼, 출산 계획이 있군요. 5년 동안 엄청 바쁘겠어요. 로스쿨에 다니면서 아이를 낳는 건 어떻게 생각해요?"

"좀 끔찍하네요. 그건 안 되겠어요. 그리고 출산 직후에는 하루 종일 일하고 싶지 않아요."

"지금 결혼하고 아이를 낳을 수 있겠어요?"

"아뇨! 아직 남자친구도 없다고요!"

"레이첼, 그러면 앞뒤가 안 맞잖아요. 이 일들을 서른 살에서 서른다섯 살 사이에 다 해내겠다고 해놓고 동시에 전부 하기는 싫다고 하는 건요."

"네. 그건 싫어요."

"그럼 지금은 학교를 다닐 때예요."

"네. 그리고 딱히 옆에 두고 싶지 않은 사람들을 되는 대로 만나는 것도 그만해야겠네요."

"그래요."

일단 레이첼이 로스쿨을 그리 멀게 느끼지 않자 상황은 더 구체적이 되어갔다. 레이첼은 로스쿨 입학에 대한 책을 여러 권 샀고, 식당에 오는 변호사 손님들과 자신의 차이를 모조리 적었다. 그 후 바텐더 일을 그만두고 로펌에 취직해서 법률 분야에 연결고리를 만들고 간신히 추천서를 얻을 수 있었다. 그녀는 변변치 않았던 대학생활을 상쇄해줄 만한 점수를 얻기 위해 LSAT 준비에 전념했다. 그리하여 2년 후에는 펜실베이니아에 있는 로스쿨에 들어가게 되었다.

레이첼은 요즘 사람들이 뭐든 옛날보다 늦은 나이에 한다는 말을 들었지만, 이 말이 그녀의 20대에 어떤 의미가 있는지는 잘 몰랐다. 일단 30대에 어떤 삶을 살고 싶은지 그려보니 20대에 해야 할 일들이 더 분명하고 시급해졌다. 계획표는 가상 거울은 아니지만 우리 뇌가 시간을 제한된 것으로 보는 데 도움이 된다. 그리고 계획은 아침에 일어나 하루를 시작할 이유가 되기도 한다.

20대에는 미래가 어떻게 펼쳐질지 스스로 계획하기 시작해야 한다. 경력을 어떻게 쌓기 시작할지, 언제 새로운 가족을 이루어야 할지 알기는 어렵다. 모든 일을 멀리 미뤄두고 여기저기 기웃거리며 살고 싶은 마음이 들기 마련이다. 하지만 시간을 의식하며 살지 않는 20대는 대개 행복하지 않다. 그런 삶은 지금이 몇 시인지도 모르고 너무 늦을 때까지 무엇을 왜 해야 하는지 모른 채 동굴에서 사는 것과 같다.

로스쿨에 다니던 레이첼은 나에게 이메일을 보냈다.

어른의 세계에 발을 담그지 않으면 시간이 멈출 거라고 생각했어요. 하지만 그렇지 않았죠. 시간은 계속 흘러갔어요. 제 주변 사람들도 계속 나아가고 있었어요. 이젠 저도 뭔가를 시작하고 그 길로 계속 가야 한다는 걸 알아요. 앞으로 노력해야 할 일들을 계획하려고 해요. 5킬로미터 달리기나 여름 인턴십 같은 일들이요. 이렇게 더 미래 지향적으로 생각하는 연습을 하고 있어요.

여기서 제일 친한 친구는 병원 레지던트예요. 저보다 다섯 살 많은 서른세 살인데, 그 친구의 상황과 인생의 단계가 그렇게 멀지 않아 보여서 너무 신기해요. 그 친구를 보면 제 20대가 흘러가고 있다는 게 자꾸 떠올라서 몇 년은 이 홀가분하고 자유로운 시간들을 경험하고 싶어져요. 하지만 제가 로스쿨에 다니면서 시내의 법률 상담소에서도 일하고 있어서 기쁘고, 건강보험과 퇴직연금에 가입되어 있다는 것도 너무 짜릿해요. 20대를 즐기고 싶지만 먼 미래에도 웃고 싶거든요.

먼 미래에도 웃을 수 있으려면 어떻게 해야 할까? 내가 가장 좋아하는 작가 중 한 명인 존 어빙John Irving은 알 것이다. 그의 소설에서는 여러 세대에 걸친 이야기가 어떻게든 잘 풀리면서 끝을 맺으니 말이다. 어떻게 하는 것일까? 어빙은 이렇게 말한다. "나는 늘 마지막 문장부터 시작한다. 그다음엔 플롯에 따라 이야기가 시작되는 곳으로 거슬러 올라간다."[6] 위대한 작가라면 가만히 앉아서 술술 써내려 갈 것이라는 환상과 달리, 이렇게 하는 데에는 엄청난 노력이 필요할 것이다. 어빙은 좋은 이야기와 행복한 결말이 저절로 나오는 것이 아니라 의도에서 시작한다는 사실을 알려준다.

20대에는 대부분 인생의 마지막 문장을 쓸 수 없다. 하지만 해야 한다는 생각이 들면 30대, 40대, 50대, 60대에 원하는 것들과 원하지 않는 것들을 생각해내고 거기서 거슬러 올라와 지금 필요한 일들을 할 수 있다. 이것이 각자 행복한 결말에 도달하는 방식이며 현실의 시간에 맞춰 살아가는 방식이다.

맺음말: 내 인생은 잘 풀릴까?

Epilogue: Will Things Work Out for Me?

———————

내 나이의 가장 멋진 점은
인생이 얼마나 잘 풀려왔는지 안다는 것이다.
만화가 스콧 애덤스(Scott Adams)

로키마운틴 국립공원 밖에는 크고 굵은 글씨로 이렇게 쓰인 간판이 있다. "산은 신경 쓰지 않습니다." 산에 오를 준비가 되었는지 묻는 이 간판은 번개나 산사태에 대비해 적절한 장비를 갖춰야 한다고 알려준다. 이것을 처음 보았을 때 나는 스물다섯 살쯤이었다. 사실 무시무시한 내용인데, 나는 보자마자 그것이 마음에 들었다. 여기에 쓰인 문구는 말 그대로 자연 속으로 들어갈 때 자신이 가고 있는 곳을 알고 준비해야 한다는 의미였다. 저녁 무렵 산꼭대기에서 번개 치는 폭풍을 만났을 때 내가 운이 좋은 사람인지, 빨리 하산하려는 사람인지는 중요하지 않다. 어쩌면 성인의 삶도 이와 마찬가지일 것이다. 어떤 의도 없이 그저 일어나는 일들이 있다. 그 일들에 대해 최대한 많이 아는 것이 가장 현명하다.

각자 상황과 표현은 달라도 대부분의 20대 내담자들이 궁금해하는 것이 있다. "과연 내 인생이 잘 풀릴까?" 이런 의문의 근원인 불확실성 때문에 20대의 삶이 힘들기는 하지만, 이것이야말로 20대에게 가능성의 세계를 열어주고 무언가를 꼭 하도록 밀어주는 힘이기도 하다. 20대에는 미래를 알 수 없기 때문에 불안하고 지금 하는 일들이 미래를 결정한다는 생각에 어깨가 무거워지기도 한다.

20대의 삶이 본격적인 현실이 아니라거나 그 시기의 일과 인간관계가 중요하지 않다고 생각하면 마음이 편할 수 있다. 하지만 평생 성인 발달을 연구하며 살아온 내가 보기에 그것은 사실이 아니다. 오랫동안 가까이에서 내담자와 학생들의 이야기를 들어본 경험으로 보면, 20대는 자기 자신과 그들의 삶이 진지하게 받아들여지기를 마음속 깊이 원하고 자신이 하는 일들이 중요한지 알고 싶어 한다. 실제로 그것은 중요하다.

좋은 인생을 사는 공식은 없다. 인생을 옳거나 그르다고 평가할 수도 없다. 하지만 선택과 그 결과는 존재하므로 20대는 마땅히 앞으로의 일들을 알아야 한다. 그래야 마침내 미래에 도달했을 때 좋은 기분을 느낄 수 있다. 나이 든다는 것의 최고 장점은 인생이 얼마나 잘 풀려왔는지 안다는 것이다. 특히 매일 좋아하는 일을 하며 살 때 더욱 그렇다. 20대 때 자신의 삶에 집중한다면 진정한 전성기를 맞이하게 될 것이다.

"산은 신경 쓰지 않습니다"라는 간판을 본 것은 배낭여행 중 로키산으로 향했을 때였다. 그 간판을 보고 불안해진 나는 공원 관리소에

들러 관리원과 함께 일정을 검토했다. 밤을 지낼 첫 번째 계곡에 도달하려면 몇 킬로미터 걸어가서 자갈 비탈을 지그재그로 올라가야 했다. 그다음에는 눈 덮인 가파른 경사로를 대각선으로 가로질러 두 봉우리 사이의 산등성이로 가야 했다. 그래야 산등성이에서 잠깐 쉬고 해 지기 전에 다른 쪽으로 내려갈 수 있었다.

나는 등산 경험도 꽤 있었고 장비도 잘 갖췄기 때문에 이곳이 특히 위험하지는 않았다. 하지만 햇빛에 눈이 녹아 미끄러워지기 전에 눈 덮인 경사로에 도착해야 했다. 어떤 속도로 가야 할지, 어떤 각도로 올라가야 할지 알고 있었는데도 여전히 불안했다.

나는 지도를 보며 걸어가다가 산림 관리원에게 머뭇거리며 물었다.

"시간 안에 갈 수 있을까요?"

그는 나를 보고 이렇게 말했다. "아직 결정하지 않았군요."

그때는 그 사람이 썩 좋은 관리인이 아니라고 생각했다. 지금 생각하면 웃음이 나온다. 그는 내가 20대 내담자들에게 매일 하는 말을 하고 있었다. 이 책 전체도 그런 내용이다. 미래는 어딘가에 새겨져 있지 않다. 확실한 것도 없다. 그러니 성인이 된 당신의 삶이 어떨지 정하고, 의도를 품고, 노력하고, 가족을 선택하고, 계산을 해보라. 스스로 확실함을 만들어가라. 몰랐거나 하지 않은 일들로 자신을 규정하지 않도록 하라.

당신은 지금 이 순간 삶을 결정해 나가고 있다.

— ★★★ —

독자를 위한 안내서
Reader's Guide

———

우리는 경험을 통해 배우는 것이 아니라
경험을 돌아보면서 배운다.
철학자, 심리학자, 교육 개혁가 존 듀이(John Dewey)

이 책을 쓸 때, 나는 이 책이 답을 주기보다는 질문을 던지는 책이기를 바랐다. 물론 사람들은 답을 좋아한다. 그리고 지금은 "이것을 하는 가장 쉬운 방법 3가지", "저것을 이루는 확실한 방법" 같은 책과 인터넷 게시물이 그 어느 때보다도 넘쳐나는 시대다. 하지만 나는 20대와 함께 오랫동안 노력해온 끝에 모두를 위한 만병통치약이나 어떤 중요한 일에든 적용되는 3단계 해결법 같은 건 없다는 사실을 알게 되었다. 그럼에도 이런 책을 썼으니 내가 모든 답을 알고 있으리라고 생각하는 사람들이 있다. 그들은 이런 점을 궁금해한다. "책에 나오는 내담자들에게 해준 얘기들을 다 어떻게 알게 되셨나요?"

내가 한 말은 대부분 내담자들에게 들은 이야기다. 자기 이야기를 듣고 있지 않은 수많은 내담자에게 질문을 던지고 대답을 주의 깊게 들었기 때문에 알 수 있었다. 내담자들은 자기 생각보다 많은 것을 알고 있다. 20대에 대한 내 지식의 거의 대부분이 그들에게 배운 것이다. 그리고 나는 독자들의 이야기에서도 많이 배운다. 독자 중에는 독서 모임을 하기 위해 이 책의 설명서나 길잡이가 있었으면 좋겠다고 말하는 사람이 많았다. 그들은 책만 읽고 끝내기보다는 책을 연구하고 활용해볼 수 있기를 바랐다.

그래서 나는 오랫동안 질문을 수집했다. 이 책에 대해 가르치고 시험을 보게 하면서 학생들에게 던진 질문들, 독자들이 독서 모임 후 보내준 질문들, 내담자들이 이 책을 읽고 품게 된 의문들을 모았다. 그중 내가 가장 좋아하는 질문들을 소개하려 한다. 각 장마다 질문을 두 개씩 뽑았으나 여러분이 독서 모임이나 수업 등에 필요하다고 느끼는 질문들을 자유롭게 선택하기 바란다.

틀린 답이란 없으니 정직하게 답하고 자신의 목소리에 귀를 기울여보라.

머리말: 결정적인 10년이란 무엇인가?

- 연구에 따르면 결정적 사건들의 80퍼센트가 35세 이전에 일어난다고 한다. 그때까지 인생에서 어떤 결정적인 사건들이 일어나길 바라는가?
- 20대 후반이나 30대 초반인 독자들 중 이 책이 자신에게 해당되지 않는다고 생각하는 사람들이 있다. 이 나이가 인생에서 의도를 세우기에 진정 늦은 나이일까? 아니면 너무 늦었다는

평계로 인생을 책임지고 싶지 않은 것일까?

도입부: 인생은 현실이다

- 요즘 젊은이들은 평균적으로 과거에 비해 늦게 자리를 잡는다. 이런 문화적 변화에는 어떤 장점과 위험이 따를까? 이런 변화와 그로 인해 생기는 시간들을 어떻게 활용해야 앞으로 더 나은 삶을 살 수 있을까? 당신은 어떤 함정을 피하고 싶은가?
- 20대에 대한 대중문화의 메시지와 당신이 자란 문화에 겹치는 부분이 있는지 생각해보자. 부모나 주변 사람들이 당신의 20대에 어떤 기대를 품고 있다고 생각하는가? 그 기대는 당신 스스로 바라는 모습과 일치하는가?

일

정체성 자본

- 지금 당신에게 있는 정체성 자본 열 가지는 무엇인가? 스스로 생각하거나 친구에게 물어봐서 대답해보라. (모든 정체성 자본이 이력서에 들어갈 수 없다는 사실을 기억하라. 당신을 흥미로워 보이게 하거나 눈에 띄는 장점, 특징, 취미, 사연 등도 좋다.) 앞으로 갖추고 싶은 정체성 자본 세 가지는 무엇인가?
- 20대 시절에 해본 모든 일이 정체성 자본에 들어가야 할까? 커피숍 아르바이트 같은 일은 언제 하는 것이 좋을까? 아니면 시

기와 상관없이 괜찮은가?

약한 유대

- 당신과 약한 유대를 맺고 있는 사람 다섯 명을 꼽아보라. 앞으로 더 나아가고자 할 때 그들에게 어떤 도움을 받을 수 있을지 써보라. 필요할 때 그들에게 어떻게 연락할 수 있는가? 지금 그렇게 못하고 있는 이유는 무엇인가?
- 새롭고 중요한 것을 얻거나 배울 때 약한 유대, 즉 잘 모르는 사람들에게 도움 받은 일을 세 가지 생각해보라. 그들이 왜 당신을 그렇게 도와주었다고 생각하는가?

알지만 생각하지 않는 것

- 망망대해 한가운데에서 어디로 헤엄쳐야 할지 모르겠다고 한 이안처럼 많은 20대가 뭘 해야 할지 모르겠다고 말한다. 이렇게 느낄 때 자신에게 어떻게 말하거나 행동할 것인가? 이런 친구에게는 어떤 조언을 해주겠는가?
- 어린 시절, 나중에 어떤 사람이 되고 싶다고 생각했는가? 학생 시절 특기는 무엇이었는가? 하고 싶은 일과 잘하는 일에 겹치는 부분이 있는가? 있거나 혹은 없다면 그 이유는 무엇인가?

멋진 모습밖에 없는 인스타그램의 삶

- 비교와 좌절이라는 말이 있다. 일상이나 SNS에서 어느 정도로 상향 사회비교를 하는가? 20대 안에 혹은 살아가는 동안 뭔가

를 해야 한다는 생각에 상향 사회비교가 영향을 미친다고 생각하는가? 상향 사회비교를 통해 뭔가를 더 가지거나 잘하겠다는 동기를 얻는가?
- SNS가 당신의 감정, 자존감, 정신 건강에 어떤 영향을 준다고 생각하는가?

영광의 추구
- 대학 졸업 후 혹은 5년 후의 삶이 다양한 맛의 잼이라고 상상해보라. 식탁 위에 세 가지 맛 잼이 있다. 세 개의 잼은 각각 어떤 삶을 의미하는가? 그 이유는 무엇인가? 세 개의 잼을 비교해보자. 어떤 잼을 가장 먼저 고르겠는가?
- 저자는 목표와 당위, 즉 '해야 하는 일'이 다르다고 말한다. 목표는 내면에서부터 우리를 이끌어주지만 당위는 외부의 평가다. 이 차이가 늘 분명하게 느껴지는가?

맞춤 인생
- 경력이 주문 제작 자전거처럼 차차 만들어가는 것이라면 어떤 부품부터 조립하고 싶은가? 그리고 어떤 경력을 쌓아가고 싶은가?
- 면접장에서 할 만한 자기 이야기가 없다고 느낀다면 어떻게 이야기를 만들 것인가? 이렇게 시작해볼 수 있다. 지금 가진 정체성 자본에 대해 생각해보고 그것들을 어떻게 연결할지 고민해보라. 성장 과정에서 독특했던 점을 떠올리고 그것이 당

신의 현재 성격이나 앞으로 되고 싶은 모습과 어떤 관련이 있는지 생각해보라. 가장 친한 친구와 당신의 결정적 차이에 대해 생각해보라. 친구에게 당신에 대한 이야기를 해 달라고 부탁하는 것도 중요하게 고려해보라.

사랑

결혼에 대한 진지한 대화

- 동반자를 선택하는 것이 인생에서 가장 중요한 결정이라는 의견에 대해 어떻게 생각하는가? 동의하거나 반대하는 이유가 있다면 무엇인가?
- 연애나 결혼을 일이나 학업만큼 진지하게 생각하는가? 진지하게 생각하거나 그러지 않는 이유는 무엇인가? 바꾸고 싶은 부분이 있다면 어떻게 바꾸고 싶은가?

가족 선택하기

- 어떤 가족을 이루고 싶다고 생각하는가? 그것이 어린 시절에 경험한 당신의 가정과 비슷한가, 다른가?
- 가족을 '선택'한다고 생각할 때 동반자의 가족이나 그들의 역할에 대해 비현실적인 기대를 품게 되는가?

하향 연애

- 예전에 당신보다 못한 사람과 연애했거나 지금도 가끔 그러는가? 그것이 당신에게 어떤 영향을 미친다고 생각하는가? 그런 일이 왜 일어났다고 생각하는가? 이런 습관을 어떻게 바꿀 수 있을까? 혹은 이미 바꾸었는가? "연습이 완벽을 만든다"는 말을 들어보았을 것이다. 그러니 지금 무엇을 연습하고 있는지 잘 살펴보고 조심하라.
- 동반자로서 당신의 가치는 어느 정도라고 생각하는가? 혹은 당신이 얼마나 호감이나 관심을 받을 만하다고 생각하는가? 그 이유는 무엇인가? '짝 가치에 대한 자기 인식'이라는 개념은 과연 합리적인가? 아니면 자신을 문화적 이상과 비교하는 관습이 뿌리깊이 남은 것인가?

동거 효과

- 저자는 동거 연구자 스콧 스탠리가 '결정이 아니라 미끄러지기'라고 부르는 현상을 조심하라고 경고한다. 동거를 더 의식적인 과정으로 만들기 위해 동거하기 전과 후에 동거인에게 던져보고 싶은 질문은 무엇인가?
- 연애나 직장생활 중에 록인 효과가 발생할 수 있다. 당신이 록인 효과를 경험하고 있는지 어떻게 아는가? 그리고 그 상태에서 어떻게 벗어나는가?

공통점과 사랑

- 어떤 상대에게 열정적인 사랑이나 성적 욕망은 느끼지만 깊은 애정이 없었던 경험이 있는가? 그것을 어떻게 알게 되었는가? 그 관계는 어떻게 되었는가?
- 저자는 두 사람이 잘 맞는지 알아보는 방법 중 하나가 여행이라고 한다. 데이트와 섹스 외에 함께 시도해볼 수 있는 활동이나 체험을 다섯 가지 말해보자.

20대 후반의 대화

- 저자는 20대 후반의 독자들이 연인 관계에 대해 혼자서 또는 연인과 함께 생각해볼 수 있는 질문들을 소개한다. 이에 대해 어느 정도까지 의견이 달라도 괜찮을까?
- 이런 대화를 나누기에 '적당한' 시기는 언제일까? 너무 이르거나 너무 늦은 시기가 있을까? 혼자서 이런 상황들을 생각해보기에 너무 이른 시기라는 것이 있을까?

몸과 마음

한 발 앞서 생각하기

- 당신은 20대에도 뇌가 발달한다는 사실에 어떻게 반응하는가? 이 사실이 일종의 설명이나 핑계 혹은 기회라고 느끼는가?
- 지금 하고 있는 일 중 5년 후에는 하고 싶지 않은 일이 있는

가? 그렇다면 지금 그것을 하고 있는 이유는 무엇인가?

사회실험

- 화면을 보는 시간이 일주일에 얼마나 되는지 재보라. 인터넷 기기를 하루에 평균 몇 시간 정도 사용하는가? 화면을 보지 않는다면 그 시간에 무엇을 할 수 있을까? 그런 활동을 하면 화면을 볼 때보다 더 행복해지거나 건강해질까?
- SNS와 인터넷 기기는 당신의 가족, 친구, 연인과의 관계에 어떤 영향을 미치는가? 이것을 통해 배우거나 깨달아야 할 점은 무엇일까?

자신을 다스리기

- 삶이 불확실했던 때를 떠올려보자. 어떤 일이 일어나리라고 예상했는가? 실제로 어떤 일이 일어났는가? 당시 도움이 되었던 행동과 그렇지 않았던 행동은 무엇인가? 20대에 얻을 수 있는 평생의 교훈이 있을까?
- 불안하거나 혼란스러울 때 어떻게 마음을 다스리는가? 그 방법이 건강한 방식이라고 생각하는가, 문제 있는 방식이라고 생각하는가?

밖에서 안으로

- 저자는 이렇게 말한다. "사랑에서든 일에서든 불안함을 뛰어넘게 해주는 자신감은 경험에서 온다." 당신은 어떤 경험을 통

해 사랑과 일의 영역에서 자신감을 갖게 되었는가?

• 한 분야에서 아주 뛰어난 능력을 발휘하려면 약 1만 시간의 연습이 필요하다. 즉 서른 살 이후에도 연습을 통해 통달하고 자기 것으로 만들 일들이 많다는 말이다. 당신이 1만 시간을 들여 어떤 습관을 개발하거나 전문성을 기른다면 어떻게 될까?

잘 지내기와 앞서가기

• 지금 자신의 모습 중 서른 살까지 바꾸고 싶은 부분을 하나 생각해보자. 어떻게 계획을 세울지, 그 과정에 방해될 수 있는 점은 무엇인지 말해보자.

• 사회적 투자 이론에 따르면 성장과 성숙은 나이에 따라 저절로 일어나지 않고 경험을 통해 일어난다. 이 주장에 대해 어떻게 생각하는가? 20대인 당신의 성장에 도움이 되고 있는 경험이 있다면 무엇일까?

몸과 인생

• 저자는 "아는 것이 힘이다"라는 관점에서 남녀 모두에게 임신과 출산에 관해 이야기한다. 한편 이런 대화가 시대착오적이고 모욕적이라고 여기던 저자 자신의 이야기도 들려준다. 당신이 20대에 자신의 임신과 출산에 대해 생각하고 배우는 것에 대해 어떻게 생각하는가?

• 아이를 갖고 싶다고 생각하는가? 그렇다면 몇 살쯤에 어떤 방식으로(임신, 입양, 대리모 출산 등) 몇 명이나 갖고 싶은가? 20대의

연애에서 이런 생각이 어떤 의미가 있을까?

삶을 계산하기

- 레너드 번스타인은 이렇게 말했다. "위대한 일을 이루려면 두 가지가 필요하다. 계획 그리고 넉넉지 않은 시간." 사실 우리는 계획을 세우면서 생각보다 시간이 많지 않다는 것을 깨닫는 경우가 많다. 어떤 방식으로든 향후 10년 동안의 인생 계획을 간략히 세워보라. 일, 사랑, 여행, 돈, 친구, 가족, 건강, 습관 등 어떤 영역에서든 이루고 싶은 일들을 생각해보라.

- 이제 계획을 세운 과정을 돌이켜보자. 꿈과 소망을 계획표에 그려 넣으면서 깨달은 점은 무엇인가? 대충 계획을 세우면서 겁이 났거나, 신이 났거나, 정리되는 느낌이 들었는가? 이 모든 느낌 외에 또 다른 느낌도 경험했는가? 이 계획은 당신의 20대에 어떤 의미가 되어줄까?

맺음말: 내 인생은 잘 풀릴까?

- 35세가 된 자신에게 편지를 써보자. 당신의 꿈과 소망은 미래의 자신에게 어떤 의미일까? 미래의 자신에게 어떤 말을 하고 싶은가?

- 이번에는 35세가 되었다고 생각하고 현재의 자신에게 편지를 써보자. 35세가 된 당신은 현재의 자신에게 어떤 말을 하고 싶을지 생각해보자.

— ★★★ —
감사의 말

"안 쓰고는 못 견딜 정도가 아니라면 책은 쓰지 말아요." 한 동료의 조언이었다. 다른 사람들의 경험을 이야기하는 일인 만큼 어깨가 무거웠지만 가장 힘들고 중요한 순간들을 내게 말해준 사람들을 생각하면 그 이야기들을 하지 않을 수 없었다. 오랜 세월 상담실에서 20대, 30대, 40대 내담자들과 나눈 이야기, 그리고 그들이 전해준 정보와 의견들을 혼자서만 간직할 수는 없었다. 내담자들은 이 책을 쓰게 해주었을 뿐만 아니라 쓰지 않으면 안 되도록 해주었다.

UC 버클리와 버지니아 대학교의 내 제자들에게도 진심으로 감사한다. 페미니스트 이론가 글로리아 진 왓킨스Gloria Jean Watkins는 교육이 일종의 개입이라고 한다. 하지만 아마 나는 그 오랜 세월 동안 학생들을 도와준 것보다 그들에게 더 많은 도움을 받았을 것이다. 특히 바다 학기에 참여한 학생들에게는 더욱 많은 도움을 받았다. 여러분과 함께 태평양과 인도양의 바람을 맞으며 즐겁게 공부하고, 먹고, 대화를 나눈 시간은 이 책에 새 생명을 불어넣었고, 여러분 덕분에 더없이 기쁜 마음으로 개정판을 집필할 수 있었다. 128회 바다 학기 학생들이여, 세상이 기다린다!

처음에 이 책을 쓰기 시작하면서 상상했던 것보다 훨씬 많아진 독자들에게도 감사의 마음을 전한다. 오랫동안 많은 독자의 이야기를 듣고 그들의 말을 통해 배우는 시간들은 더할 나위 없이 즐거웠다. 살아가면서 두 번째 기회가 주어지는 일은 많지 않지만 독자들이 이 책의 초판(《제대로 살아야 하는 이유》)을 꾸준히 읽고 사랑하는 사람들에게 추천해준 덕분에 내가 이 책을 다시 쓸 기회를 얻었다. 독자 여러분은 내 최고의 찬사를 받아 마땅하다.

20대와 함께 20대에 대한 새로운 대화를 시작하고자 한 내 포부에 함께해준 트웰브 출판사의 조너선 카프에게 마음속 가장 깊은 곳에서 감사하는 마음을 전하고 싶다. 그는 현명하게도 내가 용기 내어 신념을 지키고 흥미로운 이야기들을 들려줄 수 있도록 격려해주었다. 내가 늘 잘해내지는 못했겠지만 그의 조언은 훌륭했다. 그리고 원고 초안을 읽고 통찰력을 발휘해준 수전 리먼 덕분에 이 책의 내용들을 체계적으로 정리하고 다듬을 수 있었다. 캐리 골드스타인은 최종 원고를 편집하고 과감하게 인쇄를 결정해주었다. 나의 다른 책 《슈퍼노멀》을 진심으로 아껴주고, 이 책을 다시 쓸 수 있다는 의견을 지지해준 션 데스먼드에게도 감사한다. 마지막으로 줄곧 이 책과 내

편이 되어준 브라이언 맥렌던에게 진심으로 감사한다.

포기를 모르는 나의 출판 대리인 티나 베넷에 대한 존경은 말로 표현할 수 없을 정도다. 안목 있는 사색가이자 훌륭한 편집자이고 진정한 일류이며 정말 좋은 사람인 그녀에게 감사할 뿐이다. 40대, 50대에는 20대만큼 결정적인 순간들을 자주 경험하지 못하는데 티나만큼 나이와 상관없이 중요한 순간들을 만들어내는 능력을 가진 이는 없을 것이다.

그 누구보다도, 20대에는 가늠할 수 없었던 삶의 의미와 관점을 내게 선물해준 가족들에게 감사한다. 이 책에 대한 끝없는 대화를 나눠주고 이 책의 출판을 진행하는 모든 과정에 긍정적으로 답해준 남편에게 고마울 뿐이다. 그리고 글 쓰는 동안 작업실 밖에서 기다려주었고, 그저 기다릴 수가 없어서 문을 열고 뛰어 들어와준 아이들에게도 감사한다.

나이 든다는 것의 가장 좋은 점은 인생이 얼마나 잘 풀려왔는지 안다는 것이다.

머리말: 결정적인 10년이란 무엇인가?

1 다음을 참고하라: W. R. Mackavey, J. E. Malley, and A. J. Stewart's article "Remembering Autobiographically Consequential Experiences: Content Analysis of Psychologists' Accounts of Their Lives" in *Psychology and Aging* 6 (1991): 50–59. 이 연구에서는 중대한 자전적 사건이 10년 단위가 아니라 발달 단계에 따라 나뉜다. 나는 자료를 다시 분석하여 인생을 10년 단위로 나눌 때 언제 중대한 자전적 경험이 가장 많이 일어나는지 알아보았다. 즉, 중대한 사건이 매년 평균 몇 번씩 일어나는지 살펴본 다음, 이 평균 횟수를 이용하여 각 해에 가중치를 주어 발달 단계가 아니라 10년마다 중대한 자전적 사건이 일어나는 빈도를 알아보았다.

도입부: 인생은 현실이다

1 베이비붐 세대의 20대가 21세기의 20대와 어떻게 다른지 포괄적인 설명이 필요하다면 다음을 참고하라. Neil Howe and William Strauss's book *Millennials Rising: The Next Great Generation* (New York: Vintage, 2000).

2 역대 주택 가격은 이곳에서 찾아볼 수 있다. http://www.census.gov/hhes/www/housing/census/historic/values.html.

3 21세기의 20대에 대한 정보는 퓨 리서치 센터Pew Research Center의 2010년 보고서 〈Millennials: Confident. Connected. Open to Change〉를 참고하라. 보고서는 이곳에서 볼 수 있다. http://pewresearch.org/millennials.

4 "The Bridget Jones Economy: Singles and the City-How Young Singles Shape City Culture, Lifestyles, and Economics" in *The Economist*, December 22, 2001.

5 From the Sunday, January 16, 2005, cover article for *Time magazine*, titled "Meet the Twixters," by Lev Grossman. 어른과 아동 사이에 낀 20대의 감정에 영향을 미친 경제적, 사회적, 문화적 변화를 종합적이고 대중적으로 기술한 기사다.

6 "The Odyssey Years" by David Brooks for the *New York Times*, dated October 9, 2007.

7 연구자 제프리 젠슨 아넷Jeffrey Jensen Arnett은 18세에서 25세 사이의 연령을 가리키는 '새로운 성인기emerging adulthood'라는 말을 만들었다. 아넷은 이 연령 집단을 대상으로 훌륭한 연구를 해왔고 그중 몇 개는 이 책에도 언급되었다. '새로운 성인기'라는 용어만이 아니라 아넷의 연구를 인용한 이유는 이 책이 20대의 모든 측면에 대해 논의하기 때문이다. 그리고 나는 '20대는 아직 어른이 아니다'라는 말이 그들에게 힘을 실어준다고 생각지 않는다.

8 Richard Settersten and Barbara E. Ray's book *Not Quite Adults: Why 20-Somethings Are Choosing a Slower Path to Adulthood, and Why It's Good for Everyone* (New York: Bantam Books, 2010).

9 https://www.statista.com/statistics/893733/share-influencers-creating-sponsored-posts-by-age/.

10 "10 Ideas Changing the World Right Now" by Catherine Mayer for *Time* *magazine*, March 12, 2009.

11 Jeffrey Jensen Arnett's *Emerging Adulthood: The Winding Road from the Late Teens Through the Twenties* (New York: Oxford University Press, 2015).

12 https://www.pewresearch.org/fact-tank/2019/10/29/share-of-young-adults-not-working-or-in-school-is-at-a-30-year-low-in-u-s/

13 포스트모던 경제와 그 결과에 대해 자세히 알고 싶다면 다음을 참고하라. Richard Sennett's article "The New Political Economy and Its Culture" in *The Hedgehog Review* 12 (2000): 55–71.

14 "Unpaid Work, but They Pay for the Privilege" by Gerry Shih for *the New York Times*, August 8, 2009.

15 https://www.pewresearch.org/fact-tank/2014/05/30/5-facts-about-todayscollege-graduates/

16 chapter 1 of Jeffrey Jensen Arnett's book *Emerging Adulthood: The Winding Road from the Late Teens through the Twenties* (New York: Oxford University Press, 2015).

17 Jeffrey Jensen Arnett's *Emerging Adulthood: The Winding Road from the Late Teens Through the Twenties* (New York: Oxford University Press, 2015).

18 http://projectonstudentdebt.org

19 C. R. Victor and K. Yang, "The Prevalence of Loneliness among Adults: A Case Study of the United Kingdom." *Journal of Psychology* 146(1–2) (2012): 85-104.

20 Kirsten G. Volz and Gerd Gigerenzer. "Cognitive Processes in Decisions under Risk Are Not the Same as in Decisions under Uncertainty." *Frontiers in Neuroscience* 6(2012): 105.

21 https://www.apa.org/news/press/releases/stress/2018/stress-gen-z.pdf

22 "The Kids Are Actually Sort of Alright" by Noreen Malone for *New York magazine*, October 24, 2011.

23 프랜시스 베이컨Francis Bacon의 말에서 인용.

24 Suzanne M. Bianchi, "Family Change and Time Allocation in American

Families." *Annals of the American Academy of Political and Social Science* 638, no. 1 (2011): 21–44; "Delayed Child Rearing, More Stressful Lives" by Steven Greenhouse for the *New York Times*, December 1, 2010.

25 정확한 전문 용어로는 '민감한 시기'라고 한다. 이 시기에 발달하지 않으면 나중에도 발달할 수 없는 경우, 그 특정한 시점을 결정적 시기라고 한다. 여기서 '결정적 시기'라는 용어를 사용한 이유는 더 친숙한 용어일 뿐만 아니라 챕터 첫 부분에서 언급한 촘스키Chomsky의 인용문에도 포함되어 있기 때문이다. 촘스키는 이 문장에서 민감한 시기와 결정적 시기에 크게 차이를 두지 않았다.

26 "What Is It About 20–Somethings?" by Robin Marantz Henig for *the New York Times*, August 18, 2010.

27 the Sunday, January 16, 2005, cover article for *Time magazine*, titled "Meet the Twixters," by Lev Grossman.

1부 ——————————————— 일

정체성 자본

1 에릭슨의 이야기는 여기저기에 많이 등장한다. 더 포괄적인 설명이 필요하다면 다음을 참고하라. Lawrence J. Friedman's book *Identity's Architect: A Biography of Erik Erikson* (New York: Scribner, 1999).

2 사회학자 제임스 코테James Côté가 도입한 용어다. 더 자세한 설명을 보려면 다음을 참고하라. pages 208–212 in Côté's book *Arrested Adulthood: The Changing Nature of Maturity and Identity* (New York: New York University Press, 2000).

3 J. E. Marcia's research paper "Development and Validation of Ego–Identity Status" in *Journal of Personality and Social Psychology* 3 (1966): 551–558; J. E. Côté and S. J. Schwartz's article "Comparing Psychological and Social Approaches to Identity: Identity Status, Identity Capital, and the Individualization Process" in *Journal of Adolescence* 25 (2002): 571–586;

and S. J. Schwartz, J. E. Côté, and J. J. Arnett's article "Identity and Agency in Emerging Adulthood: Two Developmental Routes in the Individuation Process" in *Youth Society* 2 (2005): 201–220.

4   Erik Erikson's classic book *Identity: Youth and Crisis* (New York: Norton, 1968).

5   "How a New Jobless Era Will Transform America" by Don Peck for *The Atlantic*, March 2010.

6   In "Stop–Gap Jobs Rob Graduates of Ambition," Rosemary Bennett reports on new research by Tony Cassidy and Liz Wright presented to the British Psychological Society in *The Times* (London), April 5, 2008.

7   K. Mossakowski's research article "Is the Duration of Poverty and Unemployment a Risk Factor for Heavy Drinking?" in *Social Science and Medicine* 67 (2008): 947–955.

8   "How a New Jobless Era Will Transform America" by Don Peck for *The Atlantic*, March 2010; "Hello, Young Workers: The Best Way to Reach the Top Is to Start There" by Austan Goolsbee for the *New York Times*, May 25, 2006.

9   https://www.washingtonpost.com/news/wonk/wp/2015/02/10/your–lifetime–earnings–are–probably–determined–in–your–twenties/

10   "The Other Midlife Crisis" by Ellen E. Schultz and Jessica Silver–Greenberg for *the Wall Street Journal*, June 18, 2011; 2015 article for the Washington Post: https://www.washingtonpost.com/news/wonk/wp/2015/02 /10 /your–lifetime–earnings–are–probably–determined–in–your–twenties/

약한 유대

1   이 용어를 만든 사람에 대해서는 논란의 여지가 있다. 1988년에 《Le temps des tribus: Le déclin de l'individualisme dans les sociétés de masses》를 쓴 프랑스 사회학자 미셸 마페솔리Michel Maffesoli라는 의견과 2001년 〈뉴욕 타임스〉에서 도시 부족에 관한 기사를 쓰고 2003년에 《Urban Tribes》라는 책을 출판한 이선 워터스Ethan Watters라는 의견이 있다.

2   https://www.economist.com/prospero/2019/09/20/why–friends–is–still–the–
    worlds–favourite–sitcom–25–years–on

3   이 주제에 대한 M. 그래노베터M. Granovetter의 결정적인 연구를 알아보려면 그
    가 쓴 다음의 두 논문을 참고하라. "The Strength of Weak Ties" in *American
    Journal of Sociology* 78 (1973): 1360–1380; "The Strength of Weak Ties: A
    Network Theory Revisited" in *Sociological Theory* 1 (1983): 201–233.

4   M. McPherson, L. Smith–Lovin, and J. M. Cook's article "Birds of a Feather:
    Homophily in Social Networks" in *Annual Review of Sociology* 27 (2001):
    415–444.

5   D. M. Boyd and N. B. Ellison's article "Social Network Sites: Definition,
    History, and Scholarship" in *Journal of Computer–Mediated Communication*
    13 (2008): 210–230.

6   R. Coser's article "The Complexity of Roles as a Seedbed of Individual
    Autonomy" in *The Idea of Social Structure: Papers in Honor of Robert K.
    Merton*, edited by L. A. Coser (New York: Harcourt Brace Jovanovich, 1975); Rose
    Coser's book In Defense of Modernity (Stanford, CA: Stanford University Press,
    1991).

7   *The Autobiography of Benjamin Franklin*, edited by J. Bigelow (Philadelphia:
    Lippincott, 1900, facsimile of the 1868 original).

8   훗날 벤저민 프랭클린 효과로 불리게 된 현상에 대한 논의를 보고 싶다면 다음을
    참고하라. J. Jecker and D. Landy's article "Liking a Person as a Function of
    Doing Him a Favour" in *Human Relations* 22 (1968): 371–378; Yu Niiya, "Does
    a Favor Request Increase Liking toward the Requester?" *Journal of Social
    Psychology* 156, no. 2 (2016): 211–221.

9   S. G. Post's article "Altruism, Happiness, and Health: It's Good to Be Good"
    in *International Journal of Behavioral Medicine* 12 (2005): 66–77.

10 A. Luks's article "Doing Good: Helper's High" in *Psychology Today* 22 (1988):
    39–40.

11 에릭 에릭슨은 성인기 초기에 대한 책들을 쓰기도 했지만, 출생에서 사망까지 평

주석

299

생에 걸친 심리학적 발달 단계 모형을 제안한 최초의 심리학자이기도 하다. 에릭슨의 8단계 발달 모형에서 마지막 두 단계는 생산성Generativity과 자아 통합Ego Integrity이다. 중년기와 노년기에 일어나는 이 두 단계는 목적의식과 성취감을 추구한다는 특징이 있다. 타인을 도와주는 행동은 성인이 인생에 의미를 더하는 하나의 방식이다.

12 Cornelia Wrzus, Martha Hänel, Jenny Wagner, and Franz J. Neyer. "Social Network Changes and Life Events across the Life Span: A Meta–analysis." *Psychological Bulletin* 139, no. 1 (2013): 53; L. L. Carstensen, D. M. Isaacowitz, and S. T. Charles's article "Taking Time Seriously: A Theory of Socioemotional Selectivity" in *American Psychologist* 54 (1999): 165–181.

알지만 생각하지 않는 것

1 S. Iyengar and M. Lepper's article "When Choice Is Demotivating: Can One Desire Too Much of a Good Thing?" in *Journal of Personality and Social Psychology* 79 (2000): 995–1006; Iyengar's book *The Art of Choosing* (New York: Twelve, 2010).

2 심리 분석가 크리스토퍼 볼라스Christopher Bollas가 만든 말.

멋진 모습밖에 없는 인스타그램의 삶

1 A. Joinson's study "Looking At, Looking Up, or Keeping Up with People? Motives and Uses of Facebook," presented at the Proceeding of the 26th Annual SIGCHI Conference on Human Factors in Computing Systems (2008); C. Lampe, N. Ellison, and C. Steinfield's article "A Face(book) in the Crowd: Social Searching vs. Social Browsing," presented at the Proceedings of the 2006 20th Anniversary Conference on Computer Supported Cooperative Work.

2 T. A. Pempek, Y. A. Yermolayeva, and S. L. Calvert's article "College Students' Social Networking Experiences on Facebook" in *Journal of Applied Developmental Psychology* 30 (2009): 227–238.

3   J. B. Walther, B. Van Der Heide, S–Y Kim, D. Westerman, and S. T. Tong's article "The Role of Friends' Appearance and Behavior on Evaluations of Individuals on Facebook: Are We Known by the Company We Keep?" in *Human Communication Research* 34 (2008): 28–49.

4   2019년 기준 이용량 관련 정보를 얻으려면 퓨 리서치 센터 자료를 참고하라. https://www.pewresearch.org/fact–tank/2019/04/10/share–of–u–s–adults–using–social–media–including–facebook–is–mostly–unchanged–since–2018. 전 세계 이용량에 관한 자료를 얻으려면 런던 정치경제대학교LSE 보고서를 참고하라. https://info.lse.ac.uk/staff/divisions/communications–division/digital–communications–team/assets/documents/guides/A–Guide–To–Social–Media–Platforms–and–Demographics.pdf

5   최근 자료를 얻으려면 런던 정치경제대학교 보고서를 참고하라. https://info.lse.ac.uk/staff/divisions/communications–division/digital–communications–team/assets/documents/guides/A–Guide–To–Social–Media–Platforms–and–Demographics.pdf

6   https://www.pewresearch.org/fact–tank/2019/04/10/share–of–u–s–adults–using–social–media–including–facebook–is–mostly–unchanged–since–2018

7   휴대전화 소유에 대한 퓨 리서치 센터의 자료는 이곳에서 볼 수 있다. https://www.pewresearch.org/global/2019/02/05/smartphone–ownership–is–growing–rapidly–around–the–world–but–not–always–equally/

8   https://info.lse.ac.uk/staff/divisions/communications–division/digital–communications–team/assets/documents/guides/A–Guide–To–Social–Media–Platforms–and–Demographics.pdf

9   N. Kreski, J. Platt, C. Rutherford, M. Olfson, C. Odgers, J. Schulenberg, and K. M. Keyes, "Social media use and depressive symptoms among United States adolescents." *Journal of Adolescent Health* (2020).

10   Brian A. Primack, Ariel Shensa, César G. Escobar–Viera, Erica L. Barrett, Jaime E. Sidani, Jason B. Colditz, and A. Everette James. "Use of Multiple Social Media Platforms and Symptoms of Depression and Anxiety: A

Nationally–Representative Study among US Young Adults." *Computers in Human Behavior* 69 (2017): 1–9.

11   Liu Yi Lin, Jaime E. Sidani, Ariel Shensa, Ana Radovic, Elizabeth Miller, Jason B. Colditz, Beth L. Hoffman, Leila M. Giles, and Brian A. Primack. "Association between Social Media Use and Depression among US Young Adults." *Depression and Anxiety* 33, no. 4 (2016): 323–331; Ariel Shensa, César G. EscobarViera, Jaime E. Sidani, Nicholas D. Bowman, Michael P. Marshal, and Brian A. Primack. "Problematic Social Media Use and Depressive Symptoms among US Young Adults: A Nationally–Representative Study." *Social Science & Medicine* 182 (2017): 150–157; Heather Cleland Woods and Holly Scott. "#Sleepyteens: Social Media Use in Adolescence Is Associated with Poor Sleep Quality, Anxiety, Depression and Low Self–esteem." *Journal of Adolescence* 51 (2016): 41–49.

12   E. A. Vogel, J. P. Rose, L. R. Roberts, and K. Eckles. "Social Comparison, Social Media, and Self–Esteem." *Psychology of Popular Media Culture* 3(4) (2014): 206.

13   Jaime E. Sidani, Ariel Shensa, Beth Hoffman, Janel Hanmer, and Brian A. Primack. "The Association between Social Media Use and Eating Concerns among US Young Adults." *Journal of the Academy of Nutrition and Dietetics* 116, no. 9 (2016): 1465–1472.

14   Amandeep Dhir, Yossiri Yossatorn, Puneet Kaur, and Sufen Chen. "Online Social Media Fatigue and Psychological Wellbeing: A Study of Compulsive Use, Fear of Missing Out, Fatigue, Anxiety and Depression." *International Journal of Information Management* 40 (2018): 141–152.

15   J. M. Twenge, "The Sad State of Happiness in the United States and the Role of Digital Media." *World Happiness Report*, 2019. https://worldhappiness. report/ed/2019/

16   J. Fardouly, P. C. Diedrichs, L. R. Vartanian, and E. Halliwell, "Social Comparisons on Social Media: The Impact of Facebook on Young Women's

Body Image Concerns and Mood." *Body Image* 13 (2015): 38–45; E. A. Vogel, J. P. Rose, L. R. Roberts, and K. Eckles, "Social Comparison, Social Media, and Self–esteem." *Psychology of Popular Media Culture* 3(4) (2014): 206; E. A. Vogel, J. P. Rose, B. M. Okdie, K. Eckles, and B. Franz, "Who Compares and Despairs? The Effect of Social Comparison Orientation on Social Media Use and Its Outcomes." *Personality and Individual Differences* 86 (2015): 249–256.

영광의 추구

1   카렌 호나이Karen Horney는 '영광의 추구search for glory'와 '당위의 횡포tyranny of the shoulds'라는 말을 만들었다. 이러한 발달의 왜곡 현상은 호나이의 저서 《Neurosis and Human Growth》에 설명되어 있다. 1991년에는 노튼 출판사에서 이 책의 40주년 기념판이 발간되었다.

2   https://www.pewresearch.org/fact–tank/2019/08/13/facts–about–student–loans

3   "Many with New College Degree Find the Job Market Humbling" by Catherine Rampell for the *New York Times*, May 18, 2011.

맞춤 인생

1   이 장에서 '맞춤 인생'이라는 용어를 사용한 이유는 이안이라는 내담자의 경험에 바탕을 둔 내용이기 때문이다. 공장에서 찍어내듯 진부한 삶이란 이제 없고 청년기에 스스로 삶의 조각들을 끼워 맞춰야 한다는 생각은 다른 학자들이 발전시켜 왔다. 20대와의 상담에서 내가 가장 많이 참고하는 학자는 에릭 에릭슨과 사회학자 제임스 코테, 리처드 세넷이다.

2   이디스 워튼Edith Wharton의 말에서 인용.

3   V. L. Vignoles, X. Chryssochoou, and G. M. Breakwell's article "The Distinctiveness Principle: Identity, Meaning, and the Bounds of Cultural Relativity" in *Personality and Social Psychology Review* 4 (2000): 337–354.

4   스탠 데이비스Stan Davis가 저서 《Future Perfect (New York: Basic Books, 1987)》에

서 만들어낸 용어.

5 https://www.cafepress.com/make/design–your–own

6 Thomas Frank's *Conglomerates and the Media* (New York: The New Press, 1997); Frank's The Conquest of Cool: Business Culture, Counterculture, and the Rise of Hip Consumerism (Chicago: University of Chicago Press, 1998).

7 주문 제작 상품의 등장으로 소비자들이 개성을 표현하고 자신에게 더 알맞은 상품을 사용하게 된 과정을 자세히 알고 싶다면 다음을 참고하라. N. Franke and M. Schreier's article "Why Customers Value Self–Defined Products: The Importance of Process Effort and Enjoyment" in *Journal of Product Innovation Management* 27 (2010): 1020–1031; N. Franke and M. Schreier's article "Product Uniqueness as a Driver of Customer Utility in Mass Customization" in *Marketing Letters* 19 (2007): 93–107.

2부 ——————————————————————————————————— 사랑

결혼에 대한 진지한 대화

1 "Advice for High School Graduates" by David Brooks for the *New York Times*, June 10, 2009.

2 "U.S. Marriage Rate Plunges to Lowest Level on Record" by Janet Adamy for *the Wall Street Journal*, April 29, 2020.

3 https://www.census.gov/newsroom/press–releases/2018/families.html

4 https://www.pewsocialtrends.org/2011/12/14/barely–half–of–u–s–adults–are–married–a–record–low/#share–married

5 "The Demise of Dating" by Charles M. Blow for *the New York Times*, December 13, 2008.

6 https://www.pewresearch.org/fact–tank/2020/04/10/as–family–structures–change–in–u–s–a–growing–share–of–americans–say–it–makes–no–difference/

7 https://www.pewresearch.org/fact–tank/2019/11/06/key–findings–on–

marriage–and–cohabitation–in–the–u–s/

8   https://www.economist.com/special–report/2017/11/23/marriage–in–the–
    west

9   https://www.pewresearch.org/fact–tank/2017/09/14/as–u–s–marriage–rate–
    hovers–at–50–education–gap–in–marital–status–widens/

10 "Affluent Americans Still Say 'I Do.' More in the Middle Class Don't" by Janet
    Adamy and Paul Overberg for *the Wall Street Journal*, March 8, 2020, https://
    www.wsj.com/articles/affluent–americans–still–say–i–do–its–the–middle–
    class–that–does–not–11583691336?mod=article_inline.

11 https://www.healthymarriageinfo.org/wp–content/uploads/2017/12/
    Marriage–Trends–in–Western.pdf

12 Kay Hymowitz's 2008 articles for *City Journal* "Child–Man in the Promised
    Land: Today's Single Young Men Hang Out in a Hormonal Libido Between
    Adolescence and Adulthood" and "Love in the Time of Darwinism: A Report
    from the Chaotic Postfeminist Dating Scene, Where Only the Strong Survive,"
    both available online at www.city–journal.org.

13 https://www.singlesinamerica.com

14 https://www.singlesinamerica.com

15 https://www.pewresearch.org/fact–tank/2020/02/14/more–than–half–of–
    americans–say–marriage–is–important–but–not–essential–to–leading–a–
    fulfilling–life

16 Samuel Johnson; on page 114 in J. J. Arnett's *Emerging Adulthood: The
    Winding Road from the Late Teens Through the Twenties* (New York: Oxford
    University Press, 2004).

17 2018년 미국 인구 조사국United States Census Bureau 자료는 이곳에서 볼 수 있다.
    https://www.census.gov/library/visualizations/interactive/marriage–divorce–
    rates–by–state.html. 2002년 7월에 발표된 미국 질병관리본부Centers for Disease
    Control 산하 보건 통계위원회Vital and Health Statistics 보고서인 "Cohabitation,
    Marriage, Divorce, and Remarriage in the United States"는 이곳에서 볼 수 있

다. http://www.cdc.gov/nchs/data/series/sr_23/sr23_022.pdf

18 밀스 종단 연구Mills Longitudinal Study는 1960년대 초반에 캘리포니아 오클랜드에서 밀스 대학교를 졸업한 약 100명의 여성을 50년에 걸쳐 추적하며 성인 발달을 살펴본 연구다. 여성을 대상으로 하는 연구 중 최장 기간 연구로 꼽히는 밀스 연구는 이후 100개 이상의 학술 출판물의 바탕이 되었다. 이 연구는 현재 라벤나 헬슨 Ravenna Helson과 올리버 P. 존Oliver P. John의 주도하에 캘리포니아 대학교 버클리에서 진행되고 있다.

19 혼인 연령과 결혼생활의 관계를 이론적으로 살펴보고 싶거나 늦은 결혼생활이 덜 행복할 가능성을 보여주는 자료가 필요하다면 다음을 참고하라. N. D. Glenn, J. E. Uecker, and R. W. B. Love Jr.'s article "Later First Marriage and Marital Success" in *Social Science Research* 39 (2010): 787–800.

20 이 말은 J. J. 아넷J. J. Arnett의 저서 《Emerging Adulthood: The Winding Road from the Late Teens through the Twenties》(New York: Oxford University Press, 2004)에 처음 등장했다.

21 https://www.singlesinamerica.com

가족 선택하기

1 William Schofield's 1964 book *Psychotherapy: The Purchase of Friendship* (Englewood Cliffs, N.J.: Prentice–Hall).

2 아동기의 고난과 그것이 성인기에 미치는 영향에 관한 자료가 필요하다면 다음을 참고하라. Meg Jay's 2017 book, *Supernormal: The Secret World of the Family Hero* (New York: Twelve).

3 엠마가 언급한 이 기사를 발견했는데 실제로 재미있는 글이었다. "Weekend with Boyfriend's Parents Explains a Lot" in *The Onion*, Issue 38–02, dated January 23, 2002.

하향 연애

1 Dr. Fisher's 2016 TED talk, "Technology Hasn't Changed Love. Here's Why," available online at https://www.ted.com/talks/helen_fisher_technology_

hasn_t_changed_love_here_s_why/transcript?language=en

2   https://mashable.com/roundup/best–dating–sites

3   이 발상은 다음에서 착안했다. Masud Khan's paper "Toward an Epistemology of Cure" published in his book *The Privacy of the Self* (New York: International Universities Press, 1974).

4   P. Ueda, C. H. Mercer, C. Ghaznavi, D. Herbenick. "Trends in Frequency of Sexual Activity and Number of Sexual Partners Among Adults Aged 18 to 44 Years in the US, 2000–2018." *JAMA Network Open.* 2020; 3(6):e203833. doi:10.1001/jamanetworkopen.2020.3833.

5   Maryanne Fisher, Anthony Cox, Sasha Bennett, and Dubravka Gavric. "Components of Self–Perceived Mate Value." *Journal of Social, Evolutionary, and Cultural Psychology* 2, no. 4 (2008): 156.

6   D. C. Rubin, T. A. Rahhal, and L. W. Poon's study "Things Learned in Early Adulthood Are Remembered Best" in *Memory & Cognition* 26 (1998): 3–19; A. Thorne's article "Personal Memory Telling and Personality Development" in *Personality and Social Psychology Review* 4 (2000): 45–56.

7   T. Habermas and S. Bluck's paper "Getting a Life: The Emergence of the Life Story in Adolescence" in *Psychological Bulletin* 126 (2000): 748–769; M. Pasupathi's paper "The Social Construction of the Personal Past and Its Implications for Adult Development" in *Psychological Bulletin* 127 (2001): 651–672.

8   정체성의 한 측면이 되는 개인적 이야기에 대한 연구는 다음을 참고하라. D. P. McAdams and J. L. Pals, especially their paper "A New Big Five: Fundamental Principles for an Integrative Science of Personality" in *American Psychologist* 61 (2006): 204–217.

9   A. Thorne, K. C. McLean, and A. M. Lawrence's paper "When Remembering Is Not Enough: Reflecting on Self–Defining Memories in Late Adolescence" in *Journal of Personality* 72 (2004): 513–541.

10   D. P. McAdams and J. L. Pals, "A New Big Five: Fundamental Principles for

주석
———

an Integrative Science of Personality" in *American Psychologist* 61 (2006) 204–217.

11 부모의 시선을 받으면서 사는 것, 그리고 자라면서 자신의 삶에 대한 이야기를 듣는 것에 대해 이해하려면 다음을 참고하라. R. Fivush, C. A. Haden, and E. Reese's article "Elaborating on Elaborations: Role of Maternal Reminiscing Style in Cognitive and Socioemotional Development" in *Child Development* 77 (2006): 1568–1588.

동거 효과

1 D. Popenoe's "Cohabitation, Marriage and Child Well–Being" available from the National Marriage Project at www.virginia.edu/marriageproject.

2 https://www.census.gov/library/stories/2018/11/cohabitaiton–is–up–marriage–is–down–for–young–adults.html

3 이 장에서 언급된 자료와 추세를 포괄적으로 요약한 내용을 보려면 퓨 리서치 센터의 2019년 보고서를 참고하라. https://www.pewsocialtrends.org/2019/11/06/marriage–and–cohabitation–in–the–u–s/#fnref–26816–1

4 앞서 언급한 동거와 결혼에 관한 2019년 보고서를 참고하라. https://www.pewsocialtrends.org/2019/11/06/marriage–and–cohabitation–in–the–u–s/#fnref–26816–1

5 D. Popenoe and B. D. Whitehead's 2001 "State of Our Unions" available from the National Marriage Project at http://www.virginia.edu/marriageproject/

6 "Cohabitation, Marriage, Divorce, and Remarriage in the United States" from the Centers for Disease Control and Prevention, Vital and Health Statistics, Series 23, Number 22, July 2002; "Marriage and Cohabitation in the United States" also from the Centers for Disease Control and Prevention, Vital and Health Statistics, Series 23, Number 28, February 2010.

7 C. C. Cohan and S. Kleinbaum's article "Toward a Greater Understanding of the Cohabitation Effect: Premarital Cohabitation and Marital Communication" in *Journal of Marriage and Family* 64 (2004):180–192, and S. M. Stanley, G.

K. Rhoades, and H. J. Markman's article "Sliding Versus Deciding: Inertia and the Premarital Cohabitation Effect" in *Family Relations* 55 (2006): 499–509.

8 전국 결혼 프로젝트National Marriage Project의 일환인 "State of Our Unions"를 참고하라. 이 자료는 http://www.virginia.edu/marriageproject에서 볼 수 있다.

9 J. M. Lindsay's article "An Ambiguous Commitment: Moving into a Cohabitation Relationship" in *Journal of Family Studies* 6 (2000): 120–134; S. M. Stanley, G. K. Rhoades, and H. J. Markman, "Sliding Versus Deciding"; and W. D. Manning and P. J. Smock's article "Measuring and Modeling Cohabitation: New Perspectives from Qualitative Data" in *Journal of Marriage and Family* 67 (2005): 989–1002.

10 S. M. Stanley, G. K. Rhoades, and H. J. Markman's article "Sliding Versus Deciding," cited above, as well as anything by Scott Stanley or research he suggests on his blog: http://slidingvsdeciding.blogspot.com/2018/03/citations–for–tests–of–inertia_26.html

11 M. Stanley, G. K. Rhoades, and S. W. Whitton, "Commitment: Functions, Formation, and the Securing of Romantic Attachment." *Journal of Family Theory and Review* 2(4) (2010): 243–257. https://doi.org/10.1111/j.1756–2589.2010.00060.x.

12 W. D. Manning and P. J. Smock, "Measuring and Modeling Cohabitation: New Perspectives from Qualitative Data." *Journal of Marriage and Family* 67(4) (2005): 989–1002.

13 E. Macklin's 1972 paper, "Heterosexual Cohabitation among Unmarried College Students," *Family Coordinator* 21, 463–472.

14 G. K. Rhoades, S. M. Scott, and H. J. Markman's article "The Pre–Engagement Cohabitation Effect: A Replication and Extension of Previous Findings" in *Journal of Family Psychology* 23 (2009): 107–111; G. H. Kline, S. M. Scott, H. J. Markman, P. A. Olmos–Gallo, M. St. Peters, S. W. Whitton, and L. M. Prado's article "Timing Is Everything: Pre–Engagement Cohabitation and Increased Risk for Poor Marital Outcomes" in *Journal of Family Psychology* 18 (2004):

주석
———
309

311–318; and G. K. Rhoades, S. M. Scott, and H. J. Markman's article "Pre-Engagement Cohabitation and Gender Asymmetry in Marital Commitment" in *Journal of Family Psychology* 20 (2006): 553–560.

15 J. Owen, G. K. Rhoades, and S. M. Stanley, "Sliding versus Deciding in Relationships: Associations with Relationship Quality, Commitment, and Infidelity." *Journal of Couple and Relationship Therapy* 12(2) (2013): 135–149.

16 C. E. Clifford, A. Vennum, M. Busk, and F. D. Fincham, "Testing the Impact of Sliding Versus Deciding in Cyclical and Noncyclical Relationships." *Personal Relationships* 24(1) (2017): 223–238.

17 Jennifer S. Priem, Loren C. Bailey, and Keli Steuber Fazio, "Sliding Versus Deciding: A Theme Analysis of Deciding Conversations of Non-Engaged Cohabiting Couples," Communication Quarterly 63 (2015):5, 533–549, DOI: 10.1080/01463373.2015.1078388.

18 G. Zauberman's paper "The Intertemporal Dynamics of Consumer Lock-in" in *Journal of Consumer Research* 30 (2003): 405–419.

19 S. M. Stanley, G. K. Rhoades, and H. J. Markman, "Sliding Versus Deciding."

공통점과 사랑

1 C. Anderson, D. Keltner, and O. P. John's article "Emotional Convergence Between People over Time" in *Journal of Personality and Social Psychology* 84 (2003): 1054–1068; G. Gonzaga, B. Campos, and T. Bradbury's article "Similarity, Convergence, and Relationship Satisfaction in Dating and Married Couples" in *Journal of Personality and Social Psychology* 93 (2007): 34–48; S. Luo and E. C. Klohnen's paper "Assortative Mating and Marital Quality in Newlyweds: A CoupleCentered Approach" in *Journal of Personality and Social Psychology* 88 (2005): 304–326; and D. Watson, E. C. Klohnen, A. Casillas, E. Nus Simms, J. Haig, and D. S. Berry's article "Match Makers and Deal Breakers: Analyses of Assortative Mating in Newlywed Couples" in *Journal of Personality* 72 (2004): 1029–1068.

2   E. Berscheid, K. Dion, E. Hatfield, and G. W. Walster's paper "Physical Attractiveness and Dating Choice: A Test of the Matching Hypothesis" in *Journal of Experimental Social Psychology* 7 (1971): 173–189; T. Bouchard Jr. and M. McGue's paper "Familial Studies of Intelligence: A Review" in Science 212 (1981): 1055–1059; D. M. Buss's paper "Human Mate Selection" in *American Scientist* 73 (1985): 47–51; A. Feingold's paper "Matching for Attractiveness in Romantic Partners and Same–Sex Friends: A Meta–Analysis and Theoretical Critique" in *Psychological Bulletin* 104 (1988): 226–235; D. T. Y. Tan and R. Singh's paper "Attitudes and Attraction: A Developmental Study of the Similarity–Attraction and Dissimilarity–Repulsion Hypotheses" in *Personality and Social Psychology Bulletin* 21 (1995): 975–986; S. G. Vandenberg's paper "Assortative Mating, or Who Marries Whom?" in Behavior Genetics 11 (1972): 1–21; and G. L. White's paper "Physical Attractiveness and Courtship Process" in *Journal of Personality and Social Psychology* 39 (1980): 660–668.

3   David Watson, Eva C. Klohnen, Alex Casillas, Ericka Nus Simms, Jeffrey Haig, and Diane S. Berry. "Match Makers and Deal Breakers: Analyses of Assortative Mating in Newlywed Couples." *Journal of Personality* 72, no. 5 (2004): 1029–1068.

4   Peter K. Jonason, Justin R. Garcia, Gregory D. Webster, Norman P. Li, and Helen E. Fisher. "Relationship Dealbreakers: Traits People Avoid in Potential Mates." *Personality and Social Psychology Bulletin* 41, no. 12 (2015): 1697–1711.

5   Peter K. Jonason, Justin R. Garcia, Gregory D. Webster, Norman P. Li, and Helen E. Fisher. "Relationship Dealbreakers: Traits People Avoid in Potential Mates." *Personality and Social Psychology Bulletin* 41, no. 12 (2015): 1697–1711.

6   M. D. Botwin, D. M. Buss, and T. K. Shackelford, "Personality and Mate Preferences: Five Factors in Mate Selection and Marital Satisfaction." *Journal*

of Personality 65 (1997): 107–136.

7   D. J. Ozer and V. Benet–Martinez, "Personality and the Prediction of Consequential Outcomes." *Annual Review of Psychology* 57 (2006): 401–421; P. S. Dyrenforth, D. A. Kashy, M. B. Donnellan, and R. E. Lucas, "Predicting Relationship and Life Satisfaction from Personality in Nationally Representative Samples from Three Countries: The Relative Importance of Actor, Partner, and Similarity Effects." *Journal of Personality and Social Psychology* 99(4) (2010): 690; M. D. Botwin, D. M. Buss, and T. K. Shackelford, "Personality and Mate Preferences: Five Factors in Mate Selection and Marital Satisfaction." *Journal of Personality* 65(1) (1997): 107–136.

8   이 연구는 일과 가정을 위한 보스턴 칼리지 센터Boston College Center for Work and Family에서 수행되었다. 더 많은 정보는 보스턴 칼리지 사이트(http://www. bc.edu/cwf)나 https://www.bc.edu/content/dam/files/centers/cwf/research/ publications/researchreports/BCCWF%20The%20New%20Dad%202017.pdf 에 실린 보고서에서 볼 수 있다.

9   퓨 리서치 센터 자료를 참고하라. https://www.pewsocialtrends.org/2010/ 11/18/the–decline–of–marriage–and–rise–of–new–families/2/#ii–overview.

10 Maura Kelly and Elizabeth Hauck. "Doing Housework, Redoing Gender: Queer Couples Negotiate the Household Division of Labor." *Journal of GLBT Family Studies* 11, no. 5 (2015): 438–464.

11 Meg Jay's 2020 article "Fathers Also Do Their Share of Invisible Labor" for *the Wall Street Journal*, available online at https://www.wsj.com/articles/fathers– also–do–their–share–of–invisible–labor–11592575059; Lucia Ciciolla and Suniya S. Luthar. "Invisible household labor and ramifications for adjustment: mothers as captains of households." *Sex Roles* (2019): 1–20; R. M. Horne, M. D. Johnson, N. L. Galambos, and H. J. Krahn. "Time, Money, or Gender? Predictors of the Division of Household Labour across Life Stages." *Sex Roles* 78(11–12) (2018): 731–743; Jill E. Yavorsky, Claire M. Kamp Dush, and Sarah J. Schoppe Sullivan. "The Production of Inequality: The Gender Division of

Labor Across the Transition to Parenthood." *Journal of Marriage and Family* 77, no. 3 (2015): 662–679.

20대 후반의 대화

1   Thomas N. Bradbury, Frank D. Fincham, and Steven R. H. Beach. "Research on the Nature and Determinants of Marital Satisfaction: A Decade in Review." *Journal of Marriage and Family* 62, no. 4 (2000): 964–980; Jeffrey Dew and W. Bradford Wilcox. "If Momma Ain't Happy: Explaining Declines in Marital Satisfaction among New Mothers." *Journal of Marriage and Family* 73, no. 1 (2011): 1–12; Dwenda K. Gjerdingen and Bruce A. Center. "First–Time Parents' Postpartum Changes in Employment, Childcare, and Housework Responsibilities." *Social Science Research* 34, no. 1 (2005): 103–116; Dwenda K. Gjerdingen and Bruce A. Center. "The Relationship of Postpartum Partner Satisfaction to Parents' Work, Health, and Social Characteristics." Women and Health 40, no. 4 (2005): 25–39; E. S. Kluwer, "Marital Quality." In Families as Relationships, pp. 59–78. Wiley, 2000; Robert L. Weiss, "A Critical View of Marital Satisfaction." *Family Psychology: The Art of the Science* (2005): 23–41.

2   퓨 리서치 센터 사이트에 실린 "Parents' Time with Kids More Rewarding than Paid Work—and More Exhausting"을 참고하라. https://www. pewsocialtrends.org/2013/10/08/parents–time–with–kids–more–rewarding–than–paid–work–and–more–exhausting에서 볼 수 있다.

3   Jill E. Yavorsky, Claire M. Kamp Dush, and Sarah J. Schoppe Sullivan. "The Production of Inequality: The Gender Division of Labor Across the Transition to Parenthood." *Journal of Marriage and Family* 77, no. 3 (2015): 662–679.

한 발 앞서 생각하기

1 피니어스 게이지에 대해 더 자세한 역사적 설명이나 악평을 알고 싶다면 다음을 참고하라: Malcolm Macmillan's *An Odd Kind of Fame: Stories of Phineas Gage* (Cambridge, MA: MIT Press, 2000). 피니어스 게이지와 관련된 가장 최근의 발견에 대해 알고 싶다면 다음을 참고하라: Macmillan's article "Phineas Gage—Unravelling the Myth" in the *British journal The Psychologist* 21 (2008): 828–831.

2 이 정보의 출처는 사고 직후 피니어스 게이지를 치료하고 이후 한동안 상태를 살펴본 의사 존 마틴 할로John Martyn Harlow의 기록이다. 할로는 1848년, 1849년, 1868년 세 차례에 걸쳐 논문을 발표했고, 기록은 맥밀란의 저서 《An Odd Kind of Fame》에 삽입되었다.

3 the work of Antonio Damasio and the somatic marker hypothesis, especially the paper by A. Bechara and A. R. Damasio, "The Somatic Marker Hypothesis: A Neural Theory of Economic Decision" in *Games and Economic Behavior* 52 (2004): 336–372.

4 E. R. Sowell, P. M. Thompson, C. J. Holmes, T. L. Jernigan, and A. W. Toga's article "In Vivo Evidence for Post–Adolescent Brain Maturation in Frontal and Striatal Regions" in *Nature Neuroscience* 2 (1999): 859–861.

5 "What Is It About 20–Somethings?" by Robin Marantz Henig for *the New York Times*, August 18, 2010.

6 Malcolm Macmillan, "Phineas Gage—Unravelling the Myth."

7 발달이 끝나지 않은 10대와 20대의 뇌에 대해서는 다음을 참고하라. D. R. Weinberger, B. Elevåg, and J. N. Giedd's summary "The Adolescent Brain: A Work in Progress" for the National Campaign to Prevent Teen Pregnancy (June 2005), available online at https://mdcune.psych.ucla.edu/ncamp/files–fmri/NCamp_fMRI_AdolescentBrain.pdf.

8 마지막 결정적 시기에 일어나는 뇌의 변화에 대해 간단히 알고 싶다면 다음을

참고하라. S. J. Blakemore and S. Choudhury's article "Development of the Adolescent Brain: Implications for Executive Function and Social Cognition" in *Journal of Child Psychology and Psychiatry* 47 (2006): 296–312.

9   J. Sallet, R. Mars, M. Noonan, J. Andersson, J. O'Reilly, S. Jbabdi, P. Croxson, M. Jenkinson, K. Miller, and M. Rushworth, "Social Network Size Affects Neural Circuits in Macaques," Science 334 (2011): 697–700, and R. Kanai, B. Bahrami, R. Roylance, and G. Rees, "Online Social Network Size is Reflected in Human Brain Structure," *Proceedings of the Royal Society B: Biological Sciences*, available online at https://royalsocietypublishing.org/doi/10.1098/rspb.2011.1959.

10 도널드 O. 헵Donald O. Hebb이 제기한 가설로서 '헵의 법칙'이라 불리며, 뇌 가소성과 연상 학습의 원리를 설명해준다.

11 "The Teen Brain—Insights from Neuroimaging" in *Journal of Adolescent Health* 42 (2008): 335–343.

12 주변 물질이 축색돌기를 두툼하게 둘러쌈으로써 수초가 형성되면 뉴런의 소통 속도가 빨라진다. 전두엽은 가장 마지막에 성숙하는 부위이기 때문에 수초도 이곳에서 가장 늦게 형성된다. 수초가 형성되면 가지치기 이후 남아 있는 연결들이 더 빠르고 효율적으로 신호를 주고받는다.

사회실험

1   대학 정신 건강 센터Center for Collegiate Mental Health, CCMH의 2019년 보고서를 참고하라. https://ccmh.psu.edu/assets/docs/2019–CCMH–Annual–Report_3.17.20.pdf

2   https://www.pewresearch.org/global/2019/02/05/smartphone–ownership–is–growing–rapidly–around–the–world–but–not–always–equally/

자신을 다스리기

1   "Learning by Surprise" by Daniela Finker and Harmut Schotze in Scientific American, December 17, 2008: http://www.scientificamerican.com/article.

cfm?id=learning–by–surprise.

2   P. Michelon, A. Z. Snyder, R. L. Buckner, M. McAvoy, and J. M. Zacks's article "Neural Correlates of Incongruous Visual Information: An Event–Related fMRI Study" in *NeuroImage* 19 (2003): 1612–1626, as well as J. M. Talarico and D. C. Rubin's chapter "Flashbulb Memories Result from Ordinary Memory Processes and Extraordinary Event Characteristics" in *Flashbulb Memories: New Issues and New Perspectives*, edited by O. Luminet and A. Curci (New York: Psychology Press, 2009).

3   N. Kock, R. Chatelain–Jardon, and Jesus Carmona's article "Surprise and Human Evolution: How a Snake Screen Enhanced Knowledge Transfer Through a Web Interface" in *Evolutionary Psychology and Information Systems Research* 24 (2010): 103–118.

4   R. Fivush, J. G. Bohanek, K. Martin, and J. M. Sales's chapter "Emotional Memory and Memory for Emotions" in *Flashbulb Memories: New Issues and New Perspectives*, edited by O. Luminet and A. Curci (New York: Psychology Press, 2009).

5   Ali I. Tekcan, Burcu Kaya–Kızılöz, and Handan Odaman. "Life Scripts Across Age Groups: A Comparison of Adolescents, Young Adults, and Older Adults." Memory 20, no. 8 (2012): 836–847; Jeffrey Dean Webster and Odette Gould. "Reminiscence and Vivid Personal Memories Across Adulthood." *The International Journal of Aging and Human Development* 64, no. 2 (2007): 149–170.

6   S. T. Charles and L. L. Carstensen's article "Unpleasant Situations Elicit Different Emotional Responses in Younger and Older Adults" in *Psychology and Aging* 23 (2008): 495–504, as well as F. Blanchard–Fields's "Everyday Problem Solving and Emotion: An Adult Developmental Perspective" in *Current Directions in Psychological Science* 16 (2007): 26–31.

7   M. Mather and L. L. Carstensen's article "Aging and Motivated Cognition: The Positivity Effect in Attention and Memory" in *Trends in Cognitive Science* 9

(2005): 496–502; Simone Schlagman, Joerg Schulz, and Lia Kvavilashvili. "A Content Analysis of Involuntary Autobiographical Memories: Examining the Positivity Effect in Old Age." *Memory* 14, no. 2 (2006): 161–175.

8   M. Mather, T. Canli, T. English, S. Whitfield, P. Wais, K. Ochsner, J.D.E. Gabrieli, and L. L. Carstensen's article "Amygdala Responses to Emotionally Valenced Stimuli in Older and Younger Adults" in *Psychological Science* 15 (2004): 259–263.

9   S. J. Llera and M. G. Newman's paper "Effects of Worry on Physiological and Subjective Reactivity to Emotional Stimuli in Generalized Anxiety Disorder and Nonanxious Control Participants" in *Emotion* 10 (2010): 640–650.

10   Victor Frankl, *Man's Search for Meaning*.

11   감정을 조절하기 위한 인지적 전략에 대한 유용한 정보가 필요하다면 다음을 참고하라. K. N. Ochsner and J. J. Gross's article "Thinking Makes It So: A Social Cognitive Neuroscience Approach to Emotion Regulation" in R. F. Baumeister and K. D. Vohs (eds.), *Handbook of Self-Regulation: Research, Theory, and Applications* (New York: Guilford Press, 2004), 229–255. 상황을 재평가하고 반응을 억누르는 감정 조절 전략들을 비교해보려면 다음을 참고하라. J. J. Gross and O. P. John's paper "Individual Differences in Two Emotion Regulation Processes: Implications for Affect, Relationships, and Well-Being" in *Journal of Personality and Social Psychology* 85 (2003): 348–362, as well as O. P. John and J. J. Gross's chapter "Individual Differences in Emotion Regulation" in J. J. Gross (Ed.), *Handbook of Emotion Regulation* (New York: Guilford Press, 2007), 351–372.

12   R. Gellatly and A. T. Beck, "Catastrophic Thinking: A Transdiagnostic Process Across Psychiatric Disorders." *Cognitive Therapy and Research* 40(4) (2016): 441–452.

밖에서 안으로

1   성장형 사고방식과 고정형 사고방식, 그리고 이 장에서 나오는 사고방식 연구

에 대해 더 알고 싶다면 다음을 참고하라. Carol Dweck, especially her book *Mindset: The New Psychology of Success* (New York: Random House, 2006).

2   R. W. Robins and J. L. Pals's paper "Implicit Self–Theories in the Academic Domain: Implications for Goal Orientation, Attributions, Affect, and Self–Esteem Change" in *Self & Identity* 1 (2002): 313–336.

3   자기 효능감에 대해 간략히 알고 싶다면 다음을 참고하라. Albert Bandura, *Self–Efficacy: The Exercise of Control* (New York: Worth Publishers, 1997).

4   안데르스 에릭슨의 연구는 많은 논문과 책에 등장한다. 학술 논문을 보고 싶다면 다음을 보라. K. A. Ericsson, R. T. Krampe, and C. Tesch–Romer's article "The Role of Deliberate Practice in the Acquisition of Expert Performance" in *Psychological Review* 100 (1993): 363–406. 더 대중적인 설명을 보려면 다음을 참고하라. chapter 2 of Malcolm Gladwell's Outliers (New York: Little, Brown, 2008), titled "The 10,000 Hour Rule."; "A Star Is Made" by Stephen J. Dubner and Steven D. Levitt in the *New York Times*, May 7, 2006.

5   S. Chowdhury, M. Endres, and T. W. Lanis's paper "Preparing Students for Success in Team Work Environments: The Importance of Building Confidence" in *Journal of Managerial Issues* XIV (2002): 346–359.

잘 지내기와 앞서가기

1   서른 살 이후의 성격 변화에 관한 논의를 더 자세히 살펴보고 싶다면 다음을 참고하라. B. W. Roberts, K. E. Walton, and W. Viechtbauer, "Patterns of Mean–Level Change in Personality Traits Across the Life Course: A Meta–Analysis of Longitudinal Studies" in *Psychological Bulletin* 132 (2006): 1–25, the comment by P. T. Costa and R. R. McCrae in the same journal on pages 26–28, as well as the reply to the comment by the authors on pages 29–32.

2   P. T. Costa, R. R. McCrae, and I. C. Siegler's paper "Continuity and Change Over the Adult Life Cycle: Personality and Personality Disorders" in C. R. Cloninger (ed.), *Personality and Psychopathology* (Arlington, VA: American Psychiatric Press, 1999), page 130.

3   B. W. Roberts, K. E. Walton, and W. Viechtbauer, "Patterns of Mean–Level Change in Personality Traits across the Life Course: A Meta–Analysis of Longitudinal Studies" in *Psychological Bulletin* 132 (2006).

4   Christian Kandler, Wiebke Bleidorn, Rainer Riemann, Alois Angleitner, and Frank M. Spinath. "Life Events as Environmental States and Genetic Traits and the Role of Personality: A Longitudinal Twin Study." *Behavior Genetics* 42, no. 1 (2012): 57–72.

5   "How Young People View Their Lives, Futures, and Politics: A Portrait of 'Generation Next' by Pew Research Center," released on January 9, 2007, at http://people–press.org/report/300/a–portrait–of–generation–next.

6   성격 발달에 관한 비교 문화 연구 사례를 보려면 다음을 참고하라. Wiebke Bleidorn, Theo A. Klimstra, Jaap JA Denissen, Peter J. Rentfrow, Jeff Potter, and Samuel D. Gosling. "Personality Maturation Around the World: A Cross–Cultural Examination of Social–Investment Theory." *Psychological Science* 24, no. 12 (2013): 2530–2540; Wiebke Bleidorn. "What Accounts for Personality Maturation in Early Adulthood?" *Current Directions in Psychological Science* 24, no. 3 (2015): 245–252.

7   B. W. Roberts and D. Mroczek's paper "Personality Trait Change in Adulthood" in *Current Directions in Psychological Science* 17 (2008): 31–35.

8   Jule Specht, Boris Egloff, and Stefan C. Schmukle. "Stability and Change of Personality Across the Life Course: The Impact of Age and Major Life Events on Mean–Level and Rank–Order Stability of the Big Five." *Journal of Personality and Social Psychology* 101, no. 4 (2011): 862.

9   사회적 역할에 충실히 임하는 것이 20대에 더 나은 삶을 사는 방법이라는 의견, 혹은 사회투자이론을 다룬 논문은 다음과 같다. B. W. Roberts, D. Wood, and J. L. Smith's paper "Evaluating Five Factor Theory and Social Investment Perspectives on Personality Trait Development" in *Journal of Personality* 39 (2008): 166–184; J. Lodi–Smith and B. W. Roberts's paper "Social Investment and Personality: A Meta–Analysis of the Relationship of Personality Traits to

Investment in Work, Family, Religion, and Volunteerism" in *Personality and Social Psychology Review* 11 (2007): 68–86; and R. Hogan and B. W. Roberts's article "A Socioanalytic Model of Maturity" in *Journal of Career Assessment* 12 (2004): 207–217.

10 J. Lodi–Smith and B. W. Roberts's 2007 paper "Social Investment and Personality: A Meta–Analysis of the Relationship of Personality Traits to Investment in Work, Family, Religion, and Volunteerism."

11 B. W. Roberts, A. Caspi, and T. E. Moffitt's article "Work Experiences and Personality Development in Young Adulthood" in *Journal of Personality and Social Psychology* 84 (2003): 582–593.

12 B. W. Roberts, A. Caspi, and T. E. Moffitt's article "Work Experiences and Personality Development in Young Adulthood" in *Journal of Personality and Social Psychology* 84 (2003): 582–593.

13 Nathan W. Hudson and Brent W. Roberts. "Social Investment in Work Reliably Predicts Change in Conscientiousness and Agreeableness: A Direct Replication and Extension of Hudson, Roberts, and Lodi–Smith (2012)." *Journal of Research in Personality* 60 (2016): 12–23.

14 Jule Specht, Boris Egloff, and Stefan C. Schmukle. "Stability and Change of Personality Across the Life Course: The Impact of Age and Major Life Events on Mean–Level and Rank–Order Stability of the Big Five." Journal of Personality and Social Psychology 101, no. 4 (2011): 862.

15 B. W. Roberts, M. O'Donnell, and R. W. Robins's paper "Goal and Personality Trait Development in Emerging Adulthood" in *Journal of Personality and Social Psychology* 87 (2004): 541–550.

16 P. L. Hill, J. J. Jackson, B. W. Roberts, D. K. Lapsley, and J. W. Brandenberger's paper "Change You Can Believe In: Changes in Goal Setting During Emerging and Young Adulthood Predict Later Adult Well–Being" in *Social Psychology and Personality Science* 2 (2011): 123–131.

17 A. M. Freund and M. Riediger's article "Goals as Building Blocks of

Personality in Adulthood" in D. K. Mroczek and T. D. Little (eds.), *Handbook of Personality Development* (Mahwah, N.J.: Erlbaum, 2006), 353–372.

18 J. Lehnart, F. J. Neyer, and J. Eccles's article "Long–Term Effects of Social Investment: The Case of Partnering in Young Adulthood" in *Journal of Personality* 78 (2010): 639–670; F. J. Neyer and J. Lehnart's article "Relationships Matter in Personality Development: Evidence From an 8–Year Longitudinal Study Across Young Adulthood" in *Journal of Personality* 75 (2007): 535–568; B. W. Roberts, K. E. Walton, and W. Viechtbauer, "Patterns of Mean–Level Change in Personality Traits Across the Life Course"; and F. J. Neyer and J. B. Asendorpf's paper "Personality–Relationship Transaction in Young Adulthood," *Journal of Personality and Social Psychology* 81 (2001): 1190–1204.

19 J. Lehnart, F. J. Neyer, and J. Eccles, "Long–Term Effects of Social Investment"; F. J. Neyer and J. Lehnart, "Relationships Matter in Personality Development."

20 J. Lehnart, F. J. Neyer, and J. Eccles, "Long–Term Effects of Social Investment."

몸과 인생

1 "The Age That Women Have Babies: How a Gap Divides America" in the New York Times on August 4, 2018, available online at https://www.nytimes.com/interactive/2018/08/04/upshot/up–birth–age–gap.html; "Fatherhood After 40? It's Becoming a Lot More Common" for NPR on August 31, 2017, available online at https://www.npr.org/sections/health–shots/2017/08/31/547320586/fatherhood–after–forty–its–now–a–lot–more–common–study–finds.

2 https://www.pewsocialtrends.org/2010/05/06/the–new–demography–of–american–motherhood/

3 https://www.pewsocialtrends.org/2018/01/18/theyre–waiting–longer–but–u–s–women–today–more–likely–to–have–children–than–a–decade–ago/#fn–24248–2.

4   "Women Now Outnumber Men on U.S. Payrolls" for NPR on January 10, 2020, available online at https://www.npr.org/2020/01/10/795293539/women–now–outnumber–men–on–u–s–payrolls.

5   Pew Research Center's 2010 report "Millennials: Confident. Connected. Open to Change," found athttps://www.pewsocialtrends.org/2010/02/24/millennials–confident–connected–open–to–change/

6   윌리엄 오슬러 경Sir William Osler의 말에서 인용.

7   "For Prospective Moms, Biology and Culture Clash" by Brenda Wilson for NPR, May 8, 2008, available online at http://www.npr.org/templates/story/story.php?storyId=90227229.

8   여성의 생식력에 관한 정보가 더 필요하다면 미국 산부인과학회 사이트(https://www.acog.org/womens–health/faqs/having–a–baby–after–age–35–how–aging–affects–fertility–and–pregnancy)를 참고하라. 이 주제에 관해 버지니아 대학병원 내분비대사내과 소속 생식의료 전문가 윌리엄 S. 에반스 박사Dr. William S. Evans에게도 문의해보았다. 에반스 박사는 친절하게도 풍부한 경험과 함께 자료와 통계를 제공하여 생식력에 관한 지식을 전수해주고 원고의 정확성을 점검해주었다.

9   J. R. Kovac, J. Addai, R. P. Smith, R. M. Coward, D. J. Lamb, and L. I. Lipshultz, "The Effects of Advanced Paternal Age on Fertility." *Asian Journal of Andrology* 15(6) (2013): 723–728, available online at https://doi.org/10.1038/aja.2013.92, as well as S. Saha, A. G. Barnett, C. Foldi, T. H. Burne, D. W. Eyles, S. L. Buka, and J. J. McGrath's article "Advanced Paternal Age Is Associated with Impaired Neurocognitive Outcomes During Infancy and Childhood" in PLoS Medicine 6 (2009): e1000040.

10   P. Merviel, M. H. Heraud, N. Grenier, E. Lourdel, P. Sanguinet, and H. Copin. "Predictive Factors for Pregnancy after Intrauterine Insemination (IUI): An Analysis of 1038 Cycles and a Review of the Literature." *Fertility and Sterility* 93(1) (2010): 79–88.

11   보조생식술에 관한 자료를 보려면 미국 질병관리센터CDC의 2015년 보고서 (https://www.cdc.gov/art/pdf/2015–report/ART–2015–National–Summary–Report.pdf)

를 참고하라.

12 P. Katz, J. Showstack, J. F. Smith, R. D. Nachtigall, S. G. Millstein, H. Wing, M. L. Eisenberg, L. A. Pasch, M. S. Croughan, and N. Adler, "Costs of Infertility Treatment: Results from an 18–Month Prospective Cohort Study." *Fertility and Sterility*, 95(3) (2011): 915–921. https://doi.org/10.1016/j.fertnstert.2010.11.026.

13 T. Frejka "Childlessness in the United States." In: M. Kreyenfeld and D. Konietzka (eds.) *Childlessness in Europe: Contexts, Causes, and Consequences.* Demographic Research Monographs (A series of the Max Planck Institute for Demographic Research). Springer, Cham, doi https://doi.org/10.1007/978–3–319–44667–7_8; J. C. Abma and G. M. Martinez's article "Childlessness Among Older Women in the United States: Trends and Profiles" in *Journal of Marriage and Family* 68 (2006): 1045–1056; Pew Research Center report titled "Childlessness Up Among All Women; Down Among Women with Advanced Degrees," released on June 25, 2010.

14 이 시대 부모들의 고생을 더 생생하게 느껴 보고 싶다면 다음을 참고하라. "All Joy and No Fun: Why Parents Hate Parenting," by Jennifer Senior for *New York magazine*, July 4, 2010; "Parents' Time with Kids More Rewarding than Paid Work—and More Exhausting" for Pew Research Center, available online at https://www.pewsocialtrends.org/2013/10/08/parents–time–with–kids–more–rewarding–than–paid–work–and–more–exhausting/

15 T. Frejka (2017) "Childlessness in the United States." In: M. Kreyenfeld and D. Konietzka (eds.) Childlessness in Europe: Contexts, Causes, and Consequences. Demographic Research Monographs (A series of the Max Planck Institute for Demographic Research). Springer, Cham, doi https://doi.org/10.1007/978–3–319–44667–7_8.

16 "Delayed Child Rearing, More Stressful Lives" by Steven Greenhouse for the New York Times, December 1, 2010.

17 현대 가족들의 시간 부족 문제가 훌륭하게 요약된 자료는 다음과 같다. Suzanne

M. Bianchi, "Family Change and Time Allocation in American Families." *Annals of the American Academy of Political and Social Science* 638, no. 1 (2011): 21–44.

18 "Delayed Child Rearing, More Stressful Lives" by Steven Greenhouse for the New York Times, December 1, 2010.

삶을 계산하기

1 미셸 시프르의 동굴 실험과 그 결과로 발을 들이게 된 시간생물학chronobiology은 여러 문헌에 기록되었다. 더 흥미로운 설명을 들으려면 다음을 참고하라. Joshua Foer's interview with Siffre, "Caveman: An Interview with Michel Siffre," published in Cabinet magazine, Issue 30 (2008), and found at http://www.cabinetmagazine.org/issues/30/foer.php.

2 로라 카스텐슨Laura Carstensen과 제레미 베일런슨Jeremy Bailenson의 프로젝트 "Connecting to the Future Self: Using Web-Based Virtual Reality to Increase Retirement Saving"에 대해 더 자세히 알고 싶다면 다음 웹사이트를 참고하라. http://healthpolicy.stanford.edu/research/connecting_to_the_future_self_using_webbased_virtual_reality_to_increase_retirement_saving

3 the work of Gal Zauberman, especially the paper by D. Soman, G. Ainslie, S. Frederick, X. Li, J. Lynch, P. Moreau, A. Mitchell, D. Read, A. Sawyer, Y. Trope, K. Wertenbroch, and G. Zauberman, "The Psychology of Intertemporal Discounting: Why Are Distant Events Valued Differently from Proximal Ones?" in *Marketing Letters* 16 (2005): 347–360.

4 R. D. Ravert's paper "You're Only Young Once: Things College Students Report Doing Before It's Too Late" in *Journal of Adolescent Research* 24 (2009): 376–396.

5 Y. Trope, N. Liberman, and C. Wakslak's article "Construal Levels and Psychological Distance: Effects on Representation, Prediction, Evaluation, and Behavior" in *Journal of Consumer Psychology* 17 (2007): 83–95.

6 존 어빙John Irving의 작가 웹사이트(www.john-irving.com)에서 인용.